KB151248

마스터피스
전략

일러두기

- 도서명은『』, 그림, 영화, 사진, 방송 프로그램은〈 〉로 표기하였습니다.
- 책 속에 인용된 문구 및 이미지는 원저작자의 허가를 받았습니다만, 추가로 저작권 허가가 필요할 경우 적극적으로 협조하겠습니다.

MASTERPIECE
STRATEGY

경영을 예술하라

마스터피스 전략

김효근 박정화
전희재 오은가람

(이화여자대학교 경영예술연구센터)

trategy
= Art × Con-
sumer /
Fun-ction
< Beauty <
Identity < Being / Masterpiece
Strategy × Aesthetics Management /
Masterpiece Strategy × Aesthetic Aura / Art ×
Aesthetic Desires / Art Society × Creative Consumption
/ Artsumer × Art Touch / Post Corona × Digital Transformation
/ Emotional Management × Emotional Intelligence / Art + Consumer
= Artsumer / Fan + Consumer = Fansumer / Art + Producer = Artducer
/ Self × Existence / Self-actualization / Emotional branding / Aesthetic
Look / Manifestation of the Sublime / Story of Customer / UX × Sci-Art Thinking /

가디언

감사의 글

마스터피스와 마스터피스 전략에 대한 개념과 논의는

이 책의 공동저자 외에 이화여대 경영대학 경영예술연구센터 석박사 연구원이

함께 연구하며 구성한 '작품명'이다.

박한나, 백수현, 최정윤 박사연구원, 고근영,

김미진, 김민정, 마지은 석사연구원에게

무한한 감사를 보낸다.

피카소가 전기차를 만든다면

● 　　파블로 피카소Pablo Picasso, 1881~1973는 '미술사를 바꾼 세기의 예술가'로 불린다. 프랑스 파리 국립피카소미술관의 소장품 110점이 국내 최초로 2021년 5월 1일부터 8월 29일까지 예술의전당 한가람미술관에서 전시되었다. 코로나 시대에 수백 명의 시민들이 긴 대기 행렬을 이루며 기꺼이 거장의 작품을 보기 위해 기다렸다. 저자 역시 코로나 방역 상황에서 긴 시간을 설렘으로 맞이했다.

　　피카소는 평생에 걸쳐 5천여 점이 넘는 작품을 남겼다. 유화, 판화, 조각, 도자기의 장르를 넘나드는 다양한 작품 안에 온전하게 깃든 피카소의 '예술혼'이 저자의 머리와 심장을 강타했다. 그리고 가슴 벅차도록 반가웠다. 오랫동안 저자가 고민해왔던 생각들이 결코 틀리지 않았다는 것을 느꼈다. 피카소의 작품 안에 담겨 있는 비밀 코드를 하나하나 풀어가듯 저자는 이 책에서 그 이야기를 전하고자 한다.

　　피카소의 작품 〈아비뇽의 처녀들〉은 다음과 같은 평가를 받는다.

　　"르네상스 이래 서양미술 400년의 전통을 송두리째 무너트리며 회화 역사의 대혁명을 일으킨 걸작이자 입체주의의 시작을 알린 기념비적 작품이다."

　　걸작이란 무엇인가? 사전적 정의를 보면 "걸작傑作 또는 명작名作, 명품名品, 대작大作은 예술과 문화 분야에서 최고의 작품을 의미한다."(위

키백과) 명작名作, Masterpiece은 '세간의 주목을 받은, 잘 만든 작품'을 일컫는 말이다.

그러나 주목과 인기를 잠시 끌었다고 해서 명작이 되지는 않는다. 세기를 뛰어넘어 후대에도 극찬을 받으며 사랑받는 작품은 따로 있다. 무엇이 명작을 가능케 하는 걸까? 훌륭한 작품성, 특출한 장인정신, 뛰어난 창조성은 말할 것도 없고 시대를 아우르는 공통의 핵심Key이 존재하지 않았을까?

기업의 경영현장도 이와 다르지 않다. 대량으로 생산된 규격화된 제품/서비스를 찾는 소비의 시대는 이미 역사 속으로 저물었다. 소비자들은 자신만을 위한 명작의 제품/서비스를 갈구하고 있다.

저자는 오랫동안 무엇이 사람들을 '감동'시키고, 시대의 걸작으로 기억되며, 팬덤을 형성하는가에 주목해왔다. 그리고 과감히 상상을 해본다. 테슬라, 애플과 같은 기업이 전기차에 집중하고 있는 디지털 트랜스포메이션 시대에 피카소가 전기차를 만든다면 과연 어떠한 작품이 나올까?

무엇이 명작인가? 왜 명작이어야 하는가? 명작은 어떻게 만들어낼 수 있을까? 무한한 상상력을 넘어서 창작자의 예술혼, 즉 생산자의 정체성이 발현된 작품이 소비자의 미적경험에 탁월함을 더하며, 소비자의 존재 자체에 감동을 줄 수 있다면 어떠한 일이 일어날까?

저자는 이러한 질문들에 답할 수 있는 이른바 '마스터피스 전략 Materpiece Strategy'을 이 책을 통해 독자 여러분에게 전하고자 한다. 이는 단순히 생산품질관리 차원에서 명품을 육성하는 전략을 논하고자 하는 것이 아니다.

사랑에 빠졌을 때를 생각해보라. 그때 느끼는 열정과 감동, 환희 그리고 계속되는 상호작용. 우리는 이것들을 통해 새로운 세계관을 갖게 되기도 한다. 이처럼 소비자가 명작의 브랜드, 제품/서비스를 만나면 그동안 상상도 못했던 환상적인 신세계가 열리는 것을 경험하게 된다. 그야말로 소비자의 현존재現存在를 뒤흔드는 기막힌 체험이다.

이처럼 완전히 새로운 감동적 체험을 통해 소비자는 재구매, 반복구매를 하게 된다. 그렇게 충성고객이 되어 주변 지인들에게 그 명품을 널리 추천한다. 적극적인 홍보대사를 자처하는 것이다. 마치 애인과 사랑에 흠뻑 빠졌을 때처럼 말이다.

이미 세상은 소비자 만족을 넘어 소비자 감동의 시대다. 그 감동의 비밀은 어디에 있는가? 소비자의 '미학적 경험'이다. 미래의 소비자는 '아트슈머Artsumer'이다. 기업의 CEO들은 아트슈머를 어떻게 감동시킬 것인가? 감동의 요인에는 아름다움이 있다. 아름다움美이란 무엇인가? 나를 드러내는 것이다. 자기를 숭고하게 만들고 자신을 순수하게 만드는 것이다.

파블로 피카소, 〈아비뇽의 처녀들Les Demoiselles〉, 제작년도 1907년
이 작품 이전에는 미술사에 입체주의라는 용어 자체가 없었다. 기존 관습을 전복시킨, 관점의 일대 변화가 탄생시킨 선구적 걸작이다. ⓒ 2022 - Succession Pablo Picasso - SACK (Korea)

그 안에는 생명력이 있다. 그 생명력이 진화하여 아름다움을 경험하게 하는 것이다.

이제 경영은 기술을 넘어서야 한다. 밤하늘에 수놓인 무수한 별들을 바라볼 때에 마음속 깊은 곳에 물밀 듯 느껴지는 그 무한성의 숭고함을 경험하듯 해야 한다. 요컨대 소비자의 마음에서 일어나는 현존재로서의 감동과 체험에 주목해야 한다.

이제 우리에게는 소비자를 감동시킬 제품/서비스가 긴요하다. 그렇다면 무엇을 어떻게 창조해낼 것인가?

"나는 보는 것을 그리는 게 아니라
생각하는 것을 그린다."
"I paint what I think, not what I see."
- 피카소

〈아비뇽의 처녀들〉같이 파괴적 혁신이라 할 만한 세기의 작품들을 연이어 탄생시키는 데 핵심이 된 피카소의 인생 화두다. 이때의 생각^{think}은 없던 것을 생각하는 것, 곧 상상^{imagine}이다. 즉, 피카소에게 있어서는 현상現像보다는 상상想像이다. 소비자 감동의 시대에는 경영을 대하는 관점

자체가 달라져야 한다. 이제는 피카소가 상상을 하며 작품을 완성하듯 경영을 해나가야 한다.

　　기업의 CEO들은 이와 같은 '피카소적' 방향성을 가지고 현 시대상을 바라보고 해석하고, 조직을 운영하고, 생산자와 소비자가 상호작용하도록 해야 한다. 생산자와 소비자라는 존재에 대해 '감동'이라는 키워드로 접근한다면 '감학感學'과 '동학動學'이 창조적으로 융합된 '감동학'의 시대가 열리지 않을까 꿈꾸어 본다.

　　마스터피스Materpiece와 미학경영美學經營은 동전의 양면과도 같다. 진정한 명작, 탁월한 명품을 탄생시키는 본질적 원리와 방법론을 저자는 2천여 년에 걸쳐 인류 역사에 등장한 '예술'과 '미학'에서 찾을 수 있었다. 플라톤, 아리스토텔레스로부터 현대미학의 창시자인 바움가르텐, 실러, 헤겔, 칸트, 하이데거, 니체, 화이트헤드 등 위대한 철학자이자 미학자들의 명제가 녹아든 경영과 예술의 기막힌 만남, 미학경영. 이 미학경영을 명작을 탄생시킬 수 있는 미래경영의 새로운 패러다임으로 여러분에게 제시하고자 한다.

　　세상에 없는 단 하나의 마스터피스를 꿈꾸는 CEO들이여! 이 가슴 뛰는 여정을 함께 떠나보지 않겠는가? 경영을 예술하라!

3 미학경영, 미래경영의 뉴 패러다임

1 마스터피스 전략

인간은 언제,
그리고 왜 감동하는가?

"이거 없었으면
어쩔 뻔?"

"사랑은 사람 사이뿐만 아니라
제품과 서비스에도 적용된다"

1

오늘도 CEO는 마스터피스를 꿈꾼다

마스터피스는 창작물의 결과가 너무나 훌륭하여

인간 내면의 의식을 고양하거나 확장하는 것까지 포함한다.

비즈니스에서 마스터피스를 예술의 걸작으로 볼 수 있다는 관점은

바로 그 비즈니스 행위의 목표가 인간의 감동,

소비자의 현존감이라는 데서 기인한다.

세상에 걸작이 탄생하기까지의 과정을 지켜본 적 있는가? 없다면 지금이라도 상상해볼 수 있는가?

예술가는 최고의 작품을 완성하기까지 수많은 시행착오를 겪는다. 예술가가 온 존재를 걸고 심혈을 기울여 창조해낸 최고의 걸작을 보면서 사람들은 감동과 전율을 느낀다.

마스터피스는 기업의 제품/서비스에 있어 최고의 창작품이다. 감상자가 예술작품을 보며 감탄하듯, 소비자가 마스터피스를 보고 완전히 몰입하고 감동하여 진정한 팬이 된다면 어떻게 되겠는가? 제품/서비스에 감동받은 소비자가 현존재 그 자체가 될 수 있다면 무슨 일이 일어날까? 한번 상상해보라.

디지털 트랜스포메이션, 메타 사피엔스Meta Sapiens: 가상세계인 메타버스의 신인류의 시대에 경영전략의 핵심으로 삼아야 할 것은 무엇인가?

본질적인 인간의 현존성을 높이고, 소비자를 감동시키며, 기업의 생명력을 지속가능하도록 하는 것. 저자는 이를 미래경영의 패러다임이자 마스터피스 전략의 핵심이라고 본다.

애플은 5G폰을 세상에 선보이자마자 시장 수요가 10~20% 올라갔다. 5G폰을 세계 최초로 개발하고 출시한 기업은 삼성전자였는데, 삼성전자는 오히려 브랜드명을 5G폰이라고 거짓말을 했다며 소비자를 우롱했다는 비난도 받았다. 도대체 무슨 이유에서일까?

CEO들은 마스터피스에 늘 목말라 있다. 앞으로 100년, 기업이 지속가능하도록 할 제품/서비스를 갖고 있는가? 창업CEO에게는 특히 절실하다. 특강을 하면 저자의 생각에 격하게 공감하는 CEO들 대다수가 창업CEO였다.

"교수님 강의를 들으니 제 머리를 강하게 치는 충격을 받았습니다. 저와 차 한잔하며 이야기를 더 나누시지요."

그에 비해 전문경영인 CEO는 회사의 경영성과에 영향을 끼치는 현안에 총력을 기울이느라 미래경영의 패러다임을 완전히 뒤바꿀 혁신에 도전하기가 쉽지 않은 것이 현실이다.

"내 목을 걸어야 하는데 이게 과연 성과를 보장해줄까요?"

이런 반응이 많았다.

오히려 팀장급 대상 특강에서는 환영을 받았다. 한국 사회에서 보통 직장인들은 비즈니스 현장을 어떻게 인식하나? 전쟁터다. 경쟁에서 살아남아야 하는 곳. 이것이 직장인들 스스로 존재론적으로 인식하는 직장의 현실이다.

'비즈니스를 통해서 나의 인생작품을 창조한다.
나만의 명작을 만든다. 나만의 회사를 창립하겠다.'

이런 생각을 하는 직장인을 만나는 일은 매우 드물다. 특정 산업군에서 희소하게나마 만나볼 수 있는 정도다.

2017년 『경영예술』을 출간한 이후 지난 5년간 저자의 생각에 저항하는 의견을 숱하게 만났다. 하지만 저자는 '경영예술'이야말로 정말 세상을 변화시킬 수 있는 길이라고 생각하여 몇 년 동안 이화여대 경영예술연구센터 연구원들과 함께 연구하고 혁신성장의 뉴노멀 패러다임으로 제시해왔다.

"예술을 경영하라는 것이냐? 경영을 예술처럼 하라는 말이냐?" 사람들의 숱한 오해와 도전 속에서 오늘에 이르렀다. 그럼에도 새로운 경영의 패러다임이 향후 한국 기업을 넘어 세계에 큰 반향을 가져오리라고 저자는 확신한다. 그것은 저자가 지난 30여 년간 신지식인, 지식경영, 정보화전략, 창의경영, 경영예술이라는 굵직굵직한 경영 접근방법론을 기업현장에 실제로 적용해보고 그것들이 한국 기업의 성과와 발전을 이끌어내는 저력을 지니고 있음을 보아왔기 때문이다. 이제 저자는 경영예술에서 한 걸음 더 나아가 마스터피스 전략을 제시한다.

걸작은 영어로는 마스터피스^{Masterpiece}, 라틴어로는 Magnum opus$^{위대한\ 작품}$, 프랑스어로는 Chef-d'œuvre$^{완벽한\ 경지,\ 대표작}$이다. "현대에서 사용되어 많은 비평가들의 찬사를 받은 창작물" 또는 "개인의 경력 중 가장 위대한 작품이나 뛰어난 창의성, 기술, 심오함 또는 솜씨로 빚어진 작품"이라고 정의를 내리기도 한다.

중세 유럽 길드 시스템에서 장인을 꿈꾸는 견습생이나 장인이 만든 작품을 일컫는 말에서 어원을 찾기도 한다. 레오나르도 다빈치$^{Leonardo\ da\ Vinci,\ 1452~1519}$의 〈모나리자〉는 다음과 같이 평가된다.

"이탈리아 르네상스의 전형적인 걸작으로 전 세계에 가장 널리 알려져 있고, 작품을 직접 보기 위해 찾아오는 방문객이 가장 많으며, 가장 많이 노래되고, 가장 많이 패러디된 예술작품이다."

산업혁명 이후 대량생산 시대에는 장인^{匠人}이 만든 특별한 작

레오나르도 다빈치, 〈모나리자^{Mona Lisa}〉, 제작년도 1503년

이탈리아 르네상스의 전형적인 걸작으로 불린다. 새로운 유화기법인 선을 부드럽게 하는 스푸마토^{Sfumato} 기법은 엷은 안개에 덮인 듯한 효과를 낸다. 인물을 배경보다 높게 배치하는 것은 당시 르네상스 시대에 새로운 시도였다.

품으로 마스터피스의 의미가 바뀌었다. 독일의 경제학자이자 사회학자였던 베르너 좀바르트^{Werner Sombart, 1863~1941}는 『Der moderne Kapitalismus^{근대 자본주의}』(1902)에서 다음과 같이 설명했다.

"수공업은 하나의 경제체계로, 수공업 체계에서 장인들은 기술 역량을 발휘해 예술품에서 일반 공예품에 이르는 다양한 제품을 제작 및 가공하고, 자신이 만든 제품/서비스를 그와 동등한 다른 물품과 교환해 생계를 유지했다."

여기서 장인은 창의적 행위자이자 축적한 기술지식을 가지고 잘 훈련하여 생산품을 만들어내는 사람으로 볼 수 있다. 근대 물질과학은 정교한 측정, 통계적 계산, 정밀기계 활용에 의존하며 발달했으며, 효율성으로 작업성과를 측정했다. 효율성이 인과관계의 중심이었던 것이다.

기술이 발달하고 진보하면서 기술공정으로 훈련된 장인이 아닌, 인간 본연의 '창조적 진화Creative evolution'의 사고체계를 갖춘 장인이 위대한 작품을 완성할 수 있게 되었다.

마스터피스는 창작물의 결과가 너무나 훌륭하여 인간 내면의 의식을 고양하거나 확장하는 것까지 포함한다. 비즈니스에서 마스터피스를 예술의 걸작으로 볼 수 있다는 관점은 바로 그 비즈니스 행위의 목표가 인간의 감동, 소비자의 현존감이라는 데서 기인한다.

4차 산업혁명 이후 디지털 트랜스포메이션 시대에 주목해야 할 것은 무엇인가? 바로 장인정신을 뛰어넘는 탁월한 마스터피스를 창조하는 일이다. 이는 생산자와 공급자 중심의 마스터피스만이 아니다. 마스터피스는 소비자와 상호작용하여 새로운 관계를 형성한다.

예술작품과 사랑에 빠진 사람들은 그 아름다운 걸작을 눈으로 직접 보기 위해 기꺼이 세계여행길에 오른다. 저자의 지인도 구스타프 클림트Gustav Klimt, 1862~1918의 작품을 보기 위해 오스트리아 비엔나에 다녀왔다.

"구스타프 클림트의 〈키스〉를 보지 못했다면
비엔나를 떠나지 말라."

이런 말도 있지 않은가. 이처럼 사랑은 사람 사이뿐만 아니라 제품/서비스에도 적용된다.

마스터피스를 만나고 구매하는 소비자들은 제품/서비스와 특별한 애착관계가 형성된다. 팬덤Fandom이 일어나 소비자들만의 새로운 세계가 열리는 경험을 하게 된다. 저자가 정의하는 마스터피스는 '제품/서비스가 기업의 브랜드를 넘어 창작자와 감상자가 만드는 예술적 무대에서 만나는 매력 넘치는 황홀감, 카타르시스에 이르게 하는 최고의 창작품'이다. 그것을 가능케 하는 미학의 명제들이 마스터피스 전략을 단단하게 뒷받침해준다.

구스타프 클림트, 〈키스Der Kuss〉, 제작년도 1907~1908년

구스타프 클림트

1908년 쿤스트 쇼에서 〈키스〉를 포함한 16점의 그림을 기획, 전시했던 상징주의 작가 클림트는 화폭 전반에 몽환적이고 비현실적인 분위기와 아름다운 묘사를 시도했으며, 도금 기법을 사용했다. 당시 오스트리아 미술학회에 대항하는 '분리파'의 거장으로 성장한 클림트는 시대의 흐름을 거스른 도전적인 작품들로 대중에게 가장 사랑받은 화가이자 가장 비난받은 화가로 기억된다.

Function < Beauty < Identity < Being

2

마스터피스 전략: 정의, 필요성, 실행

마스터피스 전략은 디지털 트랜스포메이션 시대에

기업의 유일한 생존 전략이다.

현시대는 제품의 가격경쟁력, 스펙, 효율성 등을

강조하던 구상적 비즈니스 개념을 넘어,

무형의 추상적 가치들이 시장을 흔드는 사회로 전환되고 있다.

마스터피스 전략Masterpiece Strategy은 무엇인가? 저자는 다음과 같이 주장한다. 마스터피스 전략은 '인간의 존재이유와 예술적 창의본능을 경영과 연동한 최초의 경영전략'이다. 마스터피스 전략은 지난 한 세기 동안 과학적 경영이 진행해왔던 제품개발/품질개선 프로세스 혁신의 한계를 극복하고 '감동품질관리'를 강화하는 것이다.

그 결과, 세상에 없는 제품을 창조할 수 있는 예술적 능력을 기르게 된다. 소비자는 열성 팬이 된다. 지속적인 이윤창출이 가능해진다. 혼돈의 글로벌 시장에서 차별화된 전략으로 기업의 생명력을 유지할 수 있는 유일한 방법은 무엇인가? 그건 바로 인간의 현존성을 자극하는 것이다.

● 마스터피스 전략은 기존 경영과 어떠한 차이가 있는가?

마스터피스 전략은 과학적 경영의 소비자 충성도를 넘어 디지털 트랜스포메이션 시대에 소비자 현존감을 높인다. 마스터피스를 만난 소비자는 세상에 없는 특별한 존재가 된다.

"이거 없었으면 어쩔 뻔?"

소비자의 첫 반응이다.

마스터피스 전략에서 소비자는 단순한 소비행위의 주체가 아니다. 바로 '아트슈머Artsumer'이다. 아트슈머는 생산과 재생산의 또 다른 주체자다. 소비자는 제품/서비스 사용을 넘어 향유의 단계에 이른다. 제품/서비스를 사용하면서 자신의 정체성이 표현되고, 마스터피스와의 상호관계 속에서 창조행위가 이루어진다.

마스터피스 전략은 소비자가 '예술성과 창작에 대해 잠재된 욕망을 지닌 존재'라는 인식에서부터 출발한다. 즉, 소비자를 스스로 삶의 의미를 만들어가는 '현존감'을 느끼는 존재자이자, 자기창작의 현존감을 느끼는 창조자로 본다.

그동안 과학적 경영은 직원을 생산 프로세스의 일부를 담당하는 인적자원HR, Human Resources으로 여겼다. 저자는 경영의 역사에서 인간 존재자를 '자원'으로 바라보고 인적자원관리HRM, Human Resources Management의 대상으로서 적용하는 현실에 늘 안타까움을 느껴왔다.

마스터피스 전략에서는 조직구성원을 예술창작활동을 하는 '아트듀서Artducer'로 정의한다. 스스로 일의 의미를 찾고, 보람과 행복을 느낌과 동시에, 자신의 업무에 몰입하여 마스터피스를 만들어내는 핵심 존재로 조직구성원들을 바라본다.

마스터피스 전략에서 소비자는 완제품을 구매하고 소비만 하는 수동적인 소비 주체가 아니다. 생산과 재생산에 적극적으로 참여하는 아트슈머이며, 제품에 자신의 정체성을 접목시키는 인풋Input의 생산자이기도 하다. 소비자가 생산자의 정체성이 반영된 제품을 사용하면서 현존감을 느끼도록 하는 것이 마스터피스 전략의 핵심이다.

● 기업은 왜 마스터피스 전략을 구사해야 하는가

마스터피스 전략은 디지털 트랜스포메이션 시대에 기업의 유일한 생존 전략이다. 현시대는 제품의 가격경쟁력, 스펙, 효율성 등을 강조하던 구상적具象的 비즈니스 개념을 넘어, 무형의 추상적抽象的 가치들이 시장을 흔드는 사회로 전환되고 있다.

이처럼 급변하는 환경하에서 기업의 생존경쟁은 더욱더 치열해지고 있다. 이전에 없던 새로운 제품을 개발해야 하고, 인간의 감성적 접근과 예술가적 상상력으로 까다로운 소비자들을 만족시키고 감동시켜야만 한다. 그래야 기업이 생명력을 유지할 수 있는 시대가 되었다. 저자는 이를 '기술중심 예술화사회'라 명명한다.

마스터피스 전략은 전사적 감지체계를 고도화하고, 기업운영 방식과 조직구성원의 업무 방식을 점진적으로 바꾸어 기술적 혁신을 완성시킨다. 또한 소비자가 생산 과정에 적극 참여하게 한다. 이는 소비자에게 새로운 차원의 감동을 선사하는 '생산자-소비자의 공진화共進化, Coevolution'를 가능케 한다.

마스터피스 전략은 한계점에 부딪혀 더 이상 앞을 향해 나아가지 못하는 한국 기업들이 방향 전환을 하도록 요구한다. 선진제품 따라하기에 치중된 '모방형 성장'에서 미래에 무한한 가능성을 지닌 '창조형 성장'을 지향하도록 촉구한다.

마스터피스 전략을 통해 기업은 미학경영의 철학과 가치를 반영하여 차별적인 정체성을 확립한다. 최근 주목받고 있는 ESGEnvironmental, Social and Governance 경영트렌드를 뛰어넘어 각종 사회문제에 대한 근본적인 해결책을 모색한다. 경영철학, 기업윤리, 도덕적 숭고, 미학적 숭고를 갖춘 기업은 소비자를 포함한 모든 이해관계자의 공감대를 이끌어낸다. 상생하는 기업은 지구 전체 환경과 인류의 생명을 보존한다는 궁극적 가치를 지향한다.

마스터피스 전략으로 탄생한 제품/서비스를 경험한 소비자는, 기업이 그리는 미래와 정체성에 감동한다. 소비자 스스로 현존성을 고무하여 자연스럽게 팬이 된다. 특별한 홍보와 마케팅 없이도 소비자의 반복구매/재구매율이 올라간다. 마스터피스 전략은 궁극적으로는 소비자의 자발적 지인추천으로 마케팅 비용을 효율화하여 기업의 이윤을 극대화할 수 있는 전략이다. 이러한 작동 원리는 미학의 명제들 속에서 찾아볼 수 있다. 5장 "미래경영을 지배하는 미학 명제들"에서 소비자의 미학적 경험과 생산자의 미학적 전략과 관련한 명제들을 제시한다.

● 마스터피스 전략의 핵심 방법론은 무엇인가

마스터피스는 어떻게 탄생하는가? 마스터피스는 현재 생산 중인 제품/서비스에 대한 소비자들의 결핍 상황을 진단, 분석하여 이를 해결하려는 사고의 발전 과정을 통해서 만들어진다. 소비자의 감동과 현존감을 높이는 요소는 무엇인가?

저자는 이에 대해 저서 『경영예술』에서 감동위계 피라미드(필요 기능성Function, 감각적 관능성Beauty, 창작자 정체성Identity, 감상자 현존성Being)로 이미 제시한 바 있다.

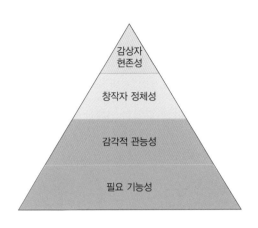

감동위계 피라미드

이를 제품/서비스에 투영하면 소비자는 자아실현(나아가 자아초월)이라는 최고의 가치를 추구하게 된다.

그렇다면 마스터피스 전략을 어떻게 기업현장에 적용할 것인가? 바로 저자가 제시하는 T.A.M.Tech-Aesthetic Management 창조혁신 방법론과 T.A.M. 조직혁신 방법론을 통해 실천할 수 있다는 것이 이 책의 주장이다.

마스터피스 전략 방법론에 대해 이 책에서는 미학적 요소를 알고리즘화하여 단계별로 제시하여 구성원들이 미학적 요소를 발견, 체험, 개발하도록 했다. 최고의 마스터피스를 창출할 싸이아트씽킹Sci-Art Thinking 훈련을 통해서다.

좀 더 설명하자면, 기술중심 예술화사회에서의 마스터피스 전략 방법론을 T.A.M.Tech-Aesthetic Management으로 명명하며, 두 가지 방법론을 제시한다.

첫째, 기업에서 새로운 제품/서비스를 창조하는 혁신 방법론 T.A.M. Creative Innovation Model이다. 기존의 사고 틀을 깨고, 본질을 꿰뚫어 현상 너머에 숨겨진 소비자의 욕망을 발견한다. 새로운 사고법을 통해 마스터피스를 창조하는 것이다. 저자의 책『경영예술』에서도 제시했던 5단계의 방법론을 적용한다.

둘째, 조직혁신 방법론T.A.M. Organizational Innovation Model이다. 조직 스스로 혁신할 수 있는지 준비도를 점검하고 체질 진단을 한다. 기업 정체성을 중심으로 체질에 따른 차이Gap를 분석한다. 조직문화, 구성원의 인식변화를 분석한다. 수준별 혁신안을 도출한다. 우선순위를 정해서 제도, 프로세스, 조직문화, 도구적 측면에서의 이니셔티브를 설계한다. 이러한 조직 및 전략적 차원에서의 설계 과정을 통해 자원 예산을 배정하고 필요자원을 보충한다. 이와 같이 로드맵을 구체화하고 실행하고 모니터링하는 일련의 과정을 진행하게 된다.

마스터피스 전략 방법론이 일반 경영컨설팅과 차별화되는 지점은 무엇인가? 조직 스스로 마스터피스 전략을 체질화할 때까지 내부에 역량 있는 담당자를 육성하고, 마스터피스가 창조될 때까지 전사적 접근을 시도한다는 점이다.

지난 30여 년간 저자는 지식경영, 창의경영, 행복경영 및 경영철학의 존재론/인식론/가치론을 토대로 한 경영혁신 방법론을 연구해오면서 한국 기업들의 리더와 조직에 많은 영향을 끼쳐왔다. 국내 주요 기업을 대상으로 진행했던 진단 기준과 방법론을 기반으로 마스터피스 전략 컨설팅, 마스터피스를 창조하는 방법론, 마스터피스 조직으로 전환하는 방법론으로 체계화했다.

　마스터피스 전략은 인과관계를 따지는 분석 중심의 과학경영의 한계를 인정하고, 예술창작의 원리와 미학의 명제를 담아낸 미학경영의 파워를 통해 기업이 목말라하는 미래경영의 패러다임으로 CEO들을 초대한다. 기업이 창조해낸 마스터피스는 도덕적 숭고와 미학적 숭고를 아우르는 동시에 소비자 현존감을 발현시킨다.

　완성된 마스터피스는 스토리텔링을 통해 소비자와 소통하게 된다. 마스터피스 전략을 추구하는 기업은 '미학적 스토리텔러 기업'이 되는 것이다. 기업의 제품, 즉 완성된 작품의 기획의도, 가치, 정체성, 핵심 통찰, 추구하는 상상력의 핵심은 무엇이며 어디에서 출발하는가? 소비자들이 공감할 수 있는 스토리를 어떻게 풀어낼 것인가? 이는 마스터피스 전략에서 가장 중요한 단계가 된다.

3

마스터피스 전략과 미학경영

소비자는 더 이상 기업이 생산한 제품/서비스를

구매하고 사용만 하는 행위주체가 아니다.

소비자는 최고의 제품을 작품으로서 향유하면서 행복해할 권리가 있다.

저자는 소비자를 예술을 향유하는,

온전한 인간의 삶을 누릴 수 있는 존재자로서 바라본다.

● 미학경영, 경영과 예술의 만남

경영과 예술의 만남이라고? 처음 듣는 독자들은 생소할 수 있다. 스포츠와 경영의 융합은 많이 들어봤을 것이다. 실제로 예술이라는 단어가 대중에게는 친숙지 않다. 경영과 접목시켜보면 더더욱 그렇다.

하지만 잘 생각해보면 경영과 예술은 많이 닮아 있다. 경영에서 생산자는 곧 창작자고, 소비자는 곧 감상자다. 인류는 아름다운 예술작품을 찾고 그에 감동을 받아 오랫동안 그 '제품'을 사랑하는 마음을 간직해왔다. 이는 전 세계적으로 등장한 역사적 현상이다.

아름다운 예술작품을 창조하고 감상하는 것은 가히 인간의 본능이라 할 수 있다. 예술은 인간의 창의력을 표현하는 행위 그 자체다. 예술가의 창의력은 어떻게 표출되는가? 예술가는 인고의 노력으로 자신만의 고집스럽고도 고유한 철학과 가치를 작품에 새겨 인류 역사에 남긴다. 그 과정을 잘 살펴보면 오래도록 사랑받는 작품들에는 특별한 이유가 있음을 알게 된다. 탁월한 예술작품은 모방이 없다. 창의적 예술가들은 세상에 없던 작품을 탄생시킨다.

더 이상 제품/서비스의 가격과 효율성만으로 경쟁에서 살아남기 어려운 시대다. 거장의 걸작 속에서 저자는 설레는 마음으로 오늘날 기업의 경영을 바라보게 된다. 그러면서 다음의 질문을 던져보게 된다.

• 예술가들처럼 소비자(감상자)와 호흡하고 공감을 사고 감동까

지 주는 이 모든 행위를 경영에 접목한다면?

- 이전에 없던 새로운 수준의 제품/서비스를 탄생시키고 소비자들이 이에 감동을 받아 저절로 팬덤을 형성하고 충성도를 높인다면?
- 인간의 감성적 접근과 예술가적 상상력으로 까다로운 소비자들까지 감동시킬 수 있다면?

현재 모든 기업이 안고 있는 문제에 대한 공통된 해답이 되지 않을까? 무형의 가치시장이 경제를 뒤흔드는 이 시대에 기업의 생존경쟁을 위한 필수요소들을 바로 예술에서 발견하게 된다.

'예술과 경영의 만남.' 이것이야말로 다가올 100년 혹은 그 이상, 기업의 생명력을 지속적으로 유지할 유일한 대안이 되지 않을까? 그 벅찬 감동으로 2017년 저서 『경영예술』을 세상에 내놓았다. 그리고 이제 마스터피스 전략과 미학경영을 소개한다. 마스터피스 전략과 미학경영은 동전의 양면과도 같다. 미학경영이 마스터피스 전략을 견고하게 뒷받침해준다.

아름다움과 숭고의 예술혼을 담아내어 2천여 년 넘게 철학적, 미학적 근간이 되어온 미학자들. 그들의 명제에서 미래경영의 원동력을 찾아 소개한다. 그동안의 과학적 경영이 물리적Physical 품질경영이었다면, 미학경영은 미학적 감동을 주는 정신적Mental 품질경영이라고 정의할 수 있다.

예술가들이 탁월한 경지에 이르기 위해서는 험난한 과정을 거쳐야 한다. 수없이 반복하고, 끊임없이 노력한다. 이런 점은 한국 기업 초기 50년 역사와 크게 다르지 않다. 작품 창조과정을 보자. 자신만의 색깔을 내기 전까지 모방 단계, 그다음 이 모방 단계를 넘어서서 자기 만의 개념과 철학이 생성되고 완전한 자신만의 작품을 완성하는 창조 단계를 거친다. 모방에서 창조 단계로 넘어가는 과정에서 나타나는 벽들을 극복하지 못하면 걸작품은 탄생하기 어렵다.

이러한 예술창작의 체험과도 같이 기업의 CEO들도 마스터피스의 경지에 이를 때까지 몰입해야 한다. 열정을 쏟아야 한다. 그래야 최선이 아닌 최고의 제품/서비스를 만들어낼 수 있다. 단순한 노력만으로는 마스터피스를 완성할 수 없다. 마스터피스가 탄생하기까지는 특별한 비밀이 존재한다. 그것이 바로 미학경영이다.

● 원가우위, 비용절감, 차별화 vs 생산자와 소비자의 정체성

기존 경영은 원가우위/비용절감/차별화 전략으로 지속적 경쟁 우위 상태를 추구해왔다. 마스터피스 전략은 차별화 전략의 기준 자 체가 다르다. 기능성과 관능성을 넘어 생산자(창작자)와 소비자(감상 자)의 정체성(나아가 정신세계)까지 차별화의 원천으로 본다. 그만큼 경영에 대한 관점에 있어 기존 경영과 본질적인 차이가 있다.

마스터피스 전략을 수행하면 생산원가가 올라갈 가능성이 크다 고 오해할 수 있다. 하지만 오히려 가장 큰 원가요인인 마케팅 비용이 현저히 줄어들면서 매출이 올라갈 수 있다. 이처럼 성과를 올리는 과정면에서 기존 경영 전략과 마스터피스 전략은 확연한 차이를 보인다.

● 브랜딩 vs 기업-소비자 애착관계

브랜딩 전략은 대중에게 브랜드 자체를 각인시키기 위해 일반적으로 기업과 브랜드가 전략적으로 택하는 마케팅 방식이다. 이러한 브랜딩 전략과 비교해보면, 마스터피스 전략은 기업이 제품/서비스를 구상하는 단계부터 소비자가 그것을 사용하고 이후에 기업 및 브랜드와 일정한 관계를 형성하게 되는 모든 과정을 포괄한다.

마스터피스 전략을 수립한 기업과 브랜드는 따로 브랜딩 전략을 의식하지 않아도 된다. 그래도 소비자에게 최고의 감동을 선사할 수 있다. 소비자는 자연스럽게 기업 및 브랜드와 긍정적 애착관계를 맺게 된다. 소비자의 삶에 강력한 각인 효과를 낼 수 있다.

마스터피스 전략에 있어 팬덤Fandom은 마스터피스를 구매하는 소비자들에게 단순히 제품이나 서비스를 넘어 기업과 브랜드 자체와 맺게 되는 애착관계인 것이다. 마스터피스의 팬덤을 형성하는 팬슈머Fansumer들은 기업과 브랜드가 제품/서비스에 투영한 가치를 적극 지지한다. 그 과정에서 소비자는 소속감을 느끼고 자발적으로 재구매를 한다. 팬덤이 형성되고 강화되면서 기업은 지속적인 이윤창출을 이끌어낸다.

● 마케팅 vs 감동의 스토리텔링

브랜딩과 멤버십 마케팅도 고객 충성도와 재구매율을 높이기 위한 효과적인 방법으로 활용되고 있다. 하지만 기업 입장에서는 예산 부담이 크다. 또한 이미 완성된 제품에서 마케팅 메시지와 감동 포인트를 찾기 위해 많은 노력을 하게 된다.

마스터피스 전략은 브랜딩이나 멤버십 마케팅 등 기존의 마케팅 활동을 대체하거나 배제하는 전략이 아니라, 제품/서비스 기획 단계부터가 다음과 같이 다른 것이다.

- 감지체계를 고도화한다.
- 직원들의 창의력을 고조한다.
- 직원들이 자발적으로 업무에 참여하게 한다.
- 소비자 참여를 유도한다.

제품/서비스 기획 단계부터 기존과 다르게 접근해 마스터피스를 창조한다. 브랜딩과 마케팅의 기능을 마스터피스의 가장 중요한 스토리텔링 전략 단계에 효율적으로 적용한다. 그럼으로써 소비자에게 제품의 기획의도, 정체성, 핵심가치를 잘 전달하여 현존감을 느끼게 할 수 있다. 많은 예산을 투자하지 않고도 제품 자체의 가치를 잘 전달할 수 있다는 점에서 큰 효과를 기대할 수 있다.

이는 회사가 재정적으로 어려워지면 마케팅 예산부터 줄이는 경영 풍토와 차별화되는 것이기도 하다. 그 대신 오히려 어떻게 하면

스토리텔링을 더욱 잘할 것인가 고민하고 고객과 소통하며 팬덤을 형성하는 것에 주목한다. 마케팅이 더 이상 필요하지 않은 단계로 진화하는 것이다.

소비자 감동이 없는 제품을 만들어서 마케팅 기법만으로 판매하는 시대는 끝났다. 이제는 소비자에게 감동을 어떻게, 얼마나 줄 수 있느냐가 성공의 관건이 된다. 마케팅이라는 용어 대신 새로운 용어가 등장해야 할지도 모른다. 앞으로도 브랜드 마케팅은 여전히 중요하겠지만, 마스터피스 전략에서의 향후 역할이 어떻게 변할지가 관심의 초점이다. 어찌 보면 마케팅/소비자 커뮤니케이션의 의미가 재정립되어야 할 시기가 도래했다.

예를 들어 공연무대를 상상해보자. 작곡가가 어떠한 생각으로 그 작품을 만들었는지 감상자에게 전달하는 코너가 있다면 어떨까? 전달하고 표현하는 행위 자체도 매우 중요한 작품 발표 행위가 된다.

- 이 작품을 왜 작곡하게 되었는가?
- 작품을 만들 때 무엇에 중점을 두었는가?
- 작품 제작 시에 의도한 특별한 장치가 있는가?

이러한 내용을 감상자에게 전달해 충분한 이해와 공감을 불러오는 공연이 있다. 반면 아무런 설명 없이 그저 감상자 편에서만 작품을 감상하는 공연이 있다. 이 두 공연 사이에는 분명 큰 차이가 존재한다.

물론 작품이 창작자의 생각을 잘 표현하고 있거나, 감상자가 창작자의 말하고자 하는 바에 쉽게 공감할 수도 있으나, 그렇지 못할 확률이 크게 마련이다.

- 창작자의 작품 기획의도
- 작품을 통해 전달하고자 하는 스토리
- 창작자 자신의 정체성

그래서 위와 같은 것들을 감상자가 받아들이기 쉽도록 스토리텔링하고 커뮤니케이션한다. 이는 매우 중요한 일이며, 비즈니스 세계에서도 마찬가지다. '비즈니스 스토리텔링', '프로덕트 스토리텔링', '엔터프라이즈 스토리텔링'이라는 용어가 일상화될 날이 머지않았다.

● ESG경영 vs 생명, 인간의 존엄, 도덕적 감동

최근 전 세계적 관심을 받고 있는 ESG경영은 기업의 지속가능한 성장을 위한 경영철학이다. 마스터피스 전략은 ESG경영트렌드에서 추구하는 환경/사회적 책임/거버넌스를 강조하는 것 그 너머를 추구한다. 도덕적, 미학적 숭고함을 발현하는 기업은 진정한 마스터피스를 창조한다.

이러한 마스터피스 제품/서비스를 경험한 소비자뿐 아니라 모든 이해관계자는 기업이 그리는 비전, 철학, 사명, 가치 즉, 기업의 정체성에 감동받고 스스로의 현존감을 느끼게 된다. 미학경영의 지향점은 ESG 경영을 넘어 지구와 인류의 생명과 존엄성이 존중받도록 하는 것이다.

마스터피스 전략에서 윤리적 가치 및 기준은 필요조건이다. 아무리 미학적으로 뛰어난 제품/서비스를 만들었다 하더라도, 도덕적 가치가 지켜지지 않으면 기업의 지속가능성은 보장할 수 없다.

미학적 감동의 원천이 되는 정체성을 지키기 위해서 소비자의 현존감을 약화시킬 수밖에 없는 의사결정을 해야 하는 경우를 생각해 보자. 미학적 감동을 유지하는 것과 도덕적 감동을 유지하는 것 사이에서 충돌이 일어날 수밖에 없다. 이때 도덕적 가치와 미학적 가치 사이의 충돌을 넘어 소비자로 하여금 강한 감동과 현존감을 느끼도록 할 수 있는 창조력이 중요하게 된다.

마스터피스 전략이 추구하는 기업의 미학경영 방법론 역시 그 기본은 제품의 기능성과 관능성이라고 하는 기술적 혁신과 완벽함을 기반으로 한다. 그러면서도 미학경영이 지향하는 소비자 감동과 현존감 체험이라는 더욱 상위의 감성적 가치까지 발현할 수 있어야 한다. 그때 비로소 기업은 소비자의 사랑과 숭배를 계속 받으면서 지속가능성을 보장받는 이윤을 창출할 수 있는 '생명기업'이 된다.

● **소비자의 삶 vs 인간의 삶**

소비자는 더 이상 기업이 생산한 제품/서비스를 구매하고 사용만 하는 행위주체가 아니다. 소비자는 최고의 제품을 작품으로서 향유하면서 행복해할 권리가 있다. 저자는 소비자를 예술을 향유하는, 온전한 인간의 삶을 누릴 수 있는 존재자로서 바라본다.

"인간은 언제,

그리고 왜 감동하는가?"

저자는 이 책을 통해 이 질문에 답을 하고 그 답의 가치를 보여주고자 한다. '예술의 목적'에 기반을 둔 근본적인 가치, 그러한 가치를 느끼는 경험으로 안내하기 위함이다.

감상자는 예술작품을 보고 '와우Wow! 아름답다! 숭고하다!' 하는 감동을 느낀다. 제품/서비스에도 이러한 감동이 동일하게 일어날 수 있다. 제품/서비스에도 감동의 요소, 즉 생각, 감정, 가치를 3차원 이상의 상상력과 기술력으로 표현할 때 가능한 일이다. 이 책은 이와 같은 미학적 경험을 통해 소비자로 하여금 감동을 느끼도록 하는 것이 과연 구체적으로 무엇인지 밝히고자 한다.

● **기존 기업의 성과 평가 vs 마스터피스 기업의 예술성 평가**

기업의 존재 이유는 무엇인가? 당연 이윤 추구다. 경영이익이 얼마나 효율적이고 효과적으로 달성되는가? 이것이 경영성과 평가의 최고 지표다. 마스터피스 기업의 성과 평가기준은 무엇일까?

- 소비자가 얼마나 감동받았는가?
- 생산자는 얼마나 예술성을 잘 표현했는가?

이것들을 기준으로 기업의 성과평가가 이루어진다. 그 전제가 되는 논리는 다음과 같이 요약할 수 있다.

감동과 예술성을 담아낸 마스터피스는
최고의 효율성과 효과성을 발현하여
그 자체만으로도 팬덤을 형성하고
지속가능한 이익을 달성한다.

생산자(창작자)의 예술성을 평가하는 기준은 '모방하지 않고 얼마나 자신만의 생각과 가치, 철학을 담아 자신만의 독창성과 기술력으로 표현했는가?'이다. 즉, 제품/서비스에 녹아든 ① 생산자(창작자) 정체성 요소 ② 제품이 가진 기능성, 관능성 ③ 제품이 빚어내는 소비자 감동의 크기로 기업의 예술성을 평가할 수 있다.

마스터피스 전략에서 말하는 예술은 기업과 브랜드가 마치 예술가와 같이 섬세한 창작활동을 통해 소비자에게 최고의 감동을 선사하는 제품/서비스를 만들어내는 전 과정을 뜻한다. CEO가 가진 교양으로서의 예술적 지식과 관계없이 실제 예술가의 창작 프로세스에서 발휘되는 것과 유사한 통찰력으로 소비자를 감동시키는 구체적 방법론에 초점을 맞추어야 한다. 그렇게 한다면 마스터피스 전략을 충분

미켈란젤로, 〈피에타^{Pietà}〉, 제작년도 1498~1499년

〈피에타〉는 르네상스 시대 조각예술의 대표적인 명작으로 불린다. 르네상스 시대의 고전적 아름다움을 표방하는 이상주의와 자연주의의 균형으로 예술학적으로 중요한 의미를 지닌 작품이다.

히 펼칠 수 있을 것이다.

● 정량적 평가 vs 미학적 평가

기존 경영의 패러다임을 유지한 채로 미학경영을 도입할 수 있을까? 그것은 세상을 바라보는 시각이 다른 두 개의 렌즈를 하나의 안경에 끼워 경영자에게 씌우고 걷게 하는 것과 같다. 그만큼 기준과 시각은 서로 다르다. 경영에 대한 지금까지의 정량적 평가와 가시화에 머물러선 안 된다.

미켈란젤로Michelangelo, 1475~1564는 대리석이라는 원석 안에 잠재되어 있는, 너무나도 유명한 그 〈피에타Pieta상〉을 직관으로 바라보고 유려하게 다듬었다. 〈피에타상〉은 〈다비드상〉, 〈뿔난 모세상〉과 함께 미켈란젤로의 3대 조각으로 알려져 있다. 우리가 미켈란젤로의 〈피에타상〉을 평할 때처럼 마스터피스를 평가할 때는 정량적 평가가 아닌 보다 높은 차원의 지표가 필요하다.

궁극적으로 인간이 경영하는 모든 활동은 '인간의 의식을 고양하는 행위'가 될 수 있다는 새로운 가치를 만들어나가야 한다. (이화여대 경영예술연구센터에서는 실제 기업현장의 임원과 팀장들에게 마스터피스 인덱스와 인덱스를 측정할 수 있는 툴킷Tool-kit을 제공할 예정이다. 현재까지 기업현장에서는 소비자가 제품을 사용할 때 느끼는 감동의 정도를 인덱스화하여 순위로 발표한 적이 없다. 경영예술연구센터에서는 이러한 지표를 만들고 타당도를 검증해 실무적으로 적용 가능한 측정도구를 개발하기 위해 연구를 진행 중이다. 향후 제품/서비스의 감동 정도, 소비자가 체험하는 현존감의 다양한 차원이 지표화될 것이다. 경영예술연구센터는 이러한 지표가 기업의 재무성과와 특별한 상관관계가 있다는 통계적 검증결과를 도출하겠다는 목표로 연구를 진행하고 있다.)

2

미학
경영의
시대

마스터피스 전략에서 | 고객의 눈을 사로잡을

기능은 기본 | 아름다움을 강조하다

"기술이 예술의 장벽을 허물고

누구나 예술가가 될 수 있는 시대를 연 것이다"

1

미학경영, 그 의미를 찾아서

예술작품이 사람을 감동시킨다고 할 때

창작자는 그 안에 어떠한 감성과 생각을 담아내기에 그것이 가능한 것일까.

감상자가 이를 알아보고 공감하면 감동이 순식간에 올라온다.

애플의 스티브 잡스는 바로 이 점에 주목했다.

세계 최대 IT기업 애플은 시가총액 2조 달러를 돌파했다. 이탈리아 국내총생산GDP보다 큰 규모다. 한 기업의 이 같은 놀라운 성장은 소비자의 감동으로 이루어진 것이라 해도 전혀 지나친 말이 아니다.

예술과 사업의 공통점과 차이점

구분	예술	사업
대상	감상자	소비자
목적	아름다움과 정서적 감동 전달	
방법	사상, 감정, 가치를 상상력과 기술력으로 표현	
창조물	시청각 작품, 공연	제품, 서비스

● 도덕적 감동과 미학적 감동

감동은 어디서부터 오는가? 인간은 언제, 왜 감동하는가? 감동에는 도덕적 감동과 미학적 감동이 있다. 도덕적 감동은 한없이 타인을 위해 희생하고 자신에게 소중한 것을 내어줄 때 상대방이 느끼는 감동이다. 미학적 감동은 위대한 미술작품이나 음악작품, 무용, 문학작품 등을 접했을 때 다음과 같은 감정 상태가 되는 것이다.

"와! 어떻게 이런 '작품'을 만들 수가 있지?!"
"와! 정말 내가 마음을 다 뺏기고 격하게 감동을 받는구나!"

그동안 한국 기업의 제품/서비스를 사용하면서 소비자들이 이러한 수준의 감동을 느껴본 경험이 얼마나 있었던가? 바로 떠올릴 수 있는 경험이 있는가?

한국 경제의 지난 50년을 경제학자들은 '모방경제 50년'이라고 부른다. 한국 기업이 선진국의 좋은 사례를 따라 하거나, 그보다 조금만 더 잘하면 성공하던 시절이 있었다. 그러나 예술계에서 '모방'은 금기어다. 모방이라는 말 자체가 수치스러울 뿐만 아니라, 저작권법에도 위배된다. 이제 기업은 제품/서비스를 만들 때에 예술가들처럼 자신만의 새로운 시도, 독창적인 요소로 창작자의 생각과 감정을 표현해내야 한다.

● 애플에는 있고 삼성에는 없는 것

애플과 삼성의 스마트폰을 바라보는 소비자들의 시각은 각각 어떻게 다른가? 2007년 애플은 사람들의 상상과 기대를 완전히 깨고 아이폰이라는 최초의 스마트폰을 세상에 내놓는다. 세상에 없던 새로운 개념과 기술로 말이다. 완전히 새로운 이 제품을 접한 순간, 사람들은 그야말로 열광했다.

*"와우, 어떻게
이런 게 가능해?"*

당시 대중의 평균적 기대를 훨씬 뛰어넘는 제품력으로 아이폰은 순식간에 사람들의 마음을 사로잡았다. 제품의 기능은 말할 것도 없었다. 아이폰을 바라보고 있노라면 너무나 예쁘고 귀여웠다. 그뿐인가. 앙증맞게 손 안에 쏙 들어오고 폭 안겨오는 그 감촉과 그립감이 탁월해 관능적으로도 '와우!' 환호할 수밖에 없었다.

예술작품이 사람을 감동시킨다고 할 때 창작자는 그 안에 어떠한 감성과 생각을 담아냈기에 그것이 가능한 것일까. 감상자가 이를 알아보고 공감하면 감동이 순식간에 올라온다. 애플의 스티브 잡스는 바로 이 점에 주목했다. 잡스는 애플의 제품은 무조건 아름답고 예뻐야 하고, 아주 심플하고 간단해야 한다고 주장했다. 어린아이들조차도 매뉴얼 없이 30분 만에 사용법을 터득할 수 있도록 쉽고 편해야 한다고 했다.

잡스의 작품정신에 대중은 매혹되었다. 잡스는 제품을 사용하는 소비자들이 스스로 자랑스럽고 살맛 나게 해주어야 한다고 했다. 이른바 '애플빠'는 애플 팬들의 정신상태를 말한다.

안타깝게도 삼성전자의 초기 갤럭시 시리즈에서는 이러한 정신을 찾아볼 수가 없었다. 초기에 삼성전자는 기능적으로 구현을 하기 위해 열심히 개발했고, 지금은 갤럭시의 기술력이 아이폰보다 나은 면이 있는데도, 본래 애플이 만들어냈던 '진품의 아우라'를 아직도 걷어내지 못한 채 계속 경쟁하고 있다. 애플에는 있고 삼성에는 없는 비밀코드, 이를 저자는 '미학적 아우라'라고 본다. 이제 기업에 '미학경영'은 생존의 열쇠다.

삼성 갤럭시
출처: www.samsung.com

애플 아이폰
출처: www.apple.com

애플 아이폰

이전에 없던 터치스크린과 미학적 디자인의 만남. 모바일 산업에서 게임 체인저Game changer로 등장해 정보 사용 및 소통, 공유 방식 자체를 파괴적으로 혁신시켰다.

● LG전자가 미학경영을 했다면

2021년 4월, LG전자는 스마트폰 사업에서 철수한다고 공식발표했다. '미학경영'의 관점에서 LG전자를 바라보자. 분명 LG전자는 '기술력'과 '관능성'에 대해선 노력했다. 하지만 가장 치명적이었던 것은 무엇인가? 바로 '정체성'에 대한 인식, 공감이 없었다는 점이다. 기업이 어떠한 철학과 가치를 중요시하면서 제품을 만들었는가? 무엇으로 소비자를 감동시켰는가? 제품을 사용하는 소비자들은 이를 느끼기 어려웠다.

소비자들은 금세 떠나가기 쉽다. 2021년 전반기 기준 시가총액 8천억 달러를 달성한 테슬라는 자동차계의 애플이라고 불린다. 세상에 없던 전기차를 만들었고, '테슬라빠'를 만들어서 엄청난 인기를 누렸다. 비트코인의 갑작스러운 매각 등으로 언론의 공격을 받기도 했으나, 2021년 상반기에만 38만 6,000대라는 판매실적을 올렸다.

현대차 제네시스의 기능성은 이미 세계적인 수준이다. 관능성도 거의 쫓아왔다. 하지만 역시 치명적인 것이 있다. 제네시스를 만들면서 무엇을 중요하게 여기고 있는가? 소비자와 어떠한 관계를 맺고자 하는가? 이를 기업광고에서 찾아볼 수가 없다. 안타까운 현실이다.

국내에서 미학경영의 가능성을 보여주었던 기업이 있다. 바로 창업 시기의 마켓컬리다. 지금은 여러 유통 대기업과의 심한 경쟁으로 많은 어려움을 겪고 있으나 창업 초기에는 소비자들에게 미학적 감동을 줌으로써 단기간에 장보기 시장의 리더로 부각했다.

마켓컬리는 ① 미각적, 심미적으로 만족감을 주면서 사람의 몸

테슬라 전기자동차
출처: https://www.tesla.com

현대자동차 제네시스
출처: www.genesis.com

최첨단의 아이콘 테슬라 & 현대자동차 제네시스의 고급화

테슬라는 설명이 필요 없는 자동차계의 애플이다. 그야말로 최첨단의 아이콘이다. 현대차 제네시스의 기능성은 이미 세계적인 수준이다. 관능성도 거의 쫓아왔고 고급화에도 성공했다. 하지만 기업광고 등에서 제네시스를 만들면서 소비자와 어떠한 관계를 맺고 싶은 것인지 알기 어렵다.

에 이로운 상품을 제공한다는 정신, ② 오늘 주문하면 내일 도착하는 샛별배송이라는 물류혁신, ③ 생산자 직거래/직매입으로 신선한 식재료를 공급해 바쁜 직장인 주부나 1인 가구 고객의 삶 속에 행복을 담는 서비스를 창조함으로써 '이거 없었으면 어쩔 뻔?'이라는 반응을 부르며 소비자들을 감동시켰다.

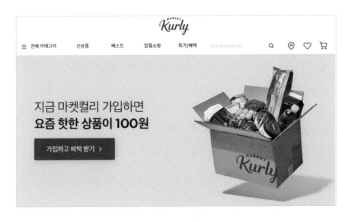

마켓컬리

마켓컬리의 슬로건은 '당신의 라이프스타일을 완성하는 프리미엄 마켓'이다. 높은 신선도와 빠른 배송이라는 품질을 강조하며 가치와 신뢰를 제공한다. 새로운 고객경험 창출을 통해 고객관계를 구축한 사례다. 출처 : www.kurly.com

● **기업에 ESG는 필요조건, 미학경영은 필요충분조건**

최근 기업에서 대두되고 있는 ESG는 기업에 필요조건이다. 그러나 ESG만으로는 생존과 성장이 보장되지 않는다. 하지만 미학경영은 진정한 필요조건이자 충분조건이다. 앞으로 기업들은 시간이 많지 않다. 저자는 기업 CEO들에게 새로운 혁명에 도전해볼 것을 권한다. 미학경영의 길이다. 첨단기술 AI 시대에 기업의 철학과 가치, 정체성을 제품/서비스에 담아내는 것이다. 그럼으로써 미학적 감동을 자아낸다. 진품, 명작의 탄생이다.

① 기능성: 첨단기술을 근간으로 하는 기능성
② 관능성: 미적 숭고함과 아우라를 느끼게 하는 관능성
③ 정체성: 기업가의 고유한 철학과 가치가 담긴 제품/서비스의 정체성

이 '삼위일체'를 통해 충격과 감동을 주면 소비자 스스로 현존감을 극대화하게 된다. 미학경영의 작동원리이자 본질이다. 곧 마스터피스 전략이다.

3
예술 대중화의 역사

평범한 사람의 일상을 찍어 편집하는 브이로그$^{V-log}$가

수백만 시청자가 향유하는 미디어 작품이 되는 세상이다.

어떠한 주제, 어떠한 대상이든 창작자는

자유롭게 예술의 형태로 가공하여

자신을 표현하고 세상과 공유할 수 있다.

예술과 미적욕구는 인류 역사와 함께해왔다. 시대에 따라 미적 기준과 예술의 목적은 변화했을지라도 인간은 언제나 미美를 생산하고 소유해왔다. 산업혁명과 정보혁명으로 예술은 대중화를 이루어왔고, 사회의 전 구성원이 기술중심 예술화사회를 맞을, 즉 '예술적 인간'이 되는 토양을 일구었다.

● 예술 창작과 향유의 보편화

과거에 예술의 생산은 전문가 고유의 영역이었고, 향유는 소수 계층의 전유물이었다. 대체로 예술은 권력과 경제력을 지닌 계층이 직업 예술가에게 후원과 의뢰를 하여 생산되었다. 값비싼 안료, 조각 재료, 악기 등 예술활동을 위한 도구는 소수만이 사용할 수 있었고, 이를 수급할 수 있는 소수 계층과 전문 예술가만이 특출난 기술력과 표현력으로 작품을 제작했다. 예술창작을 위한 교육과 도구, 기술은 선택된 소수에게만 허락되었다.

그러나 산업혁명과 정보혁명을 거쳐 오늘날 디지털 기술은 누구나 쉽고 값싸게 예술활동을 하고, 창작으로 자신을 표현할 수 있는 장을 열어주었다.

가령 피아노의 경우를 살펴보자. 19세기의 석판인쇄술, 브로드우드Broadwood사의 조립라인 생산기술은 피아노의 대량생산과 대중화를 이끌었다. 피아노는 산업혁명에 따라 개량되었고, 귀족만이 즐기던 피아노를 중산층에서도 직접 소유하며 연주할 수 있게 되었다.

18세기 파리의 귀족
출처: www.invaluable.com

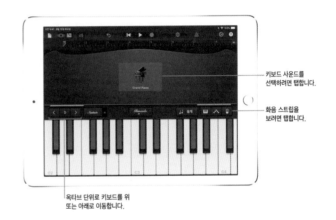

키보드 사운드를
선택하려면 탭합니다.

화음 스트립을
보려면 탭합니다.

옥타브 단위로 키보드를 위
또는 아래로 이동합니다.

애플 '개라지 밴드' 앱
출처: support.apple.com

예술 창작과 향유의 보편화

과거에 예술의 생산은 전문가 고유의 영역이었고, 향유는 18세기 파리의 귀족처럼 소수 계층의 전유물이었다. 반면 오늘날 디지털 기술은 누구나 쉽고 값싸게 예술활동을 하게 해준다.

피아노는 그 후로도 차츰 보편화되어오다가 오늘날 정보화사회에서는 누구나 손쉽게 피아노를 배우고 연주할 수 있는 새로운 지평이 열렸다. 유튜브를 비롯한 인터넷의 정보를 통해 언제 어디서나 피아노 교습을 받을 수 있다. 실물 피아노를 소유하지 않았더라도 휴대폰의 간단한 애플리케이션 설치만으로 피아노를 연주하고 곡을 녹음할 수 있다. 생산 및 정보 기술의 발달로 누구든 예술창작을 위한 도구와 기술을 활용할 수 있게 된 것이다.

미술 영역 역시 마찬가지다. 물감과 캔버스 없이도 컴퓨터의 소프트웨어로 그림을 그릴 수 있고, 누구나 손에 지니고 있는 휴대폰의 카메라로 사진 작품을 찍을 수 있게 되었다. 이에 그치지 않는다. 살롱전에 채택되지 않았더라도 누구나 자신의 작품을 온라인 공간에 게시해 전 세계인을 대상으로 전시할 수 있다. 또한 블록체인과 NFT^{Non-Fungible Token, 대체불가토큰} 기술의 발달로 창작자의 원본 증명과 더불어 직간접적인 방식의 작품 판매가 가능하다.

기술이 예술의 장벽을 허물고
누구나 예술가가 될 수 있는 시대를 연 것이다.

전 국민이 카메라를 매일 손에 쥐고 다니며 어디서든 사진 작품을 창조할 수 있는 시대, 즉 누구나 예술가가 될 수 있는 시대다.

● 예술 주제의 일반화

예술사에서 예술양식과 주제의 변화는 사조의 전환과 발전에 중요한 역할을 한다. 화폭에 담아 예술로 칭할 수 있는 대상은 당시의 시대상과 권력관계에 따라 한정적이었다.

미술사가 에른스트 곰브리치Ernst Gombrich, 1909~2001에 따르면, 산업혁명 이전에 회화의 주제는 제단화와 초상화로 고정되어 있었다. 중세시대에는 신을 숭배하기 위한 성화聖畵가 제작되었다. 르네상스 시기에는 인간 중심의 시선과 인체에 대한 관심이 시작되었음에도 말이다. 18세기 중반 이전에는 세속적인 성격의 그림들도 그리스 신화와 로마 영웅, 일반적인 진리에 대한 우의적 주제 등 몇 가지 테마에

산드로 보티첼리, 〈비너스의 탄생La Nascita di Venere〉, 제작년도 1485년
신성한 신화의 한 장면이다. 로마신화 속 미와 사랑의 여신 비너스가 계절의 여신과 서풍의 신들과 함께 이상적이고 아름다운 모습으로 표현되었다.

빈센트 반 고흐, 〈감자 먹는 사람들The Potato Eaters〉,
제작년도 1885년

브이로그 촬영 모습
출처: www.shutterstock.com

예술 주제의 일반화

벨기에 최초의 사실주의 화가 빈센트 반 고흐의 작품. 일반 농가를 배경으로
소박하고 척박해 보이기까지 하는 서민들의 평범한 삶을 묘사했다.(위) / 현
대에는 누구나 예술의 창작자가 될 수 있게 되면서 예술의 주체와 주제에 대
한 한계도 사라졌다.(아래)

국한되어 있었다.

산업혁명 이후 미술은 비로소 주제의 자유를 갖고 예술가의 취향과 개성을 표현할 수 있게 되었다. 예술가들은 각기 다른 미술사조를 형성하며 새로운 기법과 소재를 사용했다. 지극히 평범한 일상의 장면이나 거리의 부랑자도 예술의 대상이 되기 시작했다.

오늘날 많은 사랑을 받고 있는 인상주의, 야수주의 등 새로운 사조를 이끈 작가들은 당시에 조롱과 멸시 속에서도 독특한 표현기법으로 그간 잘 다루지 않았던 소재들을 그리며 미술사에 한 획을 그었다.

그리고 정보시대, 누구나 예술 창작자가 될 수 있게 되면서 주제의 한계가 사라지고 있다. 평범한 사람의 일상을 찍어 편집하는 브이로그$^{V-log}$가 수백만 시청자가 향유하는 미디어 작품이 되는 세상이다. 어떠한 주제, 어떠한 대상이든 창작자는 자유롭게 예술의 형태로 가공하여 자신을 표현하고 세상과 공유할 수 있다.

이제는 모든 평범한 삶과 일상 속 소재들이 예술의 대상이 되어 사람들에게 즐거움과 감동을 주고 있다. 삶과 예술의 경계가 흐려지며 모든 것이 예술이 될 수 있는 시대가 온 것이다.

산업혁명과 정보혁명을 거치며 우리 사회는 기술중심 예술화사회, 즉 모든 사람이 예술활동을 추구하고 예술을 향유하는 시대로 진입하기 위한 기술적 토양을 갖추게 되었다. 누구나 예술을 창조하고 감상할 수 있는 도구를 갖게 됐으며, 자신의 작품을 예술로 공개하고 공유할 창구를 얻게 되었다. 일반 대중이 예술의 생산자이자 소비자, 그리고 예술 그 자체가 된 것이다.

4

예술화사회로의 진화

예술화사회의 소비자는 소비를 하면서 자신을 더 아름답게,

즉 더욱 미학적으로 표현한다.

역사상 최초로 생산활동도 예술활동이 되고,

소비활동도 예술활동이 되는 시대가 도래했다.

이제 미학적 감동 없이는 소비 자체가 완결되기 어렵다.

미美는 시대적 흐름에 따라 다양한 모습으로 꽃피어왔다. 4차 산업혁명으로 도래한 예술화사회Art Society에 미는 다시금 주목받고 있다. 미에 대한 관심이 높아진 것은 크게 다음의 두 가지 이유로 설명 가능하다.

① 기술의 평준화로 미적인 차별화가 필요해졌다.
② 소득수준이 증가함에 따라 미가 대중적으로 향유할 수 있는 대상이 되었다.

마스터피스 전략에서 기능은 기본이므로
고객의 눈을 사로잡기 위한 아름다움을 강조해야 한다.

무어의 법칙

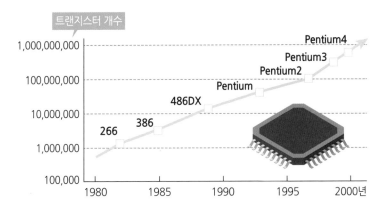

'반도체 소자(트랜지스터)의 크기는 18개월마다 절반으로 축소된다'는 무어의 법칙은 40년 간 반도체 업계를 설명해왔다. 하지만 고객의 디자인 중심 구매 결정에 대해 설명하지는 못한다.
출처: 조선일보

스마트폰을 보자. 아무리 저가폰이라도 하드웨어나 카메라 등 기본 성능은 일정 수준에 올라와 있다. 예전에는 출시되는 스마트폰마다 기능적인 차이가 컸다면, 지금은 성능을 조금 강화하는 정도다. 그래서 소비자가 구매를 결정하는 과정에 디자인이 큰 영향을 미치게 되었다.

시장조사업체 옴디아Omdia에 따르면, 2019년 스펙이 상대적으로 낮은 제품들의 출하량이 높았다. 저가 보급형 폰인 아이폰 XR(4,630만 대), 갤럭시 A10(3,030만 대) 등이 상위에 올랐다. 소비자에게 최고의 성능이 더 이상 중요하지 않음을 보여주는 수치다. 이러한 트렌드는 기업에 기능보다 디자인 전략을 요구한다.

● 풍요의 시대

세계은행World Bank에 따르면, 2017년 이후 극빈층은 세계 인구의 9% 수준으로 줄었다. 1800년대에 절대적 빈곤을 겪은 인구가 약 85%였던 것에 비하면 세상은 확실히 긍정적인 방향으로 변화했다. 극빈층은 하루 수입이 1.90달러보다 적은 인구로 정의되어 있으며, 오늘날 10억 명 남짓 된다. 이들은 기본적인 의식주 환경을 보장받지 못한 채 살아간다. 맑은 물이나 먹을 만한 음식을 구하기 힘들며, 걸을 때는 신발을 신지 않는다.

특히 최근 20년간 극빈층은 급격히 감소했다. 한스 로슬링, 올라 로슬링, 안나 로슬링 뢴룬드 공저 『팩트풀니스Factfulness』(부제: 우리가 세상을 오해하는 10가지 이유와 세상이 생각보다 괜찮은 이유)에 따르면, 1997년 인도와 중국의 극빈층은 총 인구의 42%를 차지했으나, 2017년에는 각각 12%와 0.7%로 크게 줄었다. 라틴아메리카에서는 14%에서 4%로 감소했다.

이러한 추세가 지속된다면 2040년에는 극빈층이 5%로 줄어들며, 중산층은 약 47%로 절반 가까이 늘어난다. 특히 아시아를 중심으로 눈에 띄는 경제적 성장이 일어날 것으로 예측된다. 골드만삭스 Goldman Sachs는 2050년 한국의 1인당 국내총생산GDP이 세계 2위로 도약할 것이라고 예상한다. 통계적으로 세계는 점점 더 풍요로워지고 있다.

극빈층 비율(1800년~현재)

2040년 계층 구조 예측

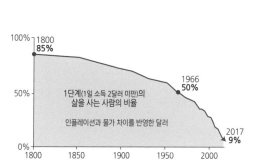

출처: Gapminder[9] based on Bourguignon and Morrisson, World Bank[5] & Our World In Data[1]

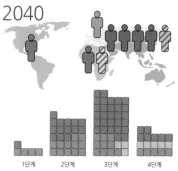

출처: Gapminder[1, 3, 8] based on PovcalNet, UN-Pop[1], IMF[1] & van Zanden[1]

2017년 이후 세계 극빈층 비율은 크게 감소했으며, 2040년에는 높은 중산층 비율이 예상된다. 미의 대중화를 위한 사회경제적 환경이 조성된다고 볼 수 있다.

출처:『팩트풀니스』

● 미의 대중화

극심한 가난에서 벗어난다는 것은 어떠한 의미일까? 생존의 문제에서 눈을 돌려 비로소 시간과 금전의 여유가 생긴다는 뜻이다. 그때 인간은 비로소 '나'라는 존재에 집중하게 된다. 예술은 가장 원초적이면서도 역사적으로 오랜 시간 유지되어온 잉여적 활동이다. 처음에는 감상의 즐거움을 느끼고, 취향이 형성되며, 최종적으로는 자기표현의 수단으로 점차 예술활동의 범위를 확장해나가게 된다.

통계분석 서비스 갭마인더Gapminder에 따르면, 실제로 소득수준이 증가할수록 여가와 문화활동비가 증가하는 것으로 나타났다. 소득수준에 따라 총 4단계로 국가를 분류했을 때 1단계인 극빈층을 벗어난 2단계 하위중산층부터 여가활동이 시작된다. 앞서 언급한 세계적인 경제성장에 따라 여가활동도 함께 늘어났다.

세계 인구 100만 명당 연주 가능한 기타Guitar 보유 수는 1962년 200대에서 2014년 1만 1,000대로 꾸준히 증가했다. IMDbInternet Movie Database, 인터넷 영화 데이터베이스에 따르면, 매년 새롭게 제작되는 영화의 수는 1906년 최초의 작품으로 시작해서 2016년에는 1만 1,000편에 이르렀다. 세계 최대의 음원 스트리밍 서비스 스포티파이Spotify에 따르면, 음악은 1860년에 발매를 시작해서 2015년에는 621만 2곡이 매해 신규 발매된다.

인터넷과 스마트폰은 대중문화의 플랫폼으로서 중추적인 역할을 해냈다. 구글 아트 앤드 컬처Google Arts & Culture 프로젝트에서는 2012년 기준 40개국 151곳 미술관이 소유한 3만 점 이상의 작품을

여가활동

소득 중 여가와 문화 활동비가
차지하는 비율

1인당 기타 보유 수

100만 명당 연주 가능한
기타 보유 수

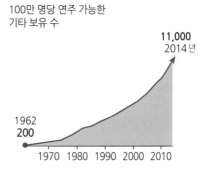

출처: Gapminder[3, 45] based on ILO[10]

출처: Gapminder[24] based on OEC, UN Comtrade
Music Trades & UN-Pop

소득수준이 커질수록 여가활동은 증가하며, 이는 자기표현을 위한 예술활동으로 확대된다.
2014년까지 1인당 기타 보유 수는 꾸준히 증가했다.

영화 및 음악 소비 현황

새로 나온 영화
연간 새로 제작하는
영화 수

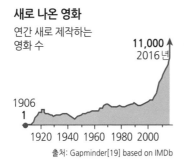

출처: Gapminder[19] based on IMDb

새로 나온 음악
연간 새로 녹음하는
음악

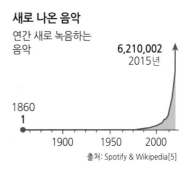

출처: Spotify & Wikipedia[5]

새로 나온 영화와 음악은 계속해서 증가했는데, 특히 2000년대에 들어서부터 폭발적인 증
가세를 보인다.

출처:『팩트풀니스』

온라인에서 고해상도로 감상할 수 있도록 제공하고 있다. 귀족을 비롯한 부유층만이 즐겼던 예술작품을 이제는 누구나 손쉽게 무료로 감상할 수 있다.

현대 소비사회에서는 기업이 생산하는 제품/서비스 역시 예술작품의 일종으로 볼 수 있다. 소비의 민주화는 미학적 쾌감의 보편화를 가져왔다. 소비사회에서 개인은 소비하는 행위를 통해 자신의 정체성을 표현한다.

현대 예술가 바바라 크루거Barbara Kruger, 1945~의 작품 〈Untitled(I shop therefore I am)〉(1985)은 프랑스 철학자 르네 데카르트René Descartes, 1596~1650의 "나는 생각한다, 고로 존재한다I think, therefore I am" 글귀를

데카르트의 초상화
"나는 소비한다, 고로 존재한다I shop therefore I am"라는 문구는 데카르트의 실존주의에 빗대 소비를 통해 개인의 정체성을 형성하는 현대 소비문화를 비판하고 있다.

마스터피스 **전략**

차용해 소비문화와 개인 정체성 간의 밀접성을 비판한다.

하지만 그녀가 꼬집는 것처럼 소비자는 절대 수동적이지 않다. 예술화사회의 소비자는 일종의 창작자로서 소비행위를 통해 자아실현을 한다. 소비를 하면서 자기 자신을 더 아름답게, 즉 더욱 미학적으로 표현한다. 역사상 최초로 생산활동도 예술활동이 되고, 소비활동도 예술활동이 되는 시대가 도래했다. 이제 미학적 감동 없이는 소비 자체가 완결되기 어렵다.

3

미학경영,
미래경영의
뉴 패러다임

컨슈머에서 　　　　　　 프로듀서에서

아트슈머, 팬슈머로 　　　 아트듀서로

"미학적인 시선으로 보면

세계는 하나의 예술작품으로 관찰된다"

| 배경 |

1-1

과거에서 현재, 미래로

기술의 진보는 인간의 생존을 극대화하고
소비자의 오감을 자극할 뿐 아니라,
심리적인 자극도 주고 있다.
기술이 지향하는 그 방향성을 보면
고객경험이 주요 원천이 되어간다.

저자는 『경영예술』에서 20세기 과학적 경영의 한계를 논한 바 있다. 그러면서 100년을 주도해온 과학적 경영의 다섯 가지 특징을 설명했다.

① 모든 경영활동이 과학적으로 관리될 수 있으며, 관리되어야 한다고 보았다.
② Plan-Do-See(계획-실행-평가) 3단계를 따랐다.
③ 측정 또 측정하고 데이터를 분석해 논리적 인과관계를 검증한 후에 실행하는 과정을 밟았다.
④ 6시그마를 통한 품질/프로세스의 완벽한 관리를 추구했다.
⑤ 컴퓨터와 정보기술을 기반으로 한 경영시스템을 도입해 통제와 조정을 용이하게 해왔다.

● 과학적 경영의 한계

그러나 전통적인 과학적 경영으로는 시장의 빠른 변화에 대응할 수 없었다. 창의적인 제품/서비스를 개발한다거나 경영혁신을 통해 특단의 해결책을 마련하는 것은 보다 근본적인 변화 없이는 불가능했다. 최소 비용으로 최단 시간에 목표를 달성해야 했던 산업분야들은 4차 산업혁명으로 정보통신기술과 융합하며 빠르게 재편되었다. 기업들은 기존 방식으로는 경쟁우위 확보와 차별화된 수익창출이 어렵다고 보았다.

2017년 당시 저자는 『경영예술』에서 '프리미엄을 통해 경쟁하는 시대'로 방향성을 잡은 바 있다. 그리고 기업 구성원들이 행복도와 몰입도가 낮아서 조직의 생산성이 떨어지는 문제에 대한 처방으로 '경영예술'과 '경영예술 방법론'을 제시했었다.

2017년 『경영예술』 출간 당시에 구성원들 스스로 의미를 발견하고 가치를 창출하며 함께 시너지를 낼 수 있도록 하는 새로운 경영 패러다임으로서 제시했던 것인데, 이제는 여기서 한 걸음 더 나아가 마스터피스 전략으로써 현시대에 맞는 새로운 방향성과 방법론을 제시하고 있는 것이다.

● 고객 감동의 시대

이제 고객은 특별함을 느끼게 해주고 감동을 주는 제품/서비스로 재빠르게 이동하며 스스로 슈퍼팬덤Superfandom이 되고 있다. 하버드 경영대학원 교수 탈레스 테이셰이라Thales Teixeira는 전 세계 시장와해 현상을 일으키는 파괴의 주범은 신기술도, 스타트업도 아닌 고객이라고 분석했다.

마케팅 학계의 구루 필립 코틀러Philip Kotler는 『리테일 4.0RETAIL 4.0』에서 디지털 혁명과 순수 디지털 플레이어의 출현으로 이전과 달리 고객경험이 중심이 되는 H2HHuman to Human 시대가 도래한다고 예고했다. H2H 시대에는 고객에게 브랜드 스토리를 해석해주고, 브랜드 가치를 높여 매력적으로 느끼게 하여, 기억에 남도록 경험을 선사하는 직원이 큐레이터로서 각광을 받는다.

하이터치, 휴먼터치에서 아트터치로

디지털의 파괴적 혁신과 디지털 기술의 급격한 진보 속에서 오히려 더 인간중심적이 돼라는 메시지는 최신 트렌드에서도 보인다. 밀레니엄 프로젝트 한국대표 박영숙과 제롬 글렌Jerome Glenn의 『세계미래보고서 2021』은 세상을 바꿀 혁신적 미래기술 아홉 가지로 다음을 제시했다.

① 몰입형 현실IR, Immersing Reality과 뇌-컴퓨터 인터페이스

② 일반 인공지능

③ 아티스트 인공지능

④ 초현실적 섹스로봇

⑤ 나나이트Nanities: 작은 나노로봇

⑥ 디자이너 베이비

⑦ 냉동인간

⑧ 마음 업로딩

⑨ 의사결정 인공지능

인공지능이 발달, 확산하고 있는 와중에도 인간의 창의성과 현존감을 지향하는 아티스트/마음/의사결정을 왜 중요하게 보는지 그이유를 헤아려야 한다. 기술의 진보는 인간의 생존을 극대화하고 소비자의 오감을 자극할 뿐 아니라, 심리적인 자극도 주고 있다. 기술이 지향하는 그 방향성을 보면 고객경험이 주요 원천이 되어간다. 이는

우리 사회가 예술화사회로 가고 있다는 결정적 증거이기도 하다.

　김난도 외 공저『트렌드 코리아 2021』에서 마지막으로 제시된 소비트렌드 키워드는 '휴먼터치'다. 휴먼터치는 존 나이스비트[John Naisbitt]가 말한 '하이터치[High touch]'에서 더 나아가 고객의 경험, 감동, 감성, 공감을 불러일으킨다는 측면으로 접근한 인간중심의 개념이다.

● 아트슈머, 아트듀서, 아트본능

　그렇다면 이제 저자는 예술가의 상상력과 창조력이 예술작품을 만들듯, 생산자의 '아트터치[Art touch]'가 제품/서비스에 반영되는 '기술중심 예술화사회'를 예고해본다. 기술중심 예술화사회에서 생산자는 소비자가 예술작품을 마주할 때 느끼는 감동과 전율을 체험하도록 고객경험을 제공한다. 소비자는 이 고객경험에 동참하고 몰입한다.

　아트터치가 생생하게 반영된 제품/서비스를 감상하면서 동시에 자기창조를 표현하는 소비자는 '아트슈머[Artsumer]'다. 생산자는 예술가가 되어 장인본능을 넘어 '아트본능'을 갖는다. 이러한 측면에서 저자는 예술가의 혼이 깃든 예술작품과도 같은 제품/서비스를 제작하는 '아트듀서[Artducer]'의 개념을 제시해본다.

　생산자는 아트터치를 통해 예술적 환경을 창조해나간다. 아트슈머와 아트듀서는 소통하며 시너지를 내는 상호보완적 관계로, 서로에게 아트본능을 일깨워주는 원동력이 된다. 이러한 과정을 통해 소비자의 현존감을 높이는 기술이 창조되기도 한다. 마스터피스의 탄생이다.

소스타인 베블런Thorstein Veblen, 1857~1929은 『장인 본능』에서 "인류의 삶은 타고난 본능적 성향Instinctive proclivities과 향성向性 기질 Tropismatic aptitudes의 영향을 받는다고 했다. 장인본능, 장인정신에 대해 베블런은 다음과 같이 설명한다.

"장인본능의 기능은 목표가 무엇이 되었건 삶의 목표달성을 위한 유용성이 핵심이다. 장인본능은 실용적 방법, 수단과 방법, 효율성과 검약을 위한 장비 및 발명품, 역량, 창의적 작업과 기술적 숙달에 관심을 집중한다. 장인정신은 그 자체가 관심과 감정의 대상이다."

저자는 이 책에서 인간의 수많은 본능 중 생계수단과 별도로 인간의 삶의 목적 지향성과 창조에 대한 열망을 지닌 본능을 '아트본능'이라 부르고자 한다. 기술중심 예술화사회에서 생산자와 소비자는 아트본능을 발현하여 미학적 경험을 나누고, 미학교육과 미학적 상태를 공유한다. 나아가 생산자와 소비자는 미학적 정치, 경제, 사회, 문화의 가치공유 플랫폼이 될 '아트 플랫폼'을 형성해나갈 것이다.

| 배경 |

1-2

포스트 코로나 시대,
디지털 트랜스포메이션의 보편화와 확산

코로나 팬데믹은 점진적으로 확산되던 신기술을 급속도로 광역보급했다.

디지털 트랜스포메이션을 순식간에 앞당긴 것이다.

팬데믹 초기 단 몇 개월 만에 이루어진 일이다.

재택근무와 원격학습이 행해지면서 비대면 애플리케이션 서비스들이

빠르게 전 국민의 삶에 녹아들었다.

디지털 트랜스포메이션의 흐름에서 코로나19는 디지털 기술의 도입과 적응에 있어 결정적 전환점이 되었다. 전 세계를 강타하며 그동안 한 치의 의심도 없이 당연시되던 일상적인 생활까지 멈추게 한 코로나19의 여파로 우리는 과거와는 전혀 다른 속도로 기술의 발전과 보편화를 맞이하게 되었다. 코로나19로 가속화된 기술의 도입, 그 추이에 대해, 그리고 디지털 트랜스포메이션의 끝에는 어떠한 사회가 올지에 대해 질문을 던져야 할 때다.

● 팬데믹 시대의 기술 도입

우리 사회에는 AI와 자동화기술을 적극적으로 도입하기에 앞서 긴장이 존재해왔다. 오랜 시간 인간이 육체적으로 담당해왔던 노동을 프로그래밍된 기계들이 대체할 수 있는 기술력이 마련되었다. 하지만 그 기술발달의 이면에는 인간 생존권과의 긴장감이 있었다. 이러한 긴장은 오늘날 AI를 비롯한 소프트웨어의 눈부신 발전과 함께 더욱 팽팽해졌다.

왜 그런가? 인간의 전유물로 여겼던 사고력과 판단력, 창의력마저도 기계가 흉내 내기 시작했기 때문이다. 급기야 기계가 인간을 감독하기에 이르렀다. 오늘날 노동현장에는 기술발전에 의한 산업의 자동화가 인간 노동자를 몰아낼 것이라는 공포와 불안이 서려 있다. 기업 역시 첨단기술이 경제적 효용과 효율성이 있음에도, 발전된 그 기술들을 산업현장에 도입하기 이전에 먼저 사회적 파장을 고려할 수밖에 없었다.

그러나 코로나 팬데믹이 이러한 긴장을 완화하고 기술을 적극적으로 적용하게 했다. 기술 도입을 전격적으로 가속화한 것이다. 대인 간 접촉이 바이러스가 전염되는 데 치명적 위험요소가 되면서 오히려 자동화기술과 기계의 도입이 인간 노동자와 소비자의 생존권을 보장하는 대안으로 재정의되었다.

코로나19와 디지털화의 상관관계

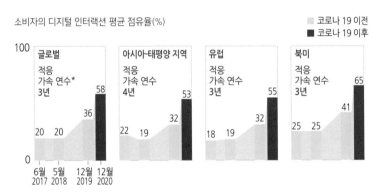

코로나19 사태는 전 세계 기업이 디지털화되는 속도를 가속화했다.

출처: 맥킨지앤드컴퍼니

맥킨지사의 글로벌 경영진 대상 조사Mckinsey Global Survey of Executives에 따르면, 팬데믹은 기업들의 디지털화를 수년씩 가속화시킨 것으로 나타났다. 유통과정에서 소비자와의 상호작용 및 내부 오퍼레이션의 디지털화는 3~4년 가속화되었다. 디지털 제품과 디지털

마스터피스 **전략**

화 가능한 제품들의 발전은 7년 가속화된 것으로 나타났다.

거의 100퍼센트에 육박하는 기업 중역들이 팬데믹 시기의 새로운 요구를 충족시키기 위해 디지털화 방안을 강구했다. 그들은 또한 팬데믹 이전에 예상했던 것보다 빠르게 디지털화를 적용했다고 답했다. 또한 대부분의 변화를 장기적으로 유지하고 보다 고착화하기 위해 적극적인 투자를 하고 있다고 응답했다.

● 팬데믹 이후의 디지털 트랜스포메이션

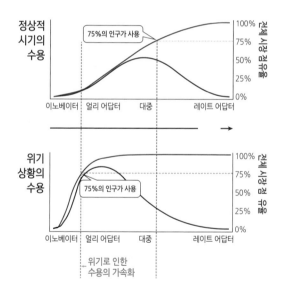

코로나19는 바스 확산 모델에서 소수의 얼리어답터만 기술을 이용하는 시기를 단축시켰고, 그 결과 다수가 새로운 기술에 더 빠르게 적응되도록 했다.

출처: www.cbinsights.com

바스 확산 모델Bass Diffusion Model은 신기술의 수용 및 확산의 추이를 보여준다. 기술의 초기 도입기에는 어떠한가? 새로운 기술을 적용할 때의 리스크를 부담할 수 있는 소수의 얼리어답터만이 그 기술을 사용한다. 만약 그 기술이 쓸 만해서 다수의 사용자를 모을 수 있다면 기술 사용의 이차적 이점Secondary benefit이 생겨난 것이다.

특히 네트워크 효과Network effect: 재화의 수요자가 늘어나면 그 재화의 객관적 가치, 즉 재화 사용자들이 느끼는 가치도 함께 변하게 되는 효과에 의한 발명은 사용자가 증가할수록 더욱 유용한 기술로 발전한다. 또한 아울러 사용자들의 행동양식까지 변화시킨다. 이와 같은 이차적 이점이 생겼을 때 남겨진 비사용자들은 다수를 따라 그 기술을 사용할 수밖에 없게 된다.

일반적인 바스 확산 모델은 다음 요소들에 의해 결정된다.

- **가치**Value: 기술이 주는 가치가 얼마나 큰가?
- **마찰**Friction: 적용이 얼마나 쉬운가?
- **리스크**Risk: 적용 시에 부담으로 작용하는 비용과 위험요소가 얼마나 큰가?
- **확산**Spread: 개인이 얼마나 쉽게 다른 이들에게 이를 전할 수 있는가?

그러나 위기는 바스 확산 모델을 왼쪽으로 압축시킨다. 더 많은 사람이 더욱 빠르게 기술을 수용하고 기술에 적응하게 된다. 일반적인 상황이라면 소수의 얼리어답터만이 기술을 사용하였을 시점에, 75%에 이르는 대다수 사람들이 기술을 받아들인다.

코로나 팬데믹, 즉 오늘의 위기는 점진적으로 확산되던 신기술을 급속도로 광역보급했다. 디지털 트랜스포메이션을 순식간에 앞당긴 것이다. 팬데믹 초기 단 몇 개월 만에 이루어진 일이다. 재택근무와 원격학습이 행해지면서 비대면 애플리케이션 서비스들이 빠르게 전 국민의 삶에 녹아들었다.

코로나19로 디지털 트랜스포메이션의 가치는 국민의 건강과 생존이라는 중대한 가치까지 포괄하게 되었다. 이는 자연히 공동의 가치가 되어 변화에 대한 마찰과 리스크는 최소화되었다. 디지털 트랜스포메이션을 해야 한다고 개인이나 기업이 설명할 필요도 없었다. 이미 그에 앞서 대부분의 사회구성원이 동의할 수 있는 당위성으로 쉽게 전파되어나갈 수 있었다.

위기는 우리 모두를 얼리어답터로 만들었다. 이미 일어난 변화는 역행하지 않을 것이다. 그렇다면 앞으로 남은 과제는 무엇인가? 급속도로 진행된 디지털 트랜스포메이션을 지속가능한 모델로 발전시키는 일이다.

코로나19가 앞당긴 자동화와 가상화의 실현. 이는 예술화사회Art Society의 근간이 된다. 노동과 생산에 인간이 참여하는 비중과 필요성이 최소화되고 있는 오늘, 모든 생산양식이 자동화되었을 때 인간의 삶은 어디를 향하게 될지 질문을 던져야 할 때다. 자동화 혁명이 일어났을 때 인간은 잉여적 존재로 전락해 디스토피아적 삶을 살 것인가?

그 같은 삶이 인류가 추구할 미래의 방향인가? 그에 대한 답이 'Yes'라면 인간이 지닌 주체성과 창의성, 예술성을 무시한 오판이다.

기술을 기반으로 생존에 대한 부담과 압박이 사라졌을 때, 인간은 진정으로 자아실현과 행복을 추구할 수 있는 여가적 존재가 될 수 있다. 그렇기에 기술의 발달과 함께 필연적으로 시작된 기술중심 예술화사회를 우리는 목도하고 있는 것이다. 또한 진정한 기술중심 예술화사회로 이행하기 위한 패러다임의 전환을 받아들여야 하는 것이다. 그리고 경영 분야야말로 예술화사회를 이끄는 주역으로서 미학경영을 시작해야 한다.

"우리는 항상 앞으로 2년 동안 일어날 변화는 과대평가하고, 향후 10년 동안 일어날 변화는 과소평가한다."

– 빌 게이츠

| 배경 |

1-3

세상을 감동시키는 경영은 따로 있다

고객의 감정정보를 이해하지 않으면

제대로 된 감동전략이 나올 수 없다.

어설프게 고객의 감정을 관리하려고 하면

오히려 반감을 일으킬 수 있다.

고객의 감정 시그널을 포착할 피드백 채널이 필요한 이유다.

● 기술로 구현한 꿈의 사회

덴마크 미래학자 롤프 옌센Rolf Jensen은 저서 『Dream Society』(국내에서는 『미래 경영의 지배자들』이라는 도서명으로 출간됨)에서 꿈, 감성, 이야기의 가치가 높아질 것이라고 말한다. 미래의 기업은 상품에 이를 담아내야만 경쟁력을 가질 수 있다는 것이다. 기업은 감동을 팔고, 소비자는 감동을 산다. 즉, 감동이 돈이 되는 시대가 온 것이다.

롤프 옌센은 인간의 감성을 자극하는 여섯 개의 시장을 제시했다.

① 모험을 판매하는 시장

② 연대감, 친밀함, 우정 그리고 사랑을 위한 시장

③ 관심의 시장

④ '나는 누구인가who-am-I' 시장

⑤ 마음의 평안을 위한 시장

⑥ 신념을 위한 시장

저자가 정의하는 기술중심 예술화사회는 드림 소사이어티의 특징에 더하여 4차 산업혁명으로 부상하는 '기술미학'이 공존한다. ARAugmented Reality, 증강현실/VRVirtual Reality, 가상현실, 인공지능, 5G, 블록체인과 NFTNon-Fungible Token, 대체불가토큰, 바이오공학. 이는 이전에는 없던 새로운 기술이다. 이러한 기술적인 바탕 위에서 기술중심 예술화사회의 기술미학은 '아름다운 디자인'은 물론이고, '기술로 구현한 현실 같은 환상', '마음을 움직이는 스토리텔링' 등으로 설명될 수 있다.

기능적인 면에만 초점을 맞추었던 기술을 넘어 이제는 고객이 느끼는 감동을 우선하는 기술이 요구되는 것이다. 이러한 시대에 기업은 전통적인 경영에서 벗어나 이전과는 다른 방식으로 접근해야 한다.

● 기업이 추구해야 할 곳은 쾌락의 영역

감동적 미래로의 혁명. 이를 위해선 감정에 대한 기본적인 이해가 있어야 한다. 철학이나 감정과학에서 감정이 무엇인지 합의된 정의는 없다. 하지만 역사적으로 이루어져온 논의에 따르면, '개인의 의식이 경험하는 느낌'을 가장 본질적인 특성으로 삼는다.

이후에는 감정을 '환경에 대한 개인의 평가'로 정의했으며, 최근에는 '행동하기에 앞서 형성되는 뚜렷한 동기부여의 상태'로 보기도 한다(『스탠퍼드 철학 백과사전』 참고).

기업은 소비자들이 느끼는 감정에 대해 다음과 같은 질문을 던져볼 수 있다.

- **차별화**Differentiation: 소비자의 감정은 서로 어떻게 다른가? 그들이 느끼는 감정은 감정 이외의 것들과 어떻게 다른가?
- **동기부여**Motivation: 감정이 소비자의 행동에 동기를 부여하는가? 만약 그렇다면 동기는 어떻게 부여되는가?
- **의도성**Intentionality: 감정이 사물 지향성을 가지고 있는가? 그 감정은 사물에 적절하거나 부적절한가?

- **현상학**Phenomenology: 감정이 항상 주관적인 경험과 관련이 있는가?

만약 그렇다면 어떠한 종류의 경험인가

소비자가 제품/서비스를 사용할 때 느끼는 감정에 대해서는 그 세부적인 차이를 구분할 필요가 있다. 예를 들어 행복, 신남, 만족은 미세하게 다르다. 이러한 다름을 제품/서비스에 녹여낼 수 있다면? 더욱 섬세한 소비자 경험 설계가 가능하다.

또한 기업은 감성적 소비자와 이성적 소비자에 따라 접근방식을 달리할 수 있다. 감성적 소비자는 브랜드에 심리적인 애착을 가지고 있다. 이성적 소비자는 실질적인 이득에 따라 움직인다. 이러한 각각의 동기를 잘 이해하고 브랜드에 이성적/감성적으로 모두 연계될 수 있는 전략을 취해야 한다. 소비자가 느끼는 감정이 브랜드를 향한 것인지 혹은 그 이외의 것에 대한 것인지 구분해본다.

만약 해당 감정이 브랜드에 적절하지 않다면? 브랜드는 이상적인 소비자의 감정영역을 정의하고, 소비자를 적절한 영역으로 이끌도록 의도할 수 있어야 한다. 그러한 감정은 소비자의 주관적인 경험과 관련이 있을 가능성이 높다. 주관적 경험을 기준으로 소비자 그룹을 분류해본다면 브랜드와 소비자의 관계에 대해 현상적으로 잘 이해하게 될 것이다.

심리학자 제임스 러셀James Russell은 감정을 쾌락-불만Pleasure-

제임스 러셀의 감정지도

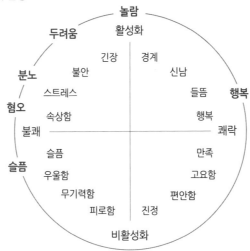

메이어와 샐러비의 감정지능

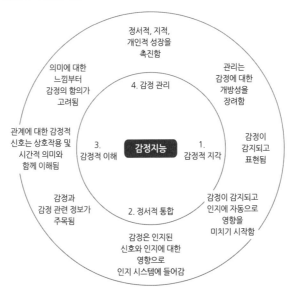

러셀은 감정을 일종의 혼합물로 바라보고 감정 간의 미세한 차이를 구별하고자 했다. 메이어와 샐러비는 감정을 적극적인 경영의 대상으로 여기고 '인식-통합-이해-관리'를 단계별로 제시했다.

Displeasure과 활성화–비활성화Activation-Deactivation 두 가지 축으로 설명
했다. 이들 영역 안에서 감정은 혼합물의 형태로 나타난다. 여기서 기업
이 추구해야 할 고객감정의 목표는 불만이 아닌 쾌락의 영역이다. 쾌락
의 영역 안에서는 감정이 활성화되어 즐거움과 행복함의 상태든, 또는
비활성화되어 편안함과 만족감의 상태든 상관없이 모두 긍정적이다.
이는 고객의 현존감과도 연결될 수 있는데, 이후에 더 자세히 다룬다.

● 감동경영을 위한 기업의 감정지능

심리학자 메이어와 샐러비(Mayer & Salovey, 2016)에 따르면, 감
정지능Emotional Intelligence은 '자신과 다른 사람들의 감정을 모니터링하
고, 감정들 간의 차이를 구별하고 적절한 라벨을 붙이며, 사고와 행동
을 이끌어내기 위해 감정정보를 사용하는 능력'이다. 이를 단계화하
면 감정인식, 감정통합, 감정이해, 감정관리 순이다. 결국 감정지능을
활용하는 목적은 '자신과 다른 사람들에 대해 바람직한 정서적 상태
와 경험에 도달하게 하는 것'이다.

고객과의 커뮤니케이션에서 고객의 감정이 표현되었을 때 기업
은 이를 인식하여 신호로 받아들인다. 표정이나 자세, 상황적 평가에
담겨 있는 정보를 통해 함축된 의미를 파악하고 해석하는 과정을 거친
다. 이때 시간에 따라 고객의 감정이 변화하는 것을 인지해야 한다. 이
러한 정보를 통합하는 것은 최적의 해결책과 예측을 불러올 수 있다.

기업은 고객의 피드백을 바탕으로 제품/서비스의 개선과 성장

을 이루어낸다. 감정에 열려 있는 환경은 고객의 감정표현을 격려하며 다시 선순환한다. 이는 고객-기업의 관계뿐 아니라 직원-관리자의 관계에도 대입할 수 있다.

고객의 감정정보를 이해하지 않으면 제대로 된 감동전략이 나올 수 없다. 기업이 어설프게 고객의 감정을 관리하려고 하면 오히려 반감을 일으킬 수 있다. 따라서 기업은 고객의 감정 시그널을 포착할 수 있는 피드백 채널을 우선적으로 마련해야 한다. 그렇게 인식된 고객의 감정을 이해하기 위해서는 데이터 기반의 양적 접근방식과 집단심층면접FGI, Focused Group Interview/민족지학적Ethnographic 관찰/현상학적 내러티브Phenomenological narrative 같은 질적 접근방식 모두를 활용할 필요가 있다. (이와 관련한 내용은 8장 "미학경영 파워"에서 자세히 다룬다.)

감동을 주는 마스터 기업은 고객의 감정을 누구보다 잘 이해하고 전략적으로 이끌 수 있는 기업이다. 이때 감정이나 감정 관련 정보로 합리적으로 추론하고 생각을 강화하기 위해 감정을 사용하는 감정지능Emotional Intelligence이 독립적으로 활용될 수는 없다. 동기/감정, 생각/지식, 계획/행동 스타일, 인식/자제력 등 성격에 대해 추론할 수 있는 개인적 지능Personal Intelligence이 동반되어야 한다.

사회적 규칙, 관습, 기대, 사회적 상황·환경을 이해하고, 사회적 계층에서 영향력과 권력의 행사를 인식하며, 그룹 내, 그룹 간 관계를 이해하는 사회적 지능Social Intelligence도 필요하다. 감정지능, 개인적 지능, 사회적 지능이 조화를 이룰 때 기업은 비로소 감동경영에 한 걸음 더 가까워질 수 있다.

● 사람-제품-기술 사이의 갭을 없애며 진화한다

기술중심 예술화사회에서 가장 중요한 세 가지 요소는 사람(욕망), 제품/서비스, 기술이다. 이들은 상호관계를 이루고 있지만 꼭 균형적이지만은 않다. 시대적 변화에 따라 각 요소는 다른 요소들에 비해 더 나아가거나 뒤처지기도 한다.

NTP-공진화 모형

욕구, 제품, 기술은 그것들 사이의 갭을 없애며 상승작용을 만들어낸다.

흥미로운 점은 세 요소가 균형을 유지하기 위해 갭GAP을 없애며 진화를 거듭한다는 것이다. 진화의 지향점은 더 나은 상태에 있는 요소가 리드하게 된다. 이것이 바로 저자가 제시하는 '공진화 GAP Co-Evolution GAP'의 개념이다.

'사람(욕망)'이 앞서간 사례로는 국내 유통 플랫폼 마켓컬리를 들수 있다. 마켓컬리는 좋은 품질의 식재료를 신선한 상태로 배송받고 싶다는 소비자의 욕망에 주목했다. 워킹맘은 저녁시간대까지 근무하는 경우가 많기 때문에 일하는 동안 장을 보기가 어렵다. 이들의 어려움을 해결하고자 등장한 것이 마켓컬리의 샛별배송이다. 밤 11시까지 주문받은 상품을 다음 날 아침 7시 이전에 받아볼 수 있게 된 것은 물류혁신 덕분이다. 마켓컬리는 온라인 업계 최초로 식품 전용 냉장·냉동 창고를 마련했다. 또한 상품별로 최적화된 포장재를 연구하여 신선도를 유지할 수 있도록 했다.

현재는 많은 유통 플랫폼에서 샛별배송 서비스를 벤치마킹하여 제공하고 있다. 하지만 좋은 품질의 식재료만 엄선한다는 마켓컬리의 까다로운 70여 가지 기준은 소비자에게 여타 유통 플랫폼과는 다른 안도감을 제공한다. 소비자의 막연한 욕망을 구체적인 수단으로 해결한 서비스가 마켓컬리의 성공요인이다.

'제품/서비스'가 앞서간 사례로는 애플의 아이폰iPhone이 있다. 아이폰은 기존 휴대폰의 통화 기능, 아이팟iPod의 음악재생 기능, 그리고 컴퓨터의 인터넷 기능을 모두 합쳐 탄생했다. 터치스크린을 도입해 키보드를 없앤 디자인은 아이폰을 기점으로 대부분의 휴대폰에 적용되었다.

다양한 서비스가 하나의 제품 안에서 가능해지면서 사람들의 생활방식은 크게 달라졌다. 언제 어디서든 업무를 볼 수 있고, 손가락으로 스크린을 터치하는 것의 편리함을 알게 되었다. 기업은 아이폰에 맞춰 각종 애플리케이션을 개발하고, 컴퓨터와 모바일 간 호환이 자유로운 인터랙션 기능을 개발하게 되었다. 이처럼 애플의 아이폰은 기술중심 예술화사회에 한 획을 그으며 새 시대를 연 제품이다.

'기술'이 앞서간 사례로는 유전자 가위를 활용한 DNA 교정을 들 수 있다. 이 기술은 2020년 노벨화학상을 수상했다. 절단효소인 크리스퍼-캐스9CRISPR-CAS9은 DNA에서 원하는 부위를 정확하게 잘라낼 수 있다. 그런 다음 절단부위에 원하는 DNA 시퀀서를 추가하면 유전자 교정이 완료된다.

하지만 이러한 기술은 인간의 존엄성을 훼손할 수 있기 때문에 도덕적 논란이 많다. 사람들은 장애나 질병 등의 리스크를 없애고 싶은 욕망이 있지만, 동시에 윤리적인 두려움을 내려놓을 수 없다. 이 때문에 아직 구체적인 제품/서비스의 개발은 이루어지지 않고 있다.

영화 〈가타카Gattaca〉(1997)는 유전자 조작이 만연화된 사회를 그렸다. 유전자 조작으로 태어난 완벽한 사람들이 상류층을 형성하고, 단점이 유지된 채 자연적으로 태어난 사람들은 열등한 부류로 취급받아 하류층으로 밀려난다. 이 영화에서 묘사된 디스토피아적 미래와 같이 유전자 조작은 사회의 계층화를 불러올 수 있기 때문에 사전에 신중한 논의를 거쳐야 한다.

이처럼 사람(욕망), 제품/서비스, 기술 사이의 갭을 없애며 공진화를 이루려면 하나의 사례에서 일반화를 이끌어내는 직관적 능력이 요구된다.

칸트는 직관을 '우리 감각의 증거가 우리 마음에 남긴 표상'이라

정의한다. 직관은 순수하거나 경험적이다.

'순수한 직관'은 선험적(先驗的: 철학용어로 경험에 앞서서 인식의 주관적 형식이 인간에게 있다고 주장하는 것. 대상에 관계되지 않고 대상에 대한 인식이 선천적으로 가능함을 밝히려는 인식론적 태도를 말함)이지만, 지식을 제공한다는 점에서 정보를 갖고 있다.

'경험적 직관'은 인간의 오감(시각, 청각, 후각, 미각, 촉각)과 일치한다. 인간의 창의성은 객체의 감각인상을 받아들이고, 그렇게 해서 만들어진 자료를 이성적으로 수정할 때 발현된다. 이것이 예술화사회에 CEO에게 요구되는 미학적 직관이다. 사람(욕망), 제품/서비스, 기술을 경험적으로 인식하되 세 요소 사이의 갭을 줄일 수 있는 마스터피스 전략이 필요하다.

공진화 개념은 사람(욕망), 제품/서비스, 기술의 3요소가 역동적으로 상호작용하며 끊임없이 순환한다. 각 요소는 생명력을 지닌 진화의 주체로서 더 높은 수준의 소비자 만족을 이끌어낸다. 진화는 적대적인 환경에 적응한 존재만이 살아남은 자연선택 또는 적자생존의 결과다. 마찬가지로 기술중심 예술화사회에서는 고객을 감동시키는 기업만 살아남을 수 있다. 변화한 시대에 감동을 팔지 못하는 기업, 즉 마스터피스 전략을 실천하지 못하는 기업은 공진화 과정에서 탈락돼 과거의 역사로 사라질 것이다.

Art + Consumer = Artsumer

2-1

컨슈머에서 아트슈머로

정보기술과 생산기술이 발달할수록 소비자가 제품/서비스의

창조에 기여할 수 있는 영역은 비약적으로 증가하고 있다.

생산과 소비의 경제적 효율성을 증대하기 위해

제품 생산자나 서비스 제공자의 기능적 영역을

소비자가 프로슈머로서 직접 담당한다.

근대의 소비자는 대량생산된 상품을 수동적으로 소비했다. 이와 달리 현대의 소비자는 능동적으로 제품/서비스를 해석하고 창작하는 아트슈머로 발전하고 있다. 다시 말해 과거의 소비는 기업에 의해 생산된 공산품을 선택하는 행위에 그쳤다면, 오늘날의 소비는 개별 소비자가 자신의 취향과 삶의 양식뿐 아니라 실존에 맞추어 기업과 제품을 선별하는 행위다.

오늘날의 소비는 상품과 대가를 교환하는 순간에 국한된 것이 아니다. 제품 개발 과정과 제품 선택 이전에 소비자의 경험, 그리고 제품과 기업을 생활의 일부로 맞이한 이후의 삶. 소비라는 말이 이러한 장기적이고 연속적인 과정 자체를 함의含意하게 되었다. 제품의 물질적·비물질적 가치는 모두 기업과 소비자의 상호작용에 의해 생산된다. 오늘날 이 상호작용을 이해하는 것이 가치 있는 작품을 생산하는 기업으로 발돋움하는 첫 번째 과제다.

● 소비자의 발달

20세기 철학자 막스 호르크하이머Max Horkheimer, 1895~1973와 테어도어 아도르노Theodor Adorno, 1903~1969는 산업사회를 '균질화된 문화의 사회'로 보았다. 이들에 따르면, 균질화된 문화의 사회에서 제품은 생산자의 의도대로 고정된 채 시장에 주어진다. 실용과 수단으로서의 제품들은 개별적 차이 없이 동일한 대상물로만 존재할 뿐이라는 것이다.

이처럼 산업사회의 소비자는 생산자로부터 주어진 제품을 기계적으로 받아들이는 수동적인 역할에 국한되었다. 문화와 직결된 개인의 주체성 역시 일원화된 문화 속에서 여타 상품과 마찬가지로 사물화되어갔다.

그러나 이후 정보화사회로 전환되고, 다양한 매체가 발달하고, 생산기술이 고도화되었다. 이와 더불어 소비자의 주체성이 증대되었다. 소비는 개인이 자율적인 정체성을 표현하는 수단이 되었다. 이에 따라 대량생산으로 '일원화'되었던 상품을 '개인화'할 수 있게 되었다.

사회학자 콜린 캠벨Colin Campbell, 1968~은 『낭만주의 윤리와 근대 소비주의 정신』에서 이러한 현대의 소비자를 '기교적 소비자Craft Consumer'로 정의한다. 기교적 소비자는 기존의 상품을 자신의 창의성과 자아표현을 위해 변형함으로써, 즉 2차적 재가공을 함으로써 자아정체성을 획득한다.

앨빈 토플러Alvin Toffler, 1928~2016는 기교적 소비에서 더 나아가 생산에 직접 참여하는 프로슈머Prosumer를 정의함으로써 소비자의 발전을 예견했다. 그리고 오늘날 소비자는 단순히 기능적으로 생산에 참여하는 것을 넘어 제품/서비스를 예술작품처럼 창조하고 해석하는 아트슈머Artsumer: Art + Consumer로 나아가고 있다.

● **아트슈머, 해석하고 창조하는 소비자**

정보기술과 생산기술이 발달할수록 소비자가 제품/서비스의 창조에 기여할 수 있는 영역은 비약적으로 증가하고 있다. 생산과 소비의 경제적 효율성을 증대하기 위해 제품 생산자나 서비스 제공자의 기능적 영역을 소비자가 프로슈머로서 직접 담당한다.

이와 달리, 아트슈머는 작품으로 대응되는 제품/서비스를 소비함으로써 예술작품의 창작과 감상을 경험하고 자아정체성을 확립해가는 소비자다. 이러한 아트슈머는 다음과 같이 해석적 아트슈머와 창조적 아트슈머로 분류할 수 있다.

해석적 아트슈머와 창조적 아트슈머

아트슈머		
종류	해석적 아트슈머	창조적 아트슈머
특징	· 작품의 감상자 · 제품의 가치를 발견, 확장	· 작품의 제2 창작자 · 제품의 소비를 수단으로 다른 가치를 창작

'해석적 아트슈머'는 비물질적 측면에서 제품의 가치를 발견하고 확장한다. 독일 철학자 한스 가다머Hans Gadamer, 1900~2002는 해석적 관점에서 예술작품과 수용자 간의 융합과정을 설명했다. 예술작품은 오직 감상자에 의해 수용되는 순간, 진정으로 존재하게 된다. 예술적 체험은 작품의 원작자가 의도한 의미를 체험하는 데에 국한되지 않고, 원작자의 의도 혹은 동기 그 이상이 된다.

가다머는 예술이란 감상자에게 구속되어 있음을 강조한다. 예술작품은 감상자의 태도와 반응의 범위를 정해준다는 점에서 규범적 권위를 갖지만, 감상자에게 새로운 정체성을 제공하는 동시에 새로운 정체성을 획득하게 된다.

가다머가 만든 용어인 지평융합地平融合, Fusion of horizon(가다머에 의하면 지평이란 '하나의 점에서 볼 수 있는 모든 것을 포괄하는 가시권'을 말한다. 그렇지만 지평은 닫힌 것이 아니라, 역사적으로 형성된 것이므로 과거와 미래로 열려 있다)에 의해 작품과 수용자는 하나로 녹아들고, 예술은 수용자의 삶을 변화시킨다.

이러한 맥락에서 해석적 아트슈머에게 소비는 작품 안에 존재하는 생산자의 정체성과 철학을 발견하고 공감하는 행위다. 소비로써 작품을 향유하게 되는 것이다. 소비 자체가 제품/서비스의 의미를 확대하고, 자아정체성을 확립하는 행위가 된다.

따라서 해석적 아트슈머에게는 제품/서비스에 담긴 기업의 정체성과 철학이 소비 결정에 중요한 판단요소가 된다. 해석적 아트슈머의 성장은 이후 살펴볼 EGS경영이 기업의 지속적인 성장을 위한 필수요건이 되는 배경이기도 하다.

'창조적 아트슈머'는 작품의 물리적인 창작자로서 새로운 가치를 생산한다. 소비 대상 제품을 수단으로 새로운 종류의 제품/서비스를 구상하고 제작하는 창작자로 활동한다. 그럼으로써 자신의 정체성과 철학을 2차 제품에 직접적으로 투영한다.

현대의 소비자는 생산자에 의해 제작되고 시장에 유통되는 전과정에 참여한다. 제품/서비스의 기능 설계에서 외관 디자인, 홍보 등 프로슈머적 인풋 제공자 역할을 한다. 소비를 수단으로 원천 제품과

2차 제품 창조에 다방면으로 기여한다.

이는 해석적 소비에서 한 걸음 더 나아가 창조의 주체로서 '자기 창작 상태'를 소비하며 자아정체성을 표현하는 것이다. 창조적 아트슈머가 만드는 제품과 콘텐츠는 다른 아트슈머들에 의해 해석되고 소비되고, 기업의 제품과 문화의 영향력을 넓히는 데 기여한다.

● **글로벌 기업과 아트슈머**

구글과 애플 등 글로벌 기업들은 아트슈머로 정의될 수 있는 소비자의 변화와 발전을 일찍부터 예견하고 지원을 해왔다.

애플을 보자. 스마트폰이라는 개념하에 누구든 애플리케이션을 개발해 시장에 내놓을 수 있는 앱스토어를 시작했다. 진작부터 아트슈머들의 가치를 알아본 것이다. 스마트폰의 하드웨어와 소프트웨어 개발을 자사가 독점하고 배타적으로 운영하는 대신, 외부 기업들은 물론 일반 사용자도 개발자가 되어 원하는 서비스를 직접 창조하고 판매할 수 있도록 허용해주었다. 이는 당시로서는 매우 새로운 시도였다. 또한 오늘날의 풍요로운 스마트폰 세계가 구축되는 데 밑거름이 된 탁월한 선택이었다.

구글도 마찬가지다. 검색, 메일, 구글플러스, 구글리더, 구글드라이브, 구글포토, 유튜브 등 다양한 서비스를 운영 중인 구글 역시 소비자의 참여를 적극 독려하며 아트슈머로 성장시키면서 발전의 파트너로 삼고 있다.

일례로 유튜브를 보자. 일반 소비자가 유튜브라는 서비스를 수단으로 적극적인 '창조적 아트슈머'로서 자유롭게 자신의 정체성을 표현하고 자아를 실현한다. 시청자는 작품에 직접적으로 반응하고 소통하며 '해석적 아트슈머'로서 창작자와 공명共鳴한다. 이러한 유튜브는 대표적인 아트슈머 생산 플랫폼이라 할 수 있다.

미국 유튜버 롭 케니Rob Kenney 사례를 보자. 그는 자신의 삶을 투영한 콘텐츠를 제작해 전 세계 수백만 시청자의 삶을 변화시키고 감동을 이끌어내고 있다. 평범한 중년 남성인 그는 〈Dad, how do I?(아빠, 이거 어떻게 해요?)〉라는 채널을 만들어 아버지처럼 조언해주고 생활 팁을 전해주는 콘텐츠를 생산하며 큰 인기를 끌고 있다.

어렸을 때 아버지가 집을 나가 한부모 가정에서 자라게 된 케니는 성장하는 동안 아버지의 빈자리를 크게 느꼈다고 한다. 그는 자신과 같은 처지에 놓인 청소년들을 위해 '인터넷 아버지(랜선 아빠)'를 자청하고 나섰다. 면도하는 법, 넥타이 매는 법, 셔츠 다리는 법 등 대다수 사람들은 아버지로부터 자연스럽게 배우고 대수롭지 않게 여기는 사소한 생활 팁들을 일러준다. 화장실 배수구 뚫는 법, 자동차 점검하는 법 등 집안일을 하기 위한 생활의 지혜도 공유한다. 또한 아버지로서 자녀에게 전해주고픈 따뜻한 격려의 말을 건네기도 한다.

2020년 4월에 개설한 그의 채널은 개설한 지 두 달 만에 230만 명의 구독자를 달성하며 급속 성장했다. 현재 전 세계 유튜브 채널 중 상위 1퍼센트에 랭크되어 있다.

케니의 유튜브 영상에는 아버지의 부재 때문에 겪고 있는 어려

유튜브 채널 〈Dad, How do I?〉의 롭 케니

출처: www.youtube.com

아트슈머 생산 플랫폼, 유튜브

롭 케니는 유튜브라는 상품을 이용하는 아트슈머로 볼 수 있다. 그는 정체성
과 자아를 표현하는 콘텐츠로 시청자들과 양방향 소통을 이어나가고 있다.
그 공간에서 창작자 케니는 누군가가 삶에 그렸던 아버지로, 해석자는 케니
가 보듬고자 한 어린 시절의 자신으로 서로 만나 공명하게 된 것이다.

움과 아픔을 나누고자 하는 댓글이나, 아버지의 공백을 채워주는 랜선 아빠 케니에게 감사를 표하는 댓글이 가득하다. 그 공간에서 창작자 케니는 누군가 삶에 그렸던 아버지로, 해석자는 케니가 보듬고자 한 어린 시절의 자신으로 서로 만나 공명하게 된 것이다.

각종 제품의 언박싱/리뷰 유튜버들도 해석적 아트슈머이면서 해석의 과정을 새로운 콘텐츠로 환원시키는 창조적 아트슈머다. 과거에는 소수의 평론가가 아트슈머로 활동했다. 그들은 직업으로서 독점적으로 부여된 지위 아래 자신의 생각과 지식을 동원한 창조행위를 했다. 오늘날에는 모든 제품/서비스군에 일반 평론가 집단이 생기고 있다. 누구나 아트슈머로서 작품의 해석 및 제2의 창조가 가능해진 것이다.

그렇다면, 과연 우리 기업은 소비자를 함께 제품/서비스와 브랜드를 개선하고 발전시킬 장기적 동반자로 보고 있는가? 일시적으로 현혹시켜 제품을 팔아치울 대상으로 보고 있지는 않은가? 컨슈머를 아트슈머로 다시 읽는다면 보이지 않았던 기회들을 발견할 수 있을 것이다.

● 공동 창조자로서의 소비자

서비스 중심 논리Service-dominant Logic에서 소비자는 공동 창조자 Co-creator로 불린다. '창조자'라는 명칭을 부여함으로써 더 이상 '생산자'와 '소비자' 간의 구분이 없음을 강조했다. 공동 창조는 소비자와 기업이 직접적으로 연계될 수 있도록 하며, 이는 소비자의 가치 만족으로 이어진다(Grönroos, 2008). 나아가 기업은 소비자의 가치 창조에 부수적으로 참여할 수 있으며, 단지 가치를 제안할 수 있는 역할로 축소시킨다(Vargo & Lusch, 2016). 기존의 경영 논리는 기업이 고안한 전략을 통해 소비자들을 이끌고 유도할 수 있다는 것이었다면, 서비스 중심 논리에서는 무게 중심을 소비자에 두고 기업은 단지 그들의 활동을 돕는 가치 촉진자Value facilitator가 된다.

소비자와 만나기 전의 기업은 제품/서비스를 생산하며 '생산'의 과정에 머문다. 그다음 소비자와 만날 때, 열린 영역Open area에서 상호작용을 통해 공동 생산과 공동 창조가 이루어진다. 이후에 닫힌 영역Closed area에서는 소비자가 온전히 가치를 생산해내는 과정을 거치게 된다(Grönroos & Ravald, 2011). 디지털화는 공동 창조가 디지털 인터페이스나 디바이스를 통해 만들어질 수 있는 환경을 제공한다. 소비자와 생산자가 만나는 연결 공간Joint Sphere에서는 상호작용과 서로의 생산과정/행동에 관한 접근, 결정력의 세 가지 요소가 실질적인 가치로서 통합된다(Schüritz et al., 2020).

Fan + Consumer = Fansumer

2-2

슈퍼팬덤과 팬슈머

동일한 팬덤에 속한 사람들끼리는

특정 브랜드에 대해 긍정적 감정을 공유하고 있다.

그들은 지성적이기보다는 감성적으로 브랜드를 받아들이고 표현한다.

이들에게 브랜드는 소속감을 주고

팬들 사이의 결속을 강화시켜주는 고마운 존재다.

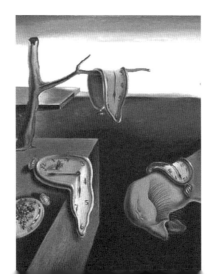

● 미학 관점에서 팬덤의 형성

한 브랜드의 팬이 된다는 것은 그들이 만든 제품/서비스에 각별한 애정을 갖고 있다는 의미다. 팬심Fan心이라는 단어는 팬 활동이 이성적이기보다 감성적 영역에 가깝다는 것을 말해준다. 팬이 되는 순간, 까다로운 소비자는 열성적인 지지자로 변화한다. 그래서 기업은 고객들이 자신의 팬이 되기를 바란다. 선뜻 지갑을 열어 매출에 도움을 줄 뿐만 아니라, 일상생활에서 자발적으로 브랜드를 홍보해주는 마케터로도 활동하기 때문이다.

이들은 해당 브랜드에 관심을 갖게 되는 과정을 직접 경험했다. 또한 자신을 비롯한 팬들이 그 브랜드에 왜 매력을 느끼는지 잘 알고 있다. 그리고 한 명의 팬으로서만 남는 것이 아니라, 자신과 관심사나 활동영역이 비슷한 사람들을 설득해 그룹의 일부로 만든다. 이것이 바로 팬덤Fandom이다.

● 브랜드는 나의 일부

팬덤을 이루는 데는 크게 두 가지 동기가 있다.

첫 번째 팬덤의 동기는 브랜드를 자신의 자아와 정체성의 일부로 여기는 것이다. 우리가 패션의류를 구매할 때 그 브랜드 광고모델의 이미지를 닮고 싶어하는 것이 대표적인 예다.

정체성은 내면의 욕구, 철학과 관점, 소속집단, 취미 등을 포함한다. 최근에는 소비가 정치적, 사회적 신념을 표현하는 방법 중 하나로 여겨지면서 윤리적 소비에 대한 의식이 높아지고 있다.

미닝 아웃Meaning out은 미닝Meaning과 커밍아웃Coming out을 합친 말이다. 조금 비싸더라도 자신이 추구하는 가치에 맞다면 금액을 더 지불하고서라도 구매하는 것이다.

마케팅 구루 짐 스텐겔Jim Stengel은『미래기업은 무엇으로 성장하는가Grow』에서 최고의 성과를 내는 기업 브랜드는 인간의 다섯 가지 근본적 가치영역 중 하나에 집중한다고 말한다.

① 기쁨을 준다.
② 연결을 가능케 한다.
③ 새로운 지평과 경험을 탐험하도록 영감을 준다.
④ 자신감, 강인함, 안전, 활력 등과 같은 자긍심을 고취한다.
⑤ 현상에 도전하거나 범주를 재정립하는 등 사회에 영향을 미친다.

이에 따르자면, 브랜드 정체성BI, Brand Identity을 위해 기업은 고유한 특징을 지닌 차별화된 제품을 만들 책임이 있다.

소비자의 인식을 의미하는 브랜드 이미지Brand image는 소비자가 브랜드에 대해 가지고 있는 일련의 믿음을 포함한다. 기업은 브랜드 정체성과 브랜드 이미지 간에 일관성을 보장함으로써 브랜드 충성도를 높일 수 있다(Shiva Nandan, 2005). 3장에서 현존감의 종류와 특징에 대해 더 자세히 설명한다.

독일의 철학자 마르틴 하이데거Martin Heidegger, 1889~1976는 실재
實在의 문제를 다루며 실재의 존재방식인 현존재現存在의 의미에 대해
질문을 던진다. 하이데거는 "진리라는 실재가 예술작품이라는 실재물
을 통해 설명된다"고 했다. 예술활동은 잠재해 있지 않고 자신을 드러
내어 개방한다는 것이다.

이를 기업에 대입해보자. 소비자는 일종의 예술활동으로서 브
랜드를 구매한다. 브랜드라는 예술작품을 통해 자신의 존재를 외부적
으로 전시하는 것이다. 하이데거는 예술이 철학과 거의 동등한 위치
에 있다고 여겼는데, 소비를 통해 자신의 신념을 표현하는 지금의 소
비 트렌드와 유사하다. 기업은 이러한 소비패턴의 변화에 대응하기
위해 제품/서비스에 윤리적인 가치를 담아내고 있다. 이렇게 예술가
는 예술작품의 원천이 되고, 또 반대로 예술작품은 예술가의 원천이
된다.

● 나를 넘어선 우리

두 번째 팬덤의 동기는 자신과 비슷한 사람들로 구성된 집단의
일원이 된다는 소속감이다. 자기보다 큰 존재와 하나가 되면서 초월
이라는 긍정적 감정을 느끼는 것이다.

정체성은 라틴어로 '같다same'라는 단어에서 유래했다(Bucking-
ham, 2008). 그럼에도 정체성은 특정 집단과 비슷해지고 싶은 유사성
뿐만 아니라, 그렇지 않은 집단과는 구별되고자 하는 차이점을 모두

내포하고 있다.

그로테반트Grotevant, 1987는 개인의 정체성 형성 과정을 모델화했다. 이 프레임워크는 네 가지 요소로 구성된다.

개인적인 특성은 ① 정체성 과정 ② 발달의 맥락 ③ 직업, 이념, 가치, 관계와 같은 특정한 영역에서의 정체성 과정 ④ 각 영역 간의 상호의존성을 거친다. 이렇듯 '나'에 관한 정체성은 같은 영역을 공유하고 있는 '우리'를 빼놓고는 성립될 수 없다.

자신이 좋아하는 대상에 대해 공감하는 이들이 있다는 것은 크나큰 즐거움이다. 팬들은 집단 안에서 스스로 규칙과 의무, 자격과 서열 등을 만들며 커뮤니티를 유지해나간다. 이러한 팬덤이 거대하고 견고할수록 기업은 브랜드 파워를 가졌다고 말할 수 있다.

독일 철학자 임마누엘 칸트Immanuel Kant, 1724~1804는 "유용하지 않아도 순수한 즐거움을 주는 대상이 아름답다"고 말한다. 꽃을 보라. 실용적인 목적은 없지만 그 자체로서 존재할 때 꽃은 자유미自由美: 칸트는 아름다움을 두 가지, 즉 자유미와 종속미로 구분함가 있다. 대다수 사람들이 꽃을 보면 즐거워하는 것은 '꽃은 아름답다'는 주관적 보편타당성을 가지고 있기 때문이다.

꽃을 감상할 때는 지성이 필요하지 않다. 오직 감각만이 요구된다. 이는 누구와도 즐거움을 공유할 수 있는 바탕이 된다. 여기서 더 나아가 실러Schiller는 "예술이 공동체의 결속을 강화하기 위한 수단이 될 수 있다"고 주장했다.

팬덤은 팬 활동에 할애하는 시간을 측정함으로써 평가될 수 있다. 팬 활동은 수익을 창출하는 활동이 아니기 때문에 그들이 팬 활동에 쓰는 시간은 유용하다고 보기는 어렵다. 오히려 자신의 즐거움을 위해 시간을 쓴다고 보는 것이 맞다.

동일한 팬덤에 속한 사람들끼리는 특정 브랜드에 대해 긍정적 감정을 공유하고 있다. 따라서 브랜드에 대해 이야기할 때에 지성을 활용한 판단을 하기보다는 감성적으로 그것을 받아들이고 표현한다. 이들에게 브랜드는 소속감을 주고 팬들 사이의 결속을 강화시켜주는 고마운 존재다.

● 미와 팬덤의 공통점

미와 팬덤 사이에는 공통점이 있다. 모제스 멘델스존Moses Mendelssohn, 1729~1786은 "미美가 감각현상으로서 변화의 영역이며, 일시적이기 때문에 궁극적인 진리를 진술하는 데 한계가 있다"고 말한다. 팬 활동도 마찬가지다. 사람들은 자신을 가장 잘 설명하는 정체성을 찾기 위해 다양한 브랜드를 소비하고 경험한다. 이를 정체성 여가Identity leisure라고 부른다.

미국 뉴욕을 기반으로 활동 중인 한국 사진작가 니키 리Nikki Lee, 1970~는 〈프로젝트Projects〉 시리즈(1997~2001)로 정체성 논의에 불을 지폈다. 그녀는 특정 문화집단에 속해 일정 기간 함께 지내며 그들의 일부가 되고자 했다. 드래그 퀸Drag queen: 예술이나 오락, 유희를 목적으로 여장을 하는 남자, 펑크, 스윙 댄서, 라티노, 힙합 뮤지션, 스케이트 보더, 레즈비

언, 직장인, 한국 여고생들 등에 섞여 어울리는 모습을 사진에 담았다.

한 집단의 언어와 의상은 그들을 다른 집단과 구별해주는 중요한 요소다. 그것은 구성원들 사이의 내부적인 연결성을 강화해준다. 자아의 성장은 집단과의 관계성과 밀접하게 맞닿아 있다.

니키 리가 세상에 던지는 질문은 정체성 여가Identity leisure의 과정을 잘 보여준다. 정체성은 지극히 개인적인 것으로 보일 수 있으나, 결국에는 환경과 주변인물들에 의해 끊임없이 변화한다.

마찬가지로 현재 소비하고 있는 브랜드가 지금의 나를 가장 잘 설명하고 있더라도, 언젠가는 더 이상 그 브랜드가 나의 정체성을 표현하지 못한다고 여기는 때가 온다. 기업은 이처럼 고객의 정체성이란 끊임없이 변화하는 영역이라는 점을 염두에 두고, 브랜드가 추구하는 궁극적인 진리가 무엇인지 고민할 필요가 있다.

멘델스존Mendelssohn, 1729~1786은 '미美가 시각적으로 한 번에 파악될 수 있어야 한다'고 주장했다. 대상의 크기가 지나치게 크거나 작은 경우 우리는 아름다움을 인식하는 데 어려움을 겪는다.

마찬가지로 팬덤의 크기와 팬덤이 제공하는 정보의 양 사이에도 균형이 필요하다. 한때 한국을 강타한 10대를 중심으로 한 노스페이스North Face 열풍을 보자. 그들이 소비하는 패딩이 개인의 정체성을 표현한다고 보기는 힘들다. 너무 '포괄적'이라 해당 브랜드를 소비하는 사람들의 정보를 파악하기에는 무리가 있다.

우리는 같은 옷을 입은 사람을 보면 의식적으로 피한다. 소중한

마스터피스 **전략**

나 자신과 낯선 타인이 동일시되는 것을 바라지 않기 때문이다. 그럼에도 10대는 왜 노스페이스에 열광했던 걸까? 그것은 10대가 정체성을 형성하는 요소로 집단 소속감이 중요하게 작용하기 때문으로 해석할 수 있다.

반면, 너무 '구체적'이기 때문에 고정관념으로 인해 희생되는 팬덤도 있다. 우리가 흔히 말하는 '오타쿠Otaku, 御宅'는 주로 일본 만화와 애니메이션의 팬을 의미한다. 팬덤은 외부인은 알지 못하지만 팬들끼리는 알 수 있는 힌트를 사용하며 유희를 즐긴다. 외부에서 보면 특이한 소수자들의 문화로 여겨질 수도 있다.

오타쿠에 대한 부정적인 이미지는 1990년대 일본에서 사회적으로 문제가 된 사건들로 인해 형성되었다. 이때 언론에서 오타쿠를 사회부적응자와 유사한 의미로 사용하면서부터다.

하지만 현대에 와서는 오타쿠의 의미가 긍정적인 쪽으로 바뀌었다. 오타쿠의 범주는 일본 만화와 애니메이션뿐 아니라 다양한 취미분야로 확대되었다. 이제 오타쿠는 해당 영역에 대한 전문성과 열정을 지닌 사람으로 인식된다. 어느 기업은 채용공고에 업계의 오타쿠를 찾는다고 기재하기도 했다. 팬 문화가 점차 성숙해지고 있음을 피부로 느낄 수 있는 대목이다.

Art + Producer = Artducer

2-3
프로듀서에서 아트듀서로

기업이 예술가, 즉 아트듀서로서

감동을 주는 예술작품을 생산해야만

아트슈머인 소비자를 팬으로 만들 수 있다.

기업은 고유한 정체성을 담아낸 예술작품을 생산해야 하며,

이를 통해 소비자의 현존감을 고양하여 감동을 시켜야 한다.

아트슈머의 등장과 발전에는 동전의 양면과 같은 아트듀서Artducer의 존재가 필연적이다. 기업은 아트슈머의 예술성과 창작성이 지닌 가치를 이해하고, 소비를 예술적인 활동으로 발전시킬 수 있는 인큐베이터가 되어주어야 한다.

- 제품/서비스를 예술작품처럼 감상하는 해석적 아트슈머
- 해석적 아트슈머의 기대에 부응할 생산자
- 나아가 직접 작품을 생산하는 예술가가 되고자 하는 창조적 아트슈머

이들에게 활동의 장을 마련해줄 생산자가 필요하다. 아트듀서로서의 기업은, 해석적 아트슈머가 소비할 제품/서비스를 예술작품으로 창조하는 아티스트인 동시에, 창조적 아트슈머의 창작활동을 지원해주는 감독의 역할을 수행한다.

- 제품/서비스를 통해 예술작품의 감동을 얻고자 하는 소비자
- 나아가 창조를 하고자 하는 소비자

기업은 이러한 소비자들의 변화에 발맞추어 예술적으로 사고하고 경영하는 아트듀서로 성장해야 한다. 그때 기업은 비로소 지속가능한 발전을 도모할 수 있을 것이다.

아트듀서, 감동을 생산하다

아트듀서의 첫 번째 목표는 무엇이 되어야 하는가?

해석적 아트슈머를 위한 감동적인 예술작품을 생산하는 것이다. 앞으로의 제품/서비스는 대량생산된 기능 중심의 획일적인 공산품의 단계를 지나, 감동을 선사하는 독창적인 예술작품이 되어야만 한다. 그래야 경쟁력을 가질 수 있다.

기업이 예술가로서 감동을 주는 예술작품을 생산해야만 소비자를 팬으로 만들 수 있다. 기업은 고유한 정체성을 담아낸 예술작품을 생산해야 하며, 이를 통해 소비자의 현존감을 고양하여 감동을 시켜야 한다. 기업 자신을 고객을 예술로 감동시켜야 하는 감상자로 상정하는 순간, 생산자가 추구해야 할 방향과 목적은 기존의 과학적 경영과는 전혀 달라지게 된다.

예술작품으로서의 가치를 지닌 제품/서비스를 생산하는 방법은 무엇인가? 생산자가 탁월하고 훌륭한 예술가가 되는 것이다.

서머싯 몸Somerset Maugham, 1874~1965
"예술가의 모든 작품은 자기 영혼의 모험이 표현되어야 한다
Every production of an artist should be the expression of an adventure of his soul "
출처: www.gettyimages.com

성공적인 아트듀서로 발돋움하기 위한 최우선의 과제는 바로 정체성 확립이다. 아트듀서로서의 생산자는 고유한 정체성을 바탕으로 작품을 창작한다. 예술가의 정체성은 예술작품의 영감과 표현을 위한 근원적, 핵심적 바탕이 된다. 이러한 예술가의 정체성은 작품의 독창성으로 이어진다.

따라서 기업은 고유한 철학, 사명, 핵심가치, 역량을 바탕으로 사업 및 작품창작의 기반이 될 정체성을 확립해야 한다. 이는 다음의 다섯 가지 단계를 거친다.

① 정체성 확립 단계Identity
② 감지 및 통찰 단계Sense & Insight
③ 상상 단계Imagine
④ 창작 단계Artwork
⑤ 검증 단계Rehearsal

이러한 과정을 통해 기업은 아트슈머의 니즈를 충족할 작품을 탄생시킬 수 있다.

● 아트듀서, 예술가를 연출하다

아트듀서의 두 번째 목표는 무엇이 되어야 하는가?

창조적 아트슈머를 양산하고, 이들의 활동을 기업의 부가 수익으로 연결하는 것이다. 창조적 아트슈머들의 자발적 활동이 활발할수록 기업의 영향력과 가치는 높아진다.

옥스퍼드 사전에 등재된 프로듀서Producer에는 두 가지 뜻이 공존한다. 첫 번째는 '판매를 위한 제품/서비스의 생산자'이고, 두 번째는 '연극, 오페라, 영화나 방송 등의 제작에서 재정적, 운영적 책임을 수행하는 제작자'다.

경제경영학적 측면에서 '생산자'가 첫 번째 의미에 국한되었다면, 오늘날 창조적 아트슈머가 탄생하고 성장할 수 있는 배경에는 생산자가 두 번째 의미의 제작자로서의 역할을 제공하는 것이 있다. 이에 글로벌 기업들은 정보·생산 기술을 발전시키는 데 있어 창조적 아트슈머의 활동을 지원하고 그들의 저작물에서 또 다른 가치를 창출하는 것으로 그 영역을 넓히고 있다.

창조적 아트슈머를 위한 제작자이자 연출가로서의 역할을 수행하는 '아트듀서 기업'. 이러한 기업의 가치는 선풍적 인기를 끌고 있는 영상 공유 플랫폼들에서 쉽게 확인할 수 있다. 유튜브와 틱톡 등 영상 공유 플랫폼의 등장으로 전 세계인 누구나 영상과 채널의 크리에이터가 되어 정체성을 표출하고 자신의 독창적인 아이디어를 관객과 공유할 수 있게 되었다.

앞에서도 언급했던 제품을 개봉하고 사용법과 후기를 공유하는 유튜버들의 성공은, 해석적 아트슈머가 창조적 아트슈머로서 작품에 대한 감상을 새로운 콘텐츠의 작품으로 환원시키는 대표적인 성공 사레로 볼 수 있다.

아트듀서의 대표적 성공 사례로 레고LEGO를 들 수 있다. 레고는 크라우드소싱Crowd sourcing: crowd + outsourcing의 방식으로 창조적 아트슈머의 체험/창작활동을 적극 지원한다. 레고사는 이러한 창조적 아트슈머와의 시너지를 제품혁신의 동력으로 삼아 중요한 시사점을 보여주고 있다.

레고는 소비자가 제품에 대한 아이디어를 제안해 신제품으로 출시할 수 있도록 한 레고 아이디어스LEGO Ideas 상품군을 발매하고 있다. 레고가 마련한 아이디어스 커뮤니티ideas.lego.com를 통해 누구나 기존의 레고 부품들을 이용해서 새로운 레고 세트를 디자인해 레고 아이디어스 플랫폼에 공모할 수 있다. 일정 기간 팬들로부터 1만 개 이상의 추천을 받은 제안은 기업 내부의 평가와 수정을 거쳐 실제 상품으로 발매된다. 현재 30여 개의 제품이 이러한 과정을 거쳐 출시되었으며, 대부분 출시와 동시에 품절되며 큰 인기를 구가하고 있다.

특히 2020년 8월 발매된 '그랜드 피아노 세트'는 창조적 아트슈머의 정체성과 현존감을 극대화시키는 아트듀서의 가치를 보여주었다. 그랜드 피아노 세트의 제작자는 어린 시절부터 조립식 장난감을 좋아했던 피아노 선생님이자 조율사다. 학생들이 피아노 작동원리를 궁금해하자 답을 해주기 위해 레고로 피아노의 구조를 구현했다. 실제 피아노처럼 연주가 가능한 그랜드 피아노 세트는 높은 가격에도 완판 행진을 이어오고 있다.

레고의 〈그랜드 피아노 세트〉
출처: www.lego.com

아트듀서의 대표적 성공 사례, 레고

레고는 소비자의 아이디어를 적극 반영하여 출시하는 제품군인 '레고 아이디어스'를 통해 소비자가 아트슈머로서 창조적 정체성을 극대화하도록 한다.

레고는 두꺼운 팬층을 제품의 생산과 평가 과정에 적극 참여시킨다. 해석과 창조의 장을 제공하는 것이다. 이와 같이 아트슈머의 니즈를 간파한 레고는 아트슈머와 아트듀서의 시너지 속에 효과적이고 지속가능한 제품 아이디어의 원천을 창조했다.

그렇다면 기업이 창조적 아트슈머들을 위해 아트듀서로서 할 수 있는 일은 무엇일까? 나아가 이 창조적 아트슈머들을 팬슈머Fansumer로 만들 방법은 무엇인가?

앞서 살펴본 구글과 레고를 비롯한 글로벌 기업들의 사례에서 힌트를 얻을 수 있다. 소비자들이 아이디어를 내고 기업과 소통할 수 있는 구심점을 만들어주는 것이다. 즉, 팬덤이 형성될 공간을 제공하는 것이다.

소비자들의 커뮤니티를 만들어주는 것은 국내 기업환경에서 일반적인 일이 아니다. 공론화의 장을 만들면 오히려 막연한 경계심이나 거부감을 일으킬 수도 있다. 그러나 구심점이 없다면 팬덤은 만들어질 수 없다. 경계심과 거부감을 내려놓고 소비자의 말에 귀를 기울이자. 소비자들의 아이디어를 또 하나의 영감으로 받아들이자. 그렇게 할 때에 기업과 소비자는 동반자 관계로 지속가능한 유대관계를 형성할 수 있을 것이다.

기업이나 제품/서비스에 대해 소비자가 문제제기를 하더라도 두려워할 필요는 없다. 이 세상 그 무엇도 완벽한 것은 없다. 당연히 기업과 제품/서비스 모두 단점과 약점이 있다. 오히려 단점과 약점을 발견하고 극복하는 것이야말로 발전의 동력이 된다.

오늘의 약점을 내일의 강점으로 바꾸는 그 여정에서 소비자를 파트너로 상정해보는 것이 어떨까? 기업의 역사를 함께할 아트슈머로 팬을 바라보자. 그 속에서 새로운 가치와 가능성을 발견할 수 있을 것이다.

구글맵 지역 가이드

구글맵 사용자들은 '지역 가이드'라는 아트슈머로서 구글맵에 기여하고, 구글은 지역 가이드에 대해 신기능 사전체험 등의 기회를 제공한다.

출처: maps.google.com/localguides/

구글은 6년 전부터 구글맵 서비스에 지역 가이드 제도를 운영해 왔다. 완성형의 지도 서비스를 제공하는 것을 넘어, 일반 사용자들이 직접 지역에 대한 정보와 경험을 추가하고 공유할 수 있도록 한 것이다.

구글은 소비자를 아트슈머로 전환하는 것의 가치를 간파하고, 아트슈머들의 활동을 독려하기 위한 노력을 이어가고 있다. 아트슈머들은 참여에 대한 보상으로 포인트를 획득할 수 있고, 포인트에 따라 부여된 레벨은 특별한 혜택으로 이어진다. 그 혜택에는 구글의 새로운 기능들을 사전에 체험해볼 수 있는 기회가 포함되는데, 이 역시 활발하게 활동하면서 구글에 유의미한 인사이트를 제공하는 아트슈머들과 기업 차원에서 적극적으로 관계를 맺고자 하는 의지를 보여준다.

구글에 따르면, 이렇게 기용된 지역 가이드들이 구글 지도 리뷰의 70% 이상을 채워주고 있다. 2020년 한 해만 800만 개의 정보가 지역 가이드 참여자들에 의해 추가되었다. 기업이 아트슈머의 활동을 지원하는 만큼 아트슈머의 창조와 해석 활동이 기업과 소비자 양쪽에 득으로 돌아오는 것이다.

나아가 구글은 2021년 3월 사용자 참여형 지도편집 기능을 배포한다고 발표했다. 사용자가 직접 지도에 누락된 도로를 선으로 그려 편집할 수 있고, 도로명도 수정할 수 있다. 정보와 리뷰를 추가하는 것 이상으로 소프트웨어를 보완하고 개발하는 데까지 아트슈머들이 활용영역을 확장하도록 하고 있는 것이다.

소비자를 아트슈머로, 기업을 아트뷰서로 보는 것은 우리에게 익숙한 관점이 아니다. 과학적 경영의 패러다임을 넘어 기술중심 예술화사회의 도래를 인식하고, 경영예술이라는 새로운 관점을 받아들이는 것은 단순한 일이 아닐 것이다. 그러나 현존하는 모든 산업은 간단한 관점의 전환만으로도 무수히 잠재된 기회들을 발견할 수 있다. 이미 그 안에 혁신의 가능성을 지니고 있는 것이다. 그 혁신의 선두는 아트뷰서의 몫이다. 아트뷰서만이 미래경영의 진정한 리더가 될 것이다.

I 소비자 현존감 I

3-1

소비자 현존감의 개념

인간의 욕구가 충족되었을 때와

충족되지 않았을 때의 언어적 표현은 다양하다.

그 언어들 안에 있는 욕구의 표현목록,

긍정적이거나 부정적인 느낌들.

이를 통해 소비자가 느끼는 현존감의 상태를 엿볼 수 있다.

● 현존감이란

현존감은 '현재 존재한다는 것을 느낄 수 있는 것 또는 느끼는 것'이다. 어떠한 욕구가 충족되지 않거나 충족된 상황 혹은 상태에서 사람들은 현존감을 느끼지 못하거나 또는 느끼게 된다. 그러한 차원에서 본다면 현존감은 추상적인 개념으로 시작해서 가시화, 구체화할 수 있다.

현존감 자체는 현재에 나^{Self}를 주체로 느끼는 것에 집중되어 있지만, 시간의 영향이 크다. 시간의 흐름을 반영하지 않고는 설명하기 힘든 부분들이 있다. 현존감을 경험하는 주체는 나^{Self}다. 타인을 고려하기도 하지만, 결국 자신을 위한 것이 대다수다. 이는 부정적인 개념과 긍정적인 개념 모두를 포함한다.

구체적인 것과 가시적인 것들로 충족되는 욕구이면서, 동시에 정신적 영역에서 충족되는 부분도 있다. 즉, 현재의 나^{Self}가 온전하게 욕구에 집중하며 충족되었을 때 만족감을 느끼는 것이라고 정의 내려볼 수 있다. 이화여대 경영예술연구센터에서는 지난 2년간 이 현존감에 주목해왔다. 현존에 대한 출발점은 하이데거에서 찾아볼 수 있었다.

● 소비자 현존감, 더불어-있음

하이데거$^{Martin\ Heidegger,\ 1889\sim1976}$는 『존재와 시간』에서 현존재^{Dasein}를 마음씀^{Sorge}과 시간성^{Zeitlichkeit}으로 접근했다. 하이데거는 현존재를 다음과 같이 정의했다.

"현존재, 곧 인간의 존재는 통속적인 정의뿐 아니라 철학적인 정의에서도 언어(로고스)를 지닌 생명체로서, 즉 그것의 존재가 말할 수 있다는 의미에 의해 본질적으로 규정되는 생명체다."

현상학Phenomenology, 現象學의 계보를 이은 하이데거는 '현상'에 대해서는 다음과 같이 보았다.

"자기를 있는 그대로 나타내 보이는 것은
무언가 어떠한 사물과의 탁월한 만남을 의미한다."

하이데거의 현존재는 '거기에-있음'을 뜻한다. 현존재는 인간 한 명 또는 인류 전체를 의미한다. 하이데거는 현존재를 경험하는 세 가지 차원을 제시했다.

① **지금일 수 없는 과거**now of the past
② **아직 되지 않은 지금의 미래**now of the future
③ **현재의 순간** the now

하이데거는 타인이나 대상의 정체성을 스스로 인지하거나, 그 존재와 매 순간(과거, 미래, 현재) 함께하고 있다는 '더불어-있음'을 느낄 때 인간이 자신의 존재에 대해 실존성이 발현된다고 보았다.

미학경영에서의 '소비자 현존감'은 생산자가 제공하는 제품/서비스로부터 '필요 기능성', '감각적 관능성'을 경험하고, 생산자의 '정체성'을 통해 생산자의 존재와, 생산자가 발현하는 제품/서비스를 창작물로 인지하는 것이다. 이렇게 필요 기능성/감각적 관능성/정체성에 공감하면서 소비자 스스로 '더불어-있음'을 경험한다. 이것이 소비자 현존감 상태에 이른 것이라 정의 내릴 수 있다.

● 소비자 현존감에의 접근

그렇다면 소비자가 느끼는 현존감에 접근할 수 있는 방법은 무엇일까? 이화여대 경영예술연구센터에서는 철학적 사유뿐 아니라 좀 더 나아가 현존감과 연결되는 인간의 근원적 욕망, 감정, 느낌에 주목했다.

인간의 욕구가 충족되었을 때와 충족되지 않았을 때의 언어적 표현은 다양하다. 그 언어들 안에 있는 욕구의 표현목록, 긍정적이거나 부정적인 느낌들. 이를 통해 소비자가 느끼는 현존감의 상태를 엿볼 수 있다.

현존감과 연결되는 인간이 느끼는 것은 무엇인가? 죽음, 외로움, 안정, 미적추구, 자유, 쾌락, 평화, 사랑 등 다양한 현존상황을 귀납적/연역적 접근을 통해 정리해보았다. 사랑/죽음은 생존, 죽음/외로움은 불안, 안정/외로움은 자존감, 안정/사랑은 관계, 자유/쾌락은 해방, 자유/인정은 도전으로 그 의미가 양가적兩價的인가 연결을 해볼 수 있었다.

두려움은 죽음에 대한 근원적인 두려움이자, 삶을 위한 원동력이고 극복해야만 하는 것으로 볼 수 있다. 외로움은 불안을 야기하지만 한편으로 혼자가 주는 안정감과 즐거움을 지닌다. 생존은 고통스럽지만 살고자 하는 욕망이 동시에 존재한다. 도전은 자유롭기 위해서는 모든 기준과 속박에서 벗어나고 싶은 인간의 욕망에 해당한다. 그러나 자기 자신에 대해서나, 사회적으로 관계적, 정서적 지지를 받는 등의 안정감이 없다면 도전은 쉽게 하지 못하는 행위가 될 수 있다.

| 소비자 현존감 |

3-2

현존감의 종류와 특징

어느 때보다 여유로운 생활과 높은 교육수준을 누리고 있는 지금,

미학경영은 경영의 진화에 대한 논의를

생존 중심에서 구애 중심으로 돌려놓고자 한다.

이는 미학시대의 소비활동을 더 잘

이해하게 만드는 혁신적 시도가 될 것이다.

● 쾌락의 행복

쾌락은 앞서 언급했던 심리학자 제임스 러셀James Russell의 감정 분류에서 우측 영역에 해당한다. 쾌락은 기업이 추구해야 할 고객감정의 목표다.

쾌락 안에서는 다음의 원리가 작동한다.

- **자극:** 상반된 영역으로 이동한다.
- **심미:** 수평적 영역으로 이동한다.
- **상상:** 모든 감정을 경험한다.
- **안전:** 불만–활성화Unpleasant-Activation에서 쾌락–비활성화 Pleasant-Deactivation로 급격하게 이동한다.

제임스 러셀의 감정 분류에서 이동 방향성 추가

이 중에서 '자극'과 '상상'은 덴마크 미래학자 롤프 옌센^{Rolf Jensen}

이 제시한 드림 소사이어티의 여섯 가지 시장 중에서 '모험을 판매하는 시장', '마음의 평안을 위한 시장'과 관련성이 높다.

대부분의 콘텐츠 산업이 쾌락이라는 현존감의 원리를 활용하고 있다. 이러한 예를 들자면, 코로나19가 퍼지면서 인기를 끈 게임 〈모여봐요 동물의 숲〉이 있다. 2020년 3월 일본 게임업체 닌텐도가 선보인 이 게임은 '무인도에서 시작하는 새로운 생활'이라는 슬로건 아래 동물들이 살고 있는 작은 마을에서 이웃과 교류하며 살아간다는 내용이다.

화려한 그래픽을 자랑하는 액션게임은 아니지만, 무인도와 숲이라는 아름답고 새로운 공간에서 낚시와 밭일을 하며 소소한 재미가 느껴지는 플레이를 할 수 있다. 이러한 가상공간에서는 아무에게도

닌텐도 게임 〈모여봐요 동물의 숲〉

방해받지 않고, 현실에서는 느낄 수 없는 안전감을 제공받기도 한다.

이렇게 〈모여봐요 동물의 숲〉은 소비자의 쾌락과 관련한 현존감을 이끌어낸 덕분에 온오프라인 매장에서 품절을 기록하고, 중고거래 시장에서도 프리미엄이 붙어 높은 가격에 거래되었다.

● 관계를 맺으며 살아가는 인간

그리스 철학자 아리스토텔레스Aristotle, BC 384~BC 322는 『정치학』에서 인간은 사회적(정치적) 동물이라고 했다. 사람은 홀로 존재할 수 없고, 타인과 관계를 맺으며 공동체를 형성한다.

모든 아기는 태어나는 순간부터 어머니라는 존재와 관계를 맺는다. 관계에는 가장 기본적인 가치로 모든 관계를 아우르는 다음과 같은 것들이 있다.

- 사랑(박애)
- 같은 생각Thought을 갖는 동의
- 행동Behavior을 통해 얻는 소속감
- 감정Emotion적으로 믿음을 갖는 신뢰

이는 롤프 옌센의 '드림 소사이어티'의 '연대감, 친밀함, 우정 그리고 사랑을 위한 시장', '관심의 시장'과 연결된다.

가장 대표적인 산업군은 의료 분야다. 그동안 의료산업은 환자

네덜란드의 호그벡 마을
호그벡 마을은 치매환자들이 현존감을 잃지 않도록 의료서비스를 제공한다.
출처: 경향신문(비비움 제공)

를 기능적으로 치료하는 데 중점을 두어왔다. 하지만 이제는 환자 입장에서 의료서비스를 디자인하려는 움직임이 커지고 있다.

　일례로 KBS 방송 프로그램 〈명견만리〉에서 다루기도 했던 네덜란드 호그벡Hogeweyk 마을은 '치매마을'이라는 별명을 갖고 있다. 치매환자들이 요양원이라는 갇힌 공간에서 치료받는 것이 아니라, 일상을 즐기며 자유롭게 생활할 수 있도록 배려한 곳이다. 의료진은 흰색 가운 대신 일상복을 입고 있다. 이곳은 대부분이 국가의 재정지원으로 마련되었다.

　호그벡 마을은 치매를 앓는 노인들을 격리가 필요한 환자가 아닌, 타인과 관계를 맺으며 살아가는 인간으로 '재정의'했다. 이들은 마을에 소속되어 함께 거주하는 주민들과 생각을 나누고 신뢰를 쌓아간다.

사랑이 있는 공간에서 치매는 더 이상 무서운 질병이 아니라, 일상적이며 자연스러운 질병으로 변화한다. 호그백 마을 사례처럼 긍정적인 관계를 맺을 수 있는 환경을 마련함으로써 환자에게 현존감을 제공하는 의료서비스는 앞으로 더욱 확대될 것이다.

● 최고의 가치는 자아실현

자아실현Self-actualization은 매슬로Maslow의 욕구단계설에서 최종적으로 추구되는 가치다. 자아실현 욕구는 현재에 머무르는 것이 아니라, 자신의 잠재력을 최대한 발휘하려는 상태다. 자신의 타고난 재능이나 능력을 개발하여 결과물을 확보할 때에 쾌감을 느낄 수 있다.

자아실현 외의 다른 욕구는 어느 정도 충족이 되면 달성하고자 하는 욕망이 사라진다. 자아실현 욕구는 충족도와 비례해 증가한다. 자아의 영역을 넘어 타인, 세계로 자아를 확대하고자 한다.

소비자의 자아실현은 다음의 원리로 구분해볼 수 있다.

- 성취: 수직적으로 이동한다.
- 자유: 수평적으로 이동한다.
- 고결/정의: 내면의 핵심가치에 집중한다.

- **초월:** 외부로 존재를 확장해나간다.

롤프 옌센의 '드림 소사이어티'에서 제시된 '나는 누구인가who-am-I 시장', '신념을 위한 시장'을 형성하는 가치가 바로 자아실현이다. 자아실현은 무엇보다 강력하게 소비자의 현존감을 형성하는 원리가 된다.

예를 들어, 나사NASA, 미국 국립 항공우주국는 '인류의 이익을 위해 지식을 발견하고 확장하자To discover and expand knowledge for the benefit of humanity'는 비전을 갖고 있다. 세상의 많은 어린이가 우주비행사를 꿈꾼다. 그것이 자아실현을 통해 현존감을 극대화하는 직업이기 때문이다. 우주비행사는 중력을 이겨내며 자신의 한계를 뛰어넘는 성취를 해나간다. 지구 바깥의 예측 불가능한 우주로 나아가는 것은 인간으로서의 자유로움을 보여준다. 우주비행사에게는 개인을 초월해 인류의 일원으로서 새로운 발견을 하겠다는 신념이 있다. 그렇기 때문에 목숨을 잃을 수도 있는 위험한 환경을 감수하는 것이다.

일론 머스크가 이끄는 스페이스XSpaceX 같은 화성 여행·이주 사업은 그동안 우주비행사에게 한정되었던 자아실현의 가치를 개인에게 판매하는 것이다. 현재는 화성여행에 하루 5억 원의 비용이 책정되어 있다. 대기자 명단에 올라 있는 사람들은 뛰어난 경제적 능력을 가지고 희소성 있는 경험을 구매하고자 하는 이들이다.

문샷Moonshot이라는 용어는 사전적으로 '우주탐사선을 달에 보낸다'는 뜻이다. 하지만 현재는 구글이 이끄는 프로젝트명처럼 '혁신적인 도전'으로 그 의미가 확장되었다. (구글의 문샷 프로젝트는 인간의 미래를 바꿀 거대한 아이디어를 현실로 바꾸는 작업으로 정의된다.) 이처럼 앞으로는 달에 간다는 것이 우주비행사라는 특별한 소수의 인류 구성원만이 경험할 수 있는 것이 아니다. 달이 새로운 경험을 원하는 모든 사람이 살면서 한 번쯤 가볼 수 있는 곳이 될 수도 있는 것이다. 사람들이 우주비행사가 느끼는 자아실현 수준의 현존감을 그대로 느낄 수 있다면, 우주여행은 인류 최고의 서비스 상품이 될 것이다.

● 성선택, 마음의 진화

현시대까지도 학자들은 인간의 진화에 대해 설명할 때 자연선택론을 언급한다. 생존경쟁을 통해 이루어지는 진화과정은 인간으로 하여금 뛰어난 기술과 지식을 발전시킬 수 있도록 했다. 하지만 찰스 다윈Charles Darwin, 1809~1882은 생존을 위한 자연선택뿐 아니라, 짝 고르기를 통한 '성선택' 과정도 중요하다고 주장했다.

진화심리학계의 손꼽히는 연구자 제프리 밀러Geoffery Miller의 저서 『연애The Mating Mind』에 따르면, 예술활동과 같은 인간문화의 장식적, 유희적 측면은 생존경쟁으로 설명하긴 어렵다. 오히려 번식경쟁을 통해 이루어지는 진화과정으로 보는 것이 맞다. 유명한 예시인 '공작새의 꼬리'는 포식자의 눈에 띄기 쉬워 생존에는 위험하다. 공작새의 꼬리는 암컷에 구애하기 위한 적응으로 이해할 수 있다.

짝 고르기는 인간의 인지능력 및 언어의 진화에 영향을 준다.

미술, 음악, 유머, 소설, 종교, 철학은 자연선택보다 더 고도로 지능화된 과정의 산물이라고 볼 수 있다. 자연선택이 물리적 서식환경과 생물학적 지위의 문제를 해결하는 데 집중했다면, 성선택은 미래 세대를 고려하는 장기적인 관점에서 훌륭한 유전자를 고르고자 한다. 이러한 감별의 과정은 일관성, 정확성, 효율성, 창의성을 띤다.

인간의 마음은 많은 경우 사회적인 선택을 따른다. 현존감의 분류 중에서 사랑(박애), 소속, 신뢰, 동의를 포괄하는 '관계' 영역은 쾌락이나 자아실현의 영역과는 다르게, 자연선택과 성선택 모두에 해당하는 결과물이다. 타인, 나아가 집단과 관계를 맺는다는 것은, 사회적인 관계망 속에 소속됨으로써 보호를 받는다는 것을 의미한다. 사회적 집단 안에서 안정적인 관계를 형성하여 신뢰가 두텁고 구성원의 동의를 잘 얻어내는 사람일수록 파트너에게 짝짓기 대상으로서 선택받을 확률이 높다.

어느 때보다 여유로운 생활과 높은 교육수준을 누리고 있는 지금, 미학경영은 경영의 진화에 대한 논의를 생존 중심에서 구애 중심으로 돌려놓고자 한다. 이는 미학시대의 소비활동을 더 잘 이해하게 만드는 혁신적 시도가 될 것이다. 소비활동은 생존을 위한 것이라고 하기엔 너무 유희적이고, 지적이고, 창의적이며, 통합적이다.

소비자들은 짝 고르기라는 권능을 발휘해 자신도 모르는 사이에 어떠한 제품/서비스를 생산시킬지에 영향을 미쳤다. 소비자들은 기업의 '마음 능력'을 가늠해 영리하게 짝을 고름으로써 스스로 미학경영의 진화를 인도한 지적 권능이 되었다.

인간의 마음은 '성선택의 자유시장에서 진화한 상품이자 소비자'로 그려볼 수 있다. 적응을 이해하려면 그 적응의 진화된 기능을 이해해야 한다. 소비자의 마음을 읽는 능력을 획득하는 것은 미학경영 기업으로 진화하는 데 핵심 단계다. 기업은 제품/서비스에 성 혁명을 일으키며 디오니소스적 태도를 취해야 한다.

현존감의 종류

현존감의 분류와 주요 산업군, 영향요소

대분류	중분류	현 상태	주요 산업군	영향요소	자연선택	성선택
부정 감정 해소	두려움	두려움의 대상으로부터의 해소	제약, 건강, 환경, 의료, 식품, 보험	두려움의 원인: 생존 위협, 원치 않는 미래 상태 통제	○	×
	분노	분노의 대상으로부터의 해소	보안, 안전, 소비재	분노의 원인: 피해, 불공정, 폭력	○	×

	슬픔	슬픔의 대상으로부터의 해소	종교, 명상, 예술, 엔터테인먼트, 상담/코칭	슬픔의 원인: 상실, 자존감, 오해, 불인정	○	×
	수치	수치심의 대상으로부터의 해소	뷰티, 패션, 인테리어, 교육	수치의 원인: 비교, 거짓말, 노출	○	×
쾌락	자극	상반된 영역으로의 이동	게임, 테라피	재미, 자기보상	○	○
	심미	수평적 영역으로의 이동	성형수술, 패션/뷰티	관심, 칭찬, 선도, 인정	×	○
	상상	모든 감정의 경험	콘텐츠, VR	경험, 몰입, 탈아, 탈일상성	○	○
	안전	불만-활성화에서 쾌락-비활성화로의 급격한 이동	보안, 의료, 건강식품, 명상/ 치유, 보험	계획성, 안전감, 전문성, 상태 개선, 불안 해소	○	○
자아 실현	성취	자아 (수직)	게임, 교육, 문화예술	인정, 과정, 결과, 확인	○	○
	초월	자아 (확장)	종교, 국제기구, 명상/치유, 게임, 슈퍼히어로	통제성, 자기희생, 공감, 탈아, 전지전능	×	○
	고결/정의	자아 (핵심가치)	정치, 국제기구, NGO, 종교, 사회복지	신념, 변화 주도, 인정, 일체감, 자기희생	×	○
	자유	자아 (수평)	자동차, 여행	주체성, 주도성, 자율성, 예측불가능성, 모험, 탈일상성, 경험	○	○
관계	사랑 (박애)	자아/타인/세계	패션/뷰티	인정, 안전감, 공감, 관심, 칭찬	○	○
	소속	행동	금융, 교육	주체성, 주도성, 안전감, 일체감	○	○
	신뢰	감정	보험/금융, 교육/ 컨설팅, 상담/코칭	전문성, 위험관리, 권한위임, 안전감	○	○
	동의	생각	패션/뷰티	일체감, 불안감	○	○

| 소비자 현존감 |

3-3

소비자 현존감의 미래경영 시사점

미래경영의 핵심은 '소비자 현존감을

어떻게 높일 것인가'에 달려 있다 해도 과언이 아니다.

하이데거의 '더불어-있음', 미학경영에서 제시하는 현존감의 원리인

쾌락, 자아실현, 관계, 성선택 및 마음의 진화를

어떻게 제품/서비스에 담아낼 수 있는가.

● 소비자 현존감을 극대화시켜 감정적 브랜딩을 실행하라

전 코카콜라 CMO^{Chief Marketing Officer} 세르지오 자이먼^{Sergio} ^{Zyman}은 다음과 같이 말했다.

"감정적인 브랜드화는
관계를 구축하는 일이다.
즉, 브랜드나 제품에
장기적인 가치를 부여하는 일이다."

이어서 다음과 같이 설명한다.

"감정적 브랜드화는 소비자와 함께 자리매김하는 개별적인 신뢰를 기반으로 한다. 이것은 욕망의 영역에 기반한 구매를 상승시킨다. 이때 소비자는 제품이나 회사, 가게에 대한 애정 어린 신뢰를 갖고 있다. 그 실례를 구체적으로 말하자면, 좋아하는 브랜드를 선물로 받았을 때 느끼는 기쁨이다. 소비자의 이름을 알아주거나, 기대하지 않았던 커피 한 잔을 서비스해주는 것처럼 멋진 환경에서 좋은 쇼핑경험을 하는 것이다. 이와 같은 것들이 감정 브랜딩의 핵심이다."

이때 소비자는 어떠한 현존감을 느꼈을까?

· **관계:** 신뢰를 주고받았다는 차원에서 형성된다.
· **쾌락:** 좋아하는 브랜드를 선물로 받아서 만족스럽다.
· **성취:** 나^{Self}의 이름을 인정받았다.

- **초월**: 기대하지 않았던 서비스를 받거나 환상적인 경험을 했다.

관계/쾌락/성취/초월을 느끼게 함으로써 소비자 현존감을 극대화하여 감정적 브랜딩을 실행한 것이다.

● 힙스터의 자유를 표방하는 슈프림

소비자 현존감을 높인 기업의 제품/서비스로 무엇이 있는지 살펴보자. 슈프림Supreme은 미국 뉴욕을 중심으로 스케이트 보더를 위한 편한 의류로 시작했다. 본연의 기능에 충실한 제품/서비스를 제공하는 동시에, 강렬한 빨간색 브랜드 로고가 갖고 있는 심미성이 특징이다. 저항정신과 CEO의 아티스트적 행보가 슈프림 브랜드의 정체성을 이룬다. 소비자들은 한정판매에도 예술작품을 소지하듯 줄 서서 기다렸다가 구매한다. 이들에게는 또한 재판매를 통한 투자를 하고자 하는 강렬한 욕망이 있다.

그 이면을 보자. 무엇이 이렇게 소비자들을 집중하게 할까? 슈프림의 팬들은 다음과 같은 강한 연대감을 갖고 있다.

"나는 힙스터다. 셀럽이다.
슈프림을 입은 나는
트렌디한 사람이다."

슈프림 제품
출처: www.supremenewyork.com

힙스터의 자유를 표방하는 슈프림

빨간색 로고가 강렬한 수프림은 힙스터의 표상이 되었다. 저항정신과 CEO의
아티스트적 행보가 슈프림 브랜드의 정체성을 이룬다. 소비자들은 한정판매
에도 예술작품을 소지하듯 줄 서서 기다렸다가 구매한다.

슈프림 소비자들이 팬덤을 이루게 하는 힘은 무엇일까? '힙Hip'
이라는 소속감, '힙스터Hipster'라는 동조의식이다. 힙스터라는 것에 자
신감을 갖고, 동시에 성취욕구에 만족한다. 그러면서 반항정신으로
자유를 표방한다.

소비자들은 슈프림이 멋지고 자극적이라고 여긴다. 특히 빨간
색 로고를 매력적인 요소로 받아들이며, 한정판을 소유하는 행위에
재미를 느끼기도 한다. 이제 슈프림이 제공하는 제품의 종류에는 한
계가 없다. 소비자로 하여금 상상력을 발휘하게 하는 지점이다. 주력
품목은 보드 탈 때 입는 의류인 만큼 튼튼하고 안전하다. 어느 연령대
가 입어도 추위로부터 몸을 보호할 만해서 안정욕구 역시 충족된다.

● 현대카드를 사용하는 소비자, 문화를 향유하는 특별한 사람

소비자 현존감을 높인 또 다른 사례로 국내 현대카드를 들 수 있
다. 카드사 2위 쟁탈전을 벌이며 약진 중인 현대카드는 카드회사임에
도 디자인으로 더 화제를 모으며 업계에서도 독보적 위치를 점하게
되었다. 현대카드는 기존의 가로 카드에서 세로 카드로 혁신을 가져
왔으며, 고유의 색과 디자인은 젊은이들 사이에서 큰 화제가 되었다.

'카드 그 이상의 것'으로 소비자들이 주목했던 것은 무엇이었을
까? 문화와 디자인을 경영에 접목해 현대카드가 꾸준히 형성해온 '현
카스러움'을 소비자들은 오히려 뛰어넘었다. 즉, '허들을 넘은 당신은
특별해'라는 데에서 더 나아가 외려 소비자들은 스스로 라이프스타일

에 등급을 매기고, 그 기준에 맞추어 기꺼이 현대카드를 소지하고 기업이 제공하는 다채로운 문화생활을 경험했다.

한마디로 소비자의 라이프스타일이 확장되었다. 이들은 현대카드가 주최하는 공연이나 전시 등 다양한 문화공간을 향유했다. 현대카드의 브랜드 가치는 여실히 발휘되었다. 최고의 퀄리티로 문화가치를 고객들에게 제공하면서 일상의 삶을 충족시켰다.

현대카드의 슈퍼콘서트는 인기 팝부터 클래식까지 폭넓은 장르를 아우르며 주목받아왔다. 팝 록밴드 마룬5$^{Maroon\ 5}$ 콘서트와 같은 슈퍼콘서트를 현대카드를 통해 예매하고 관람하는 소비자들. 이들은 '나는 이만 한 걸 누릴 만한 충분한 가치가 있는 사람이야'라고 느꼈다.

현대카드는 명품 바우처와 스타벅스, 대한항공, 배달의민족 등과 컬래버레이션을 했는데, 이를 사용하는 소비자들은 '나는 문화를 향유하는 특별한 사람이다. 현대카드를 소유하고 있는 나는 감각적 문화인이다'라는 현존감을 느끼게 된다.

소비자들은 어떠한 경험을 하게 되었을까? 고유의 카드색으로 클래스를 나누는 현대카드는 그 고유한 색으로 이미 소속감을 느낀다. 현대카드가 진행하는 지역사회 개발 프로젝트에 동참한다고 느끼면서 그 박애정신에 참여한다고 여긴다.

주변 사람들의 부러움을 받으며 스스로 만족감을 느끼는 동조가 일어나게 된다. 자신감과 명예, 권력, 그리고 문화인으로서의 자긍심을 갖고 스스로 성취감을 느낀다. 고퀄리티의 문화를 향유하며 자유를 만끽한다.

현대카드
출처: www.hyundaicard.com

현대카드, 고유의 카드색으로 클래스를 나누다

디자인으로 화제를 모은 현대카드는 가로 형태의 카드라는 관념을 깨고, 세로 모양과 매력적인 색상, 심플한 디자인으로 소비자들에게 '현카스러움'의 현존감을 자극했다.

구하기 어려운 슈퍼콘서트의 구매욕구가 충족된다. 상위계층으로 이동하고자 하는 욕구에 충족감을 느낀다. 아름다운 색상과 고유의 디자인은 심미성을 충족시킨다. 다음에 출시될 브랜드나 콘텐츠에 대한 재미와 흥미를 느낀다. '상상 그 이상의'라는 콘셉트의 광고는 상상력을 자극시킨다.

● 나만의 빛 감성, 필립스 휴

필립스 휴Philips Hue의 소비자 현존감은 무엇일까?

필립스 휴는 단순히 빛을 내는 일반 조명과 달리, 스마트폰과 태블릿으로 조명의 밝기와 색상을 컨트롤하는 LED 스마트조명 제품/서비스를 제공한다. 블루투스 앱, 아마존 알렉사와 구글 어시스턴트의 음성제어 조명기술 및 1,600만 가지 색상으로 조명의 밝기와 색온도를 실내환경에 맞게 조절할 수 있는 터치 컨트롤과 필립스 휴 브리지Philips Hue Bridge를 제공하고 있다.

필립스 휴는 소비자 일상의 삶에 활력/집중/독서/휴식 등 '조명 레시피'라는 스토리텔링으로 다가갔다. 소비자는 집 안에서 엔터테인먼트 공간을 스스로 만들 수 있다. 언제든 원하는 컬러, 원하는 공간, 원하는 분위기를 선택하고, 손쉽게 제어할 수 있다. 특히 코로나19로 외부 여가활동을 하지 못하는 사람들이 집에서 머무는 시간 동안 게임, 영화, 음악 등으로 홈 엔터테인먼트를 즐길 수 있게 했다.

이러한 제품/서비스를 경험한 소비자는 '나는 빛 감성을 컨트롤

필립스 스마트 휴의 LED 스마트조명
인공지능 기술을 접목해 소비자에게 '나만의 빛 감성'을 누리게 한다.
출처: www.philips-hue.com

하고 향유할 수 있는 사람이다'라는 현존감을 느끼게 된다. 자신이 직접 선택하도록 한 빛과 색상은 개별 소비자의 감성을 자극했다. 자신에 맞게 컨트롤하여 심리적으로 안정감과 편안함을 느꼈다.

소비자가 받을 감성적, 신체적 영향을 상상하며 기업은 AI기술로 진화된 제품/서비스를 제공했고, 이것이 소비자에게 감동을 주었다. '나만의 특별함', '자신만의 색상', '소비자의 컨트롤 욕구'를 충족시켰다. 소비자 스스로 향유의 자유를 누릴 수 있게 했다.

미래경영의 핵심은 '소비자 현존감을 어떻게 높일 것인가'에 달려 있다 해도 과언이 아니다. 하이데거의 '더불어-있음', 미학경영에서 제시하는 현존감의 원리인 쾌락, 자아실현, 관계, 성선택 및 마음의 진화를 어떻게 제품/서비스에 담아낼 수 있는가. 이것으로 미래경영의 존폐가 결정될 것이다.

　미래경영을 준비하는 기업의 CEO라면 ESG경영에 투자하는 것 이상으로, 극한의 상상력을 발휘해 소비자 현존감을 높일 요소들을 발견해야 한다.

| 미학경영 패러다임 |

4-1

현대 경영학의 니체를 꿈꾸며

소비자의 안목은 갈수록 까다로워지는데,

이는 시장과 함께 진화해온 것임을 이해해야 한다.

시장에서 소비자의 마음을 사로잡아야 한다.

이는 기업의 생존과 직결된 문제다.

이를 위해선 디오니소스적 태도를 취해야 한다.

프리드리히 니체Friedrich Nietzsche, 1844~1900는 '망치를 든 철학자'라고 불린다. 이성적 사고와 과학적 사유를 중시하던 100년 전통을 깨고 비이성과 미적판단을 주장했기 때문이다. 니체는 이상주의자들이 인간을 완전하게 설명할 수 없다고 생각했다. 니체에게는 인간만이 갖고 있는 감성과 예술적인 상상력이 인간을 더 잘 설명하는 개념이었기 때문이다.

그렇다면 니체가 가졌던 의문과 같이 현대의 경영은 기존의 과학적 경영으로 완전히 설명될 수 있을까? 답은 '그렇지 않다'이다.

마케팅의 아버지 필립 코틀러Philip Kotler에 따르면, 4차 산업혁명으로 첨단기술이 발달하는 하이테크 시대의 제품/서비스는 역설적으로 가장 인간적인 감성인 하이터치를 필요로 한다. 기술발달로 기능적 우수함만으로는 차별화가 어려워진 것이다. 기능적 우수함에 더해 섬세하게 구현되어 현존감을 자극하는 제품/서비스라야 차별화가 가능할 것이다. 이러한 제품/서비스는 소비자에게 이성적으로는 설명하기 어려운 '감성'을 전달한다.

'느낌'과 '감동'은 기계가 할 수 없는 인간 고유의 영역으로서, 예술적인 활동의 결과물이다. 예술적인 제품/서비스는 감정이나 사상을 전달할 뿐 아니라, 사람들을 하나의 팬덤으로 결합시킬 수 있다.

경영은 시대를 반영한다.

시대가 바뀌면 비즈니스 전략도 달라져야 한다.

'신은 죽었다.' 니체의 유명한 문장이다. 이 표현은 최고의 가치가 상실된 상태임을 의미한다. 지난 100년 동안 과학 경영학은 현대 경영학에서 최고의 가치였다. 그러나 모든 기업에 보편화되면서 최고의 가치라는 의미는 상실되고, 당연시되는 방식이 되었다.

그렇다면 과학 경영학의 가치가 상실된 시대에 기업은 어떻게 살아남아야 하는가? 니체는 스스로를 디오니소스의 제자로 일컬으며 예술에서 답을 찾았다. 디오니소스적 정신이 이끄는 축제에서는 예술가/예술 수용자/예술작품이 분리되어 있지 않다.

마찬가지로 미학경영에서는 생산자와 소비자 또는 생산자와 생산품의 분리를 찾아볼 수 없다. 누구나 제품/서비스의 소비자이자 생산자가 될 수 있다. 생산품은 제작하는 자와 사용하는 자 모두의 정체성을 대변한다.

미학적인 시선으로 보면
세계는 하나의 예술작품으로 관찰된다.

디오니소스의 세계는 아름답고, 선하며, 유희로 가득 찬 미학적 예술이다. 미학시대의 생산/소비 활동도 마찬가지다.

그렇다고 기존의 과학 경영학을 완전히 버리고 새롭게 미학경영학을 도입해야 한다는 소리는 아니다. 거인족에 갈가리 찢긴 디오니소스가 아폴로에 의해 다시 맞추어지는데, 이렇게 '아폴로적 디오니소스'가 탄생한다. 이처럼 저자가 주장하는 '미학경영'은 기존 과학경영학의 한계를 인정하되, 새로이 미학경영의 시각을 더하는 것이다. 두 개념은 상충되는 것이 아니다. 오히려 상호보완적 관계로 보는 것이 맞다. 이러한 관점하에서 과학 경영학만으로는 설명될 수 없던 시장의 생산/소비 활동을 한층 더 이해할 수 있게 된다.

소비자의 안목은 갈수록 까다로워지는데, 이는 시장과 함께 진화해온 것임을 이해해야 한다. 시장에서 소비자의 마음을 사로잡아야 한다. 이는 기업의 생존과 직결된 문제다. 이를 위해선 디오니소스적 태도를 취해야 한다. 그러한 기업만이 소비자 안목의 진화라는 물결에 올라타 끝내 소비자의 마음을 얻게 될 것이다.

니체는 '극복함으로써 창조하는 인간'을 위버멘시Übermensch, overman라고 명명했다. 종래의 규범과 가치를 극복하고 새로운 것을 생성하는 것이다. 미학경영은 창조적이고 혁신적인 제품/서비스를 만들어내기 위해 요구되는 도전적 시도다. 기술중심 예술화사회, 미학경영 시대의 기업은 시장을 이끄는 위버멘시로서 디오니소스적 진화를 실천해야 한다.

니체는 생전에 학계로부터 혹독한 비판을 받았으나, 사후에는 현상학, 실존주의 철학, 경험주의 철학을 촉발시키는 데 중요한 역할을 했다. 결과적으로 근대철학을 전복시킨 사상가 가운데 한 명이 되었다. 이처럼 미학경영이 기존의 과학 경영학과는 다른 시각에서 예술적 경영학을 촉발하는 전복적 계기가 될 수 있을 것이다.

니체는 철학이 이론에 그치지 않고 삶에 기여해야 한다고 생각했다. 이 책에서 제시하는 미학경영 역시 단지 현대 경영학 '이론'에 그쳐선 안 된다. 소비자의 삶 전반에 '실제'로 아름다움과 선, 유희가 가득 차도록 기여해야 한다. 미학경영을 통해 저자는 니체가 꿈꾸었던 '인간의 미학적 완전성, 그를 통한 이상적 인간의 행복'을 꿈꾼다.

| 미학경영 패러다임 |

4-2

미학경영의 본질적 목표, 숭고로 현현하다

디지털 트랜스포메이션 시대에 인공지능이 핀포인트로

목표의 당위성과 필요성을 인식하도록 하는 데 있어서

그 접점은 무엇인가? 바로 고객^{Customer}이다.

그러므로 핀포인트 커스터마이징이 이루어졌을 때

현존감을 향하는 새로운 관점으로 접근해볼 수 있다.

● 궁극적으로 미학경영의 방향성은 무엇인가

미래경영의 패러다임으로 제시하는 미학경영은 기능성/관능성/정체성/현존성 차원에서 제품/서비스, 생산자/소비자 개념을 재정의하는 혁명적 사고다. 발터 벤야민Walter Benjamin, 1892~1940은 '예술작품은 현현顯現, 즉 더 나은 현존재를 알려주는 것'이라고 했다.

제품/서비스를 체험하는 소비자가
더 나은 현존재감을 갖게 하는 것,
이것이 미학경영의 방향성이다.

디지털 트랜스포메이션 시대에 인공지능이 핀포인트Pinpoint로 목표의 당위성과 필요성을 인식하도록 하는 데 있어서 그 접점은 무엇인가? 바로 고객Customer이다. 그러므로 핀포인트 커스터마이징Pinpoint customizing이 이루어졌을 때 현존감을 향하는 새로운 관점으로 접근해볼 수 있다.

- 고객이 느끼는 현존감은 무엇일까?
- 현존감에는 어떠한 종류가 있겠는가?
- 제품에 대한 존재론적 정의를 어떻게 내릴 수 있겠는가?

이는 앞으로 미학경영을 하는 CEO들이 계속해서 고민해야 할 질문이 될 것이다.

마스터피스 **전략**

여기서는 현존감 중 숭고에 대해 간략하게 논하고자 한다. 숭고崇高의 어원이 된 그리스어 휩소스Hupsos는 '높은 곳, 높음, 고양'이라는 뜻이다. 이 말은 고대 시인들이 신들린 상태에서 시를 낭송할 때 느끼는 영혼의 고양을 가리켰다. 이러한 감정적 고양의 결과는 카타르시스였다. 종교와 예술이 분리되지 않았던 고대 그리스에서 사람들은 시인이 신의 대변자 역할을 한다고 믿었다. 시인이 신의 입을 빌려 이야기할 때 시인은 일상적인 자아에서 벗어나 일종의 광적인 정신상태가 되는데, 숭고는 바로 이러한 상태를 가리키는 말이었다.

근대철학의 등장 이후 숭고는 더 이상 '탈존재적 황홀경'이나 '신들린 상태'가 아니었다. 숭고는 이보다 훨씬 완화된 '정서적 감동'만을 의미하게 되었다.

에드먼드 버크Edmund Burke, 1729~1797는 직접적인 위험에서 벗어나 심리적인 거리를 둘 수 있는 것을 비극에서 숭고를 느끼기 위한 필요조건으로 파악했다. 한편으로 숭고는 도덕적 상태를 내포한다.

미학경영의 존재이유는 무엇인가? 저자는 '숭고의 현현'을 미학경영의 본질적인 목표로 본다. 앞으로 제시되는 미학경영의 명제와 개념들을 통해 이에 대해 정리할 수 있을 것이다.

| 미학경영 패러다임 |

4-3

미학 스토리텔러 기업

이야기를 만들어내기 위해서는

먼저 고객의 요구와 경험을 들어야 한다.

기업은 만들어진 스토리가 고객에게

가서 닿는다고 생각하지만, 이미 고객은

그들만의 많은 스토리를 보유하고 있다.

기업의 주가가 적정한지 평가할 때 흔히 PER주가수익비율이나 PBR주가순자산비율 같은 지표를 본다. 그러나 최근에는 이러한 지표들로 설명할 수 없는 높은 주가를 기록하는 기업이 많아졌다. PER, PBR은 어느새 과거의 개념이 되어버리고, 주식시장에는 PDRPrice to Dream Ratio, 주가꿈 비율이라는 용어가 새롭게 등장했다. PDR은 주가를 기업의 비전, 즉 꿈과 희망에 비교한 것이다. 이는 성장가능성이 높은 미래산업에 도전하는 기업들을 위해 주로 사용된다.

● 꿈을 삽니다

꿈의 랠리를 대표하는 전기자동차회사 테슬라는 2020년 세계 자동차업계 시가총액 1위에 올랐다. 테슬라의 현재 수익성이 좋은 것은 결코 아니다. 2019년 테슬라의 연간 수익률은 1%에 그쳤다.

투자자들은 왜 이토록 테슬라의 미래가치에 신뢰를 보내는 것일까? 그 비결은 스토리텔링에 있다. 현실판 아이언맨으로 불리는 최고경영자CEO 일론 머스크Elon Musk는 환경오염으로 신음하는 지구를 구하기 위해 전기자동차를 대중화하겠다는 목표를 갖고 있다.

테슬라의 사명은 지속가능한 에너지로의 세계적 전환을 가속화하는 것이다. 전기차를 타기 위해서 '타협'을 할 필요가 없다고 말하는 이들은 소비자의 신념에 불을 지핀다. 소비자들은 테슬라가 그리는 미래에 감동하고 그들의 팬이 된다.

독일 미학의 창시자 알렉산데르 바움가르텐Alexander Baumgarten,

1714~1762은 미학을 '감성적 인식의 학문'이라고 정의했다. 바움가르텐이 제시한 감성적 인식의 기준은 세 가지다.

① **상상력의 풍부함**

② **상상력의 위대함**

③ **제시의 명확함**

이는 좋은 기업의 비전이 갖추어야 할 조건이기도 하다. 바움가르텐의 감정적 인식 세 가지 측면이 결핍되었을 때 기업은 어떠하겠는가? 위 세 가지를 대입하여 가정해보자.

① **상상력이 풍부하지 않으면 미래 성장가능성의 동력을 찾을 수 없다.**

② **상상력이 위대하지 않으면 고객으로선 기업과 함께하고 싶지 않다.**

③ **명확하게 제시하지 않으면 고객으로부터 공감을 얻어낼 수 없다.**

앞으로 기업은 그들의 비전에 스토리를 담아내기 위해 많은 시간과 노력을 들여야 할 것이다.

감동적인 이야기가 없는 기업은
시장에서 살아남지 못한다.

● 성공적인 이야기의 비결

그리스 철학자 아리스토텔레스는 『시학』에서 '이야기의 구조적인 통일성'을 강조했다. 처음-중간-끝에서 동일한 주제를 말해야 한다. 스토리를 듣는 사람에게 말하고자 하는 바를 일방적으로 강요하지 않는다. 이야기의 흐름을 통해 상대방을 은근하게 원하는 대로 이끈다.

극적인 구조는 몰입도를 높이는 동시에, 주제를 효과적으로 전달할 수 있도록 해준다. 이야기의 구성요소로는 인물/세계/도구나 수단/갈등이 있다. 특히 어떠한 시대의 인물이 자신이 바라는 무언가를 얻고 달성하기 위해 장애물을 극복해나가는 스토리는 모두가 좋아하고 듣고 싶어한다.

브랜드 마케팅에서는 이미 스토리텔링의 노하우를 잘 활용하고 있다. 상상력이 더욱 중요해지면서 이야기의 기승전결起承轉結에서 '기起'에 중점을 두어 기업의 탄생을 이야기하는 경우가 많아지고 있다.

사회가 고도화될수록 사람들은 현대와는 다른 모습이었던 과거의 향수를 느끼고 싶어한다. 아날로그적 가치는 제품/서비스에 프리미엄을 부여한다.

샤넬Chanel은 패션필름이라는 형식을 통해 설립자이자 디자이너 가브리엘 샤넬Gabrielle Chanel의 이야기를 전달한다. 샤넬의 패션필름 '인사이드 샤넬'은 3분 정도의 영상에 흥미로운 역사를 감각적으로 담아내어 샤넬의 전통을 새로운 세대에게 전달한다. 샤넬의 예술세계를 대표 아이템이나 패션스타일과 함께 소개한다. 2012년부터 시작해

2021년 2월까지 31번째 에피소드를 공개했는데 디자이너 칼 라거펠트, 배우 매릴린 먼로, 베니스, 파리 등 다양한 주제의 패션필름을 선보였다.

샤넬은 처음에 작은 모자가게로 시작했는데, 시대적 유행과는 다른 제품을 만들어 소비자로부터 부정적인 피드백을 받았다. 그럼에도 그녀가 추구하는 '실용적 우아함'을 대중적으로 성공시켜나간다. 1910년 파리 캉봉Cambon 거리에 오픈한 샤넬의 작은 모자가게는 소비자에게 많은 상상의 여지를 남긴다.

프랑스 파리가 아닌 우리나라 제주도에도 공연/이야기/식사를 잘 버무려낸 극장식 레스토랑 〈해녀의 부엌〉이 있다. 프로그램은 네 가지 세션으로 구성되어 있다.

① 청년 예술인들이 해녀의 이야기를 재구성해 연극을 펼친다.
② 이후에는 낯선 제주 해산물에 대해 40년 경력의 해녀가 직접 채취방법, 암수구별법, 요리 레시피 등을 설명해준다.
③ 해녀의 밥상에서는 해녀가 직접 채취한 해산물과 밭에서 재배한 농산물로 제주의 전통음식을 선보인다.
④ 마지막으로 해녀와 함께하는 Q&A 인터뷰에서는 통역이 필요한 제주 방언으로 종달리 마을의 90세가 넘는 최고령 해녀 할머니의 생생한 이야기를 들을 수 있다.

마스터피스 **전략**

제주도의 극장식 레스토랑 〈해녀의 부엌〉
해녀 이야기를 기반으로 한 식문화 콘텐츠를 통해 새로운 미학 스토리텔링 모델을 선보였다.

이처럼 공연/클래스/상차림/20대부터 90대의 세대가 조화롭게 공존하는 스토리텔링을 접하며 울고 웃던 관객은 어느새 해녀의 삶에 스며들게 된다.

〈해녀의 부엌〉에 감동적인 이야기만 있는 것은 아니다. 해녀의 주된 수입원인 뿔소라의 일본 수출 의존도가 높은 탓에 가격책정에 문제가 있다는 점을 지적한다. 이들은 해녀 이야기를 통해 국내 소비 시장을 만들고 제주 해산물에 스토리텔링의 프리미엄을 부여함으로써 가치를 높이고자 한다.

공연을 보러 온 사람들은 식당과 제주 문화의 팬이 되면서 감동받고 열광한다. 해녀 이야기의 팬이 된 소비자들을 제주 해산물의 구매자로 연결시키는 것이다. 소비자들은 소비활동을 통해 이들이 제기하는 문제의식에 동조를 보낸다.

〈해녀의 부엌〉 홈페이지를 통해서는 브랜딩된 제주 해산물 가

공식품을 판매하고 있다. 유네스코 무형문화재로 지정된 해녀는 10~15년 뒤면 사라질 것으로 예상된다. 이는 양식업과 어업의 발달로 인해 피할 수 없는 시대적 흐름일 것이다. 하지만 평생을 바다와 함께해온 해녀가 문화적으로 잘 보존되어 제주도에 가치를 부여하는 스토리텔링의 아이콘으로 오래도록 지속된다면 좋을 것이다.

4P로 일컬어지는 마케팅믹스는 경영학에서 유명한 개념이다. 4P는 제품Product/유통경로Place/판매가격Price/판매촉진Promotion을 지칭한다. 하지만 앞으로 마케터는 스토리텔러가 되어야 한다.

감동적인 이야기의 중요성을 깨달은 일부 기업에서는 이미 최고 스토리텔링 책임자CSO, Chief Storytelling Officer, 최고 상상 책임자CIO, Chief Imagination Officer 같은 직함을 사용하기 시작했다. 마이크로소프트의 수석 스토리텔러 스티브 클레이튼Steve Clayton은 스토리텔링을 위한 4P를 다음과 같이 제시했다.

① **사람들**People: 제품을 사용하는 사람의 입장에서 이야기한다.
② **장소**Place: 이야기가 발생한 위치에서 단어와 이미지를 도출한다.
③ **프로세스**Process: 제품을 만들면서 겪은 우여곡절, 갈등, 긴장감 등을 담는다.
④ **제품**Product: 좋은 제품이 꼭 좋은 이야기로 연결되는 것은 아님을 명심한다.

위와 같이 전통적인 마케팅믹스의 4P가 스토리텔링을 위한 4P로 바뀌는 시대가 올 것이다.

여기서 유념해야 할 것이 있다. 스토리텔링이 기업에서 소비자로의 일방적인 공급이 아니라는 점이다. 스토리텔링은 기업과 소비자 간의 소통을 통해서 만들어진다. 이야기를 만들어내기 위해서는 먼저 고객의 요구와 경험을 들어야 한다. 기업은 만들어진 스토리가 고객에게 가서 닿는다고 생각하지만, 이미 고객은 그들만의 스토리를 많이 보유하고 있다.

스토리텔링은 '기업과 소비자의 상호작용에서 발생하는 집단적인 감각형성과 센스부여 과정'이다. 양쪽 모두가 스토리의 개발에 기여하기 때문에 스토리에는 기업과 고객 모두의 관점이 들어가 있다.

고객의 스토리를 듣는 가장 유용한 방법은 빅데이터 분석Big Data Analysis, BDA을 활용하는 것이다. 수집된 고객의 태도/행동 요소를 이해하면 전략을 개선하는 데 도움이 될 수 있다. 고객의 성공적인 스토리를 수집하고, 제품/서비스에 반영한 후, 다시 소비자 접점에 있는 직원들에게 활용할 수 있는 스토리를 전파한다. 빅데이터 분석은 고객의 디지털화된 데이터에서 추출한 인사이트를 비즈니스 가치로 전환해 고객경험을 향상시킬 수 있다(Boldosova, 2020).

기존의 과학 경영학에서는 고객의 소리Voice of Customer, VOC를 듣기 위해 홈페이지나 게시판 같은 채널을 이용했다. 수집된 이야기들은 주로 불만과 분노 중심이었다. 기업은 마이너스의 고객만족 상태를 제로로 돌리기 위해 이슈를 해결하고자 했다.

하지만 미학경영에서는 고객의 이야기Story of Customer를 듣기 위해 실시간으로 수집되는 데이터를 활용한다. 숨겨진 스토리를 찾아내제품/서비스 마케팅에 담는다. 왜 이러한 접근방식을 택할까? 고객만족 상태를 제로에서 플러스로 바꾸기 위해서다. 고객만족감 향상을 위해서는 예술가적 직관으로 고객의 현존심리를 꿰뚫어볼 줄 알아야 한다. 수많은 데이터 속에서 스토리를 찾아내는 눈을 길러야 하는 것이다.

기술중심 예술화사회의 미학 스토리텔링은 '고객 데이터를 중심으로 기업과 소비자가 소통하며 이야기를 만드는 과정'이다. 기술발달로 기업은 어느 때보다 소비자와 활발하게 상호작용할 수 있는 비즈니스 환경에 놓여 있다. 브랜드 마케팅의 스토리텔링이 기승전결의 '기起'에 중점을 두는 것처럼, 기업의 스토리텔러들은 제품/서비스를 형성하는 이야기가 소비자에게서 출발한다는 점을 잊지 말아야 한다.

스마트 서비스 판매에서의 스토리텔링

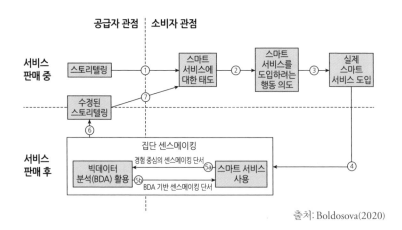

출처: Boldosova(2020)

| 미학경영 패러다임 |

4-4

디자인씽킹과 아트씽킹을 넘어
싸이아트씽킹으로

마스터피스 전략에서 싸이아트씽킹은

예술가의 사유방식을 기본 전제로 한다.

예술작품의 탄생 과정을 학습하고,

예술가의 창조적 관점으로 새로운 개념과

표현 기법을 사용해 작품을 탄생시킨다.

● 디자인 씽킹, 사회공학적 기술의 출현과 한계

IBM은 2013년 11월 텍사스 오스틴에 '디자인 스튜디오'를 설립했으며, 1억 달러 규모의 디자인 조직과 디자이너 1,000명 고용계획을 발표했다. GE 역시 제조업뿐 아니라 세계 최대 소프트웨어 공급업체로서 '사용자 경험'에 주목했다.

삼성전자를 국내의 기업에서 세계의 기업으로 이끈 고故 이건희 회장은 세계적 수준의 혁신으로서 '디자인 중심의 문화 확립'을 중요하게 여겼다. 이후 삼성전자는 2015년 기준 1,600명 이상의 디자이너가 일하는 회사가 되었으며, 저명한 예술대학의 교수를 채용하기도 했다. 국내에서는 2015년에서 2017년까지 디자인 씽킹을 도입한 기업의 사례가 언론에 집중적으로 소개되었다.

2008년 디자인 회사 아이디오IDEO의 창업자 팀 브라운Tim Brown은 현재 잘 알려져 있는 디자인 씽킹 프로세스를 최초로 제안했다. '사용자 경험'을 중심으로 한 브레인스토밍, 관찰, 프로토타입 제작과 수정이라는 디자인 방식은 제품 디자인에서 서비스, 기업, 디자인 컨설팅 솔루션으로 확산되면서 비즈니스 모델의 혁신을 제시했다. 아이디오IDEO는 디자인 씽킹 프로세스에 대해 단순히 미적인 아름다움으로 개선하는 과정이 아닌, 사용자 경험 자체를 더 나은 방향으로 나아갈 수 있도록 하는 도구로 접근했다.

디자인 씽킹은 1987년 피터 로우Peter Rowe의 『Design Thinking』이라는 건축 디자인 책에서 처음 그 용어가 등장했다. 디자인 씽킹은 일반적으로 '실험, 생성 및 시제품 제작, 피드백 수집, 재설계 등의 기회에 참여하는 분석적이고 창의적인 프로세스'로 정의 내려졌다 (Razzouk & Valerie Shute, 2012).

이후 기업에서는 소비자의 경험을 이해하고 구조화시켜 통찰을 이끌어내고, 맥락을 파악하며, 브레인스토밍을 거쳐 프로토타입을 개발하고 측정하는 사고기법으로 디자인 씽킹을 활용했다. 조직구성원들은 조율과 합의를 통해 창의력을 극대화하고 디자인 프로세스에 참여하는 식으로 디자인 씽킹에 접근했다.

이러한 문제해결 사고기법에 참여관찰적 연구가 연결돼 사회적 네트워크가 강화되었다. 《하버드 비즈니스 리뷰HBR》 2018년 9월호에서 잔 리드카Jeanne Liedtka 버지니아주립대 다든경영대학원 교수는 이와 같은 디자인 씽킹 방식을 '사회공학적 기술Social technology'이라 명명했다.

디자인 씽킹은 크게 '찾거나 발견하는' 영역과 '만들고 발명하는' 영역 두 가지가 결합되어 있는 문제해결 방식이다. 기본적으로 대상과 상황에 대한 지식을 파악하고, 그에 근거해서 해결안을 만들고, 그것을 평가해서 다시 대상과 상황에 대한 새로운 지식을 구축해나가는 주기적으로 구조화된 프로세스를 가지고 있다.

《하버드 비즈니스 리뷰》 2015년 9월호에서는 '디자인 씽킹이 신제품 기획뿐 아니라 기업 전반의 조직문화와 국가경제 체질을 개선할 가능성을 보여주었다'고 했다. 반면, 한국 기업에서는 전사적으로 적용하기 어렵다며 그 근거를 다음과 같이 제시했다. 디자인 씽킹의 특성상 개별 소비자의 문제점을 모두의 통합된 노력으로 해결하려고

콘텐츠와 프로세스

콘텐츠
• 상징적 vs 실재적

프로세스
• 분석적 vs 종합적

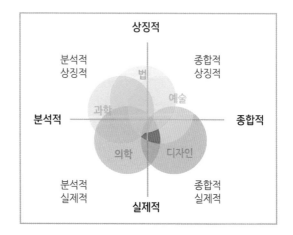

출처: Charles Owen(2007), Design Thinking: Notes on its Nature and Use. Design Research Quarterly Vol. 2, N0. 1, p. 18

발견과 발명

지식생성 및 활용의
두 가지 본질

• 지식은
질문과 적용에서
생성됨

• 이론과
실무 영역의
현장 불균형

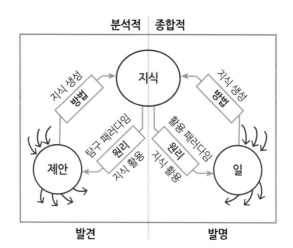

출처: Charles Owen(2007), Design Thinking: Notes on its Nature and Use. Design Research Quarterly Vol. 2, N0. 1, p. 18

마스터피스 **전략**

하기 때문에 위계적인 조직구조인 데다 부서 간 의사소통이 자유롭지 않은 한국 기업에서는 적용하기가 어렵다고 본 것이다.

그래서 한국 기업에서 디자인 씽킹을 성공적으로 접목시키기 위한 다음 세 가지 요소를 제시했다.

① 소비자와 공감하는 데 필요한 사용자 경험^{UX} 디자인
② 혁신적인 콘셉트를 개발하는 데 필요한 협업
③ 콘셉트를 사업화하는 데 필요한 시행착오

디자인 씽킹 프로세스는 사용자 중심의 프로세스로 다음 단계로 진행된다.

① 사용자 공감
② 문제 정의
③ 아이디어 발상
④ 프로토타입
⑤ 테스트

① 사용자 공감에서 ④ 프로토타입까지는 훌륭하게 진행되고 성공한 측면이 있으나, ④ 프로토타입과 ⑤ 테스트 사이의 과정에서는 시장에서 소비자가 원하는 수준이 완성될 때까지 작업이 수차례 반복된다.

사용자 중심 프로세스의 꽃이라 할 수 있는 작업은 ④ 프로토타입과 ⑤ 테스트에서 이루어지는데, 실제 기업현장에서는 이 과정의 중요성을 인식하지 못하고 실행으로 연결시키지 못해 결국 실패로 이어진다.

디자인 씽킹은 수요조사와 문제정의 단계를 최단 시간에 빠르게 진행한다는 특징을 보인다. 디자인 씽킹은 아이디어 시각화, 프로토타입 제작이 관건인데 이 작업들이 경쟁력이 있는가, 사용자 반응이 좋은가에 그 성패가 달려 있다.

결국 디자인 씽킹은 디자이너의 기능적인 면을 중심으로 공학적 차원의 구축과 개발, 그리고 네트워크 관점에서만 바라본 측면이 있다. 즉, 디자인 씽킹은 테크놀로지의 관점과 문제해결 프레임워크 위주로 발전해왔다.

산업계에서는 그동안 디자인 씽킹이 패스트 제품개발 방법론으로 인기를 끌어왔다. 또한 서비스 영역에 적용하기 위한 서비스 디자인으로서 각광받으며 지금까지 이어져왔다. 그러나 소비자는 빠른 속도로 변화, 진화하고 있다. 소비자의 기호와 소비의 패턴은 기업이 반응하기도 전에 다른 제품/서비스로 옮겨가버린다. 소비자 경험과 만족에 대한 본질적인 접근, 창조적인 프로세스로의 도약이 필요한 시점이다.

저자가 보는 디자인 씽킹의 한계는 다음과 같다.

• 소비자 현존감과 소비자가 느끼는 감동을 다루지 못한다.

- 생산자의 정체성을 담아내는 데 한계가 있다.
- 소비자의 숨겨진 욕망을 발견하기 어렵다.
- 상상력이 필요한 작업인 기업의 꿈을 찾고 담는 작업이 힘들다.

저자는 이러한 이유로 디자인 씽킹을 넘어선 새로운 방법론이 필요하다고 본다. 미학경영이 추구하는 방법론, 즉 마스터피스 전략이 앞으로 새로운 대세가 되어 미래경영을 주도해나가리라 예상해본다.

● 아트씽킹, 비즈니스와 예술의 창조적 공간 연결

소비자 경험에 있어 예술성을 비즈니스로 접근한 또 다른 프레

디자인 씽킹과 아트씽킹

	디자인 씽킹	아트씽킹
정의	제품을 설계하는 과정에서 창조적인 문제해결 도구로 일반화해주는 프레임워크	탐구를 위한 '공간'을 지키는 프레임워크이자 창조적 습관
연구	상품화된 제품 디자인에서 출발	예술의 창작 또는 과학의 발명과 같은 개인 중심에서 발생
출발점	'외부적 지침'으로 시작	'내부적 질문'으로 시작
주요 질문	"이것을 위한 최선의 방법은 무엇인가?" "어떻게 고객을 만족시킬 수 있을 것인가?"	"과연 가능한 일인가?"
목표	사용자의 욕구 파악, 소통 중요시	창조적 과정 중요시

출처: 에이미 휘태커(2016). 『아트씽킹』에서 논의된 내용을 중심으로 정리

임워크가 있다. 2016년 에이미 휘태커Amy Whitaker는 저서 『아트씽킹 Art Thinking』을 통해 비즈니스와 예술을 연결한 '창조공간'을 제시했다. 아트씽킹은 각 영역에서 효율성과 가치라는 두 가지 알고리즘을 토대로 '탐구를 위한 공간을 지키는 프레임워크이자 창조적 습관'으로 접근한 것이다. 그러나 아트씽킹은 국내외에서 크게 확산되지 못했고, 디자인 씽킹은 글로벌 ERP 기업인 SAP나 IBM에서 전 세계적으로 발전시키고 있다.

● 싸이아트씽킹Sci-Art Thinking으로 여는 미래경영

2020년 12월 애플이 "늦어도 2025년에는 애플카를 출시한다"고 예고하면서 세계 시장을 뜨겁게 달구었다. 애플은 아이폰으로 미국 기업 최초로 시가총액 2조 달러를 돌파했고, 2021년 내 3조 달러를 넘을 것이란 전망도 있었다. 자율주행차 소프트웨어를 개발해온 애플의 사업이 '자율주행 전기자동차' 완성차 시장으로 확대될지 이목을 끌고 있다.

'움직이는 종합 플랫폼'이라는 로드맵을 그리고 있는 애플은 과연 기존의 그들의 방식으로 어떻게 승부수를 던질까? 소비자 현존감의 극대화, 아트슈머의 참여와 진화 측면에서 예견해본다면, '애플빠'들에게 어떠한 현존감을 주게 될까?

2017년 이화여대 경영예술연구센터에서는 『경영예술』을 통해

애플의 전기차를 상상하여 그린 콘셉트 이미지

출시 소식만으로도 주목을 받고 있는 애플카. 애플빠들에게 애플카는 자동차 그 이상의 기대를 준다.

출처: biz.chosun.com

과학적 경영 패러다임의 한계에서 '싸이아트씽킹Sci-Art Thinking'으로 탈출할 것을 제시한 바 있다. 저자가 『경영예술』을 집필할 당시 휘태커의 아트씽킹이 국내에 소개되었다. 그러나 휘태커의 아트씽킹은 예술가의 본질적 속성을 통찰하고 경영예술에 적용하는 데 있어 그 논리적 접근에 한계가 있었다.

저자는 『경영예술』에서 예술 그 자체, 그리고 창작 프로세스 전체를 반영한 기업경영의 새로운 패러다임을 제시하고자 했다. 과학적 경영과 아트씽킹을 배척하는 것이 아니라, 100년의 과학적 경영의 장점을 기반으로 아트씽킹의 장점이 발현된 새로운 접근으로서 싸이아트씽킹Sci-Art Thinking을 제시했다.

저자는 디자인 씽킹과 아트씽킹을 넘어 '기술중심 예술화사회의 아트슈머 경험의 최대화'라는 측면에서 싸이아트씽킹을 제시한다. 싸이아트씽킹Sci-Art Thinking을 다음과 같이 정의해본다.

"싸이아트씽킹은 과학기술적 사고체계를 기반으로 하는 기존의 경영 패러다임에서 인간의 창의적 본성을 일깨우는 예술적 창조 패러다임으로 전환하는 사고체계다."

싸이아트씽킹은 기술중심 예술화사회에서 저자가 제시하는 미학경영으로 가는 길에서 징검다리 역할을 한다. 저자는 『경영예술』에서 다음을 중심으로 한 패러다임 혁신을 주창했다.

• 예술가들의 사유방식에서 발견한 생산자의 정체성
• 소비자의 영혼까지 꿰뚫어 보는 감수성
• 아무도 생각해보지 못했던 상상력

바로 이것이 미학경영이 제시하는 싸이아트씽킹이다. 생산자의 정체성과 미적 감수성, 상상력을 반영하는 싸이아트씽킹. 싸이아트씽킹을 통해 기술의 기능성, 제품/서비스의 관능성, 기업(생산자)의 정체성을 구축한다. 결국 소비자 경험을 넘어서서 소비자 현존감을 극대화하게 된다.

미학경영의 **싸이아트씽킹**Sci-Art Thinking	
정의	과학기술적 사고체계를 기반으로 하는 기존의 경영 패러다임에서 인간의 창의적 본성을 일깨우는 예술적 창조 패러다임으로 전환하는 사고체계
연구	제품/서비스에 대한 공진화적 관점에서 출발
출발점	기술, 제품/서비스, 고객감동, 기업가의 가치, 철학, 신념에서 시작
주요 질문	"고객에게 어떻게 도덕적, 미학적 감동을 줄 수 있는가?" "제품/서비스를 사용하는 고객의 현존감을 높일 수 있는가?"
목표	기술의 기능성, 제품/서비스의 관능성, 생산자의 정체성, 소비자 현존감 중시

싸이아트씽킹의 특징을 다음과 같이 네 가지로 정리해본다.

첫째, 소비자의 영혼을 꿰뚫어 보는 미적 감수성을 통해 소비자 현존감을 높일 수 있는 창조적인 접근 프레임워크다. 인공지능, 자율주행차의 발전속도를 뛰어넘는 예술적 안목이 필요한 시대다.

둘째, 생산자는 스스로의 정체성을 '예술가'로 인식하고 그 같은 인식을 반영하여 창의성 발현과정 모델을 따라 제품/서비스를 탄생시킨다. 창의성 발현과정 모델은 『경영예술』에서 '3.0 상상하기Imagine 단계'로 제시한 바 있다. 그 단계는 다음과 같다.

3.1 **맥락화**Context Setting

3.2 **꿈꾸기**Dreaming

3.3 **우선순위**Priority

3.4 **상세 각본**Scenario

이러한 과정을 거치며 마음껏 상상하여 최고의 아이디어를 창출하고 이를 반영한 마스터피스를 생산해낼 수 있을 것이다.

셋째, 싸이아트씽킹의 시작점은 아름다움과 숭고를 추구하는 소비자와 생산자의 현존감에서 출발하는 근본적인 질문이다. 가치판단의 기준은 도덕적 선미善美가 될 것이다.

넷째, 창조 과정과 체험 극대화가 모두 중요하다. 소비자는 감상에만 머물지 않고 제품생산에 적극 참여한다. 이는 소비자 체험의 결과를 반영하는 프로세스가 될 것이다.

마스터피스 전략에서 싸이아트씽킹은 예술가의 사유방식을 기본 전제로 한다. 예술작품의 탄생 과정을 학습하고, 예술가의 창조적 관점으로 새로운 개념과 표현 기법을 사용해 작품을 탄생시킨다. 이는 기존의 문제해결 기법 및 프레임워크의 한계를 극복하고, 사람들에게 감동과 충격을 선사하는 혁신의 사조가 될 것이다. 싸이아트씽킹은 소비자 현존감의 최상화가 생산자의 제품/서비스를 아우르는 선순환과 공진화 단계를 거치는 새로운 비즈니스 혁신모델의 중심 사고체계다.

4

왜
미학인가

미학적
판단능력

도덕적
판단능력

"아름다움과 감동은

하나의 무브먼트로 확산될 수밖에 없다"

1

미학, 인류의 원천

과거에는 경쟁력 있는 가격, 기능성, 효율성만으로도

시장을 제패할 수 있었다. 오늘날은 어떤가?

사용자 경험 등 무형의 가치들이 시장을 흔든다.

이러한 커다란 변화 속에서 많은 기업인이 기업의 생존,

지속가능한 성장을 도모하느라 골머리를 앓고 있다.

비즈니스에 왜 미학과 예술이 필요한가? 이 물음에 대한 답은 생물학적 근거에서 찾을 수 있다. 인간은 미학적 존재다. 예술이 우리의 본능에 새겨져 있다. 아트본능이다. 인간의 생물학적 욕구가 예술의 근간根幹임을 인식한다면 예술을 더 깊이 이해할 수 있을 뿐 아니라, 왜 예술욕구를 비즈니스에 적용해야 하는지(당위성), 그 결과는 어떨지(기대효과) 입증해볼 수 있을 것이다.

● 아름다운 것이 생존한다: 다윈의 성선택이론

적자생존에 의한 자연선택을 주장한 찰스 다윈의『종의 기원』은 1859년 발간된 이래 진화론의 시초가 되며 자연과학과 사회과학에 지대한 영향을 미쳤다. 그러나 다윈이『종의 기원』출간 이후 1871년에『인간의 유래와 성선택』을 출간했다는 사실은 미처 알지 못하는 이들이 많다. 다윈은『인간의 유래와 성선택』에서 때로 동물은 가장 적합한 상대를 선택하는 대신, 가장 매력적인 상대를 택한다고 주장

찰스 다윈^{Charles Darwin, 1809~1882}
찰스 다윈은 생물이 미적본능에 따라 가장 매력적인 상대를 선택한다는 '성선택 이론'을 제시했다.
출처: pixabay.com

했다. 즉, 미학이 종의 진화방향을 결정한다는 것이다. 다윈은 이러한 선택이 자연선택에 반하기도 한다고 설명했으며, 이를 성선택이라 일컬었다.

사자의 수북한 갈기, 공작새의 화려한 깃털, 엘크의 무겁고 거대한 뿔. 다윈은 이러한 수컷동물의 장식물은 자연선택론으로는 설명할 수 없다는 점에서 성선택의 중요성을 주장했다. 암컷은 가장 매력적인 상대를 그들의 미적기준에 의해 선택한다. 이에 수컷들은 장식물이 부담이 되어도 암컷의 미적기준을 충족하는 방향으로 진화한다는 것이다.

만약 동물의 암컷들이 미적감각이 없다면 수컷들이 미적산물을 만들어낼 필요조차 없었다. 그러나 동물들 역시 아름다움을 선호하는 본능을 타고난 덕분에 우리는 공작의 아름다운 꼬리와 사자의 위엄 있는 갈기를 보게 되었다. 무가치해 보이기도 하고, 생존의 관점에서는 비효율적으로 보이는 아름다움, 곧 미학이 사실은 동물의 본능 속에도 새겨진 생물학적 필수가치였던 것이다.

이러한 내용을 담은 다윈의 『인간의 유래와 성선택』은 출간 후 유럽사회에 전작 『종의 기원』보다 더 큰 파장을 불러일으켰으나 『종의 기원』과 달리 오랜 기간 학계의 냉대를 받아야 했다. 당시 사람들은 동물들이 미학적 판단을 할 수 있을 정도의 인지능력을 가질 수 없다고 생각했다. 또한 남성우월주의적 사회 분위기 때문에 암컷의 선택이 진화를 결정할 정도의 힘을 갖는다는 것을 받아들일 수 없었다.

그러나 『인간의 유래와 성선택』이 출판된 지 100여 년의 시간이

흐른 1960~1970년대에 이르러 다윈의 성선택 이론은 본격적으로 연구되기 시작했으며, 현재 동물행동학과 진화생물학 분야에서 중요한 이론으로 재평가되고 있다.

● 성선택이론과 예술

진화심리학자 제프리 밀러Geoffrey Miller, 1965~는 진화와 종족번식에 있어 예술이 성적매력을 높이기 위해 사용되었다는 성선택 이론의 대표적인 사례로 바우어새를 소개하며 이를 인간의 미술행위 기원과 연결한다. 오스트레일리아와 뉴기니에 사는 바우어새는 정자새 혹은 정원사새로도 불린다. 이러한 이름은 짝짓기를 준비하는 수컷의 재미있는 습성에서 비롯된 것이다.

바우어새
바우어새는 대칭을 이루는 가장 아름다운 집을 지어 암컷에게 구애한다.
출처: www.istockphoto.com

수컷 바우어새는 구애를 위해 둥지를 짓는데, 아름다운 조형을 위해 시간과 노력을 많이 들인다. 이끼, 꽃, 열매, 나무껍질, 돌 등 다양한 소재를 동원해 둥지를 장식한다. 마침내 둥지는 예술작품과 같이 화려한 색과 형태로 완성한다.

암컷 바우어새는 수컷들이 만든 둥지를 방문해 평가를 하여 짝짓기를 결정한다. 아름답고 대칭을 잘 이루며 튼튼한 둥지를 선호한다. 예술적인 집을 완성하는 데 성공한 수컷은 하루에 열 마리의 암컷과 짝짓기를 하기도 한다.

밀러Miller는 바우어새의 사례를 인간의 미술창작으로 연결한다. 직접 몸의 화려한 깃털을 발달시키는 극락조와 달리, 바우어새는 외부에 조형물을 만듦으로써 종족번식 확률을 높인다. 밀러에 따르면, 인간의 직립보행은 손을 자유롭게 해방시켜 도구제작을 가능케 했다. 그뿐 아니라 성적선택을 위한 장식과 미술작품까지 제작할 수 있게 했다. 이에 인간은 유용한 물건을 만들 때도 가지각색으로 꾸미고 장식한다. 그런가 하면 순전히 미적 호소력만을 갖는 '쓸데없는' 장식품을 만들기도 한다.

인간의 음악적 본능 역시 이러한 식으로 설명된다. 다윈은 성선택이론을 기반으로 인간의 음악적 재능을 해석했다. 음악적인 선율과 리듬에 대한 선호가 성선택에 의해 발달해왔다는 것이다. 다윈에 따르면, 인류의 조상들은 언어능력을 획득하기 이전에는 음악적 선율과 리듬으로 상대를 유혹했을 것으로 추정된다. 이 때문에 오늘의 인류 역시 웅변가나 음악가의 운율과 억양, 선율에 의해 감정이 자극되고 열정이 불러일으켜진다는 것이다.

이에 밀러 역시 재즈뮤지션들의 삶을 분석하여 음악을 진화생물학적 관점으로 설명하기도 했다. 밀러는 재즈뮤지션들의 음악적 생산성이 사춘기 직후에 급격하게 증가해 젊은 시절에 정점에 이르며, 결혼하여 부모가 되면 급격히 쇠퇴한다는 점을 들어 성선택과 음악적 재능 및 추동推動을 연결했다.

● 공작새의 꼬리와 미학경영

성선택이론을 채택하기 전, 다윈은 특히 공작새의 꼬리 때문에 골머리를 앓았다. 오죽하면 "공작새 꼬리의 깃털, 그걸 볼 때마다 넌더리가 난다The sight of a feather in a peacock's tail, whenever I gaze at it, makes me sick"고 쓰기도 했다. 수컷 공작새의 화려한 꼬리는 자신이 세상에 내놓은 자연선택설로는 도저히 설명이 되지 않았기 때문이다. 장식적인 꼬리는 생존에 오히려 위협이 되는 장애물로 보였다.

다윈이 이러한 의문에 대한 답으로 성선택이론을 내놓기까지 무려 22년의 시간이 걸렸다. 아름다움과 예술성을 동물의 본능으로 인식하기까지 그만큼 오랜 세월이 필요했던 것이다.

자연선택의 경쟁을 위해선 보다 강하고 민첩한 개체가 되는 게 공작새에게 유리할 것이다. 오직 힘이나 효율성의 경쟁이 전부라면 말이다. 주변의 색과 어우러져 눈에 띄지 않는 색과 무늬를 갖는 것 역시 포식자의 위협으로부터 지켜주고 생존확률을 높일 것이다.

공작새

공작새의 화려한 꼬리는 포식자를 위협하는 무기일 뿐만 아니라, 암컷을 유혹하는 개체마다의 강점으로도 활용된다.   출처: pixabay.com

그러나 공작새가 고른 것은 생존의 확률이 아닌 '선택'의 확률이었다. 미적감각을 지닌 암컷의 안목에 맞춘 아름답고 화려한 꼬리로 선택의 확률을 높였다. 그런데 이는 장기적으로 보면 생존확률을 높이는 선택이었다. 포식자로부터 숨거나 도망치기 위한 진화 대신, 아름답게 치장하기를 택한 공작새는 암컷을 유혹할 화려한 꼬리를 갖게 되었을 뿐 아니라, 포식자나 경쟁상대를 위협할 경계색이라는 무기도 동기에 갖게 되었다.

과거에는 경쟁력 있는 가격, 기능성, 효율성만으로도 시장을 제패할 수 있었다. 오늘날은 어떤가? 사용자 경험 등 무형의 가치들이 시장을 흔든다. 이러한 커다란 변화 속에서 많은 기업인이 기업의 생존, 지속가능한 성장을 도모하느라 골머리를 앓고 있다.

새로운 패러다임을 받아들이고 이에 맞춰 혁신의 진화를 이루는 것은 어려운 일이다. 아트본능을 가진 상대에게 선택받기 위해 공작새에게는 더 크고, 강하고, 빠른 것만으로는 충분하지 않았다. 아름다움이 필요했다. 아트본능을 지닌 소비자들에게 선택받기 위해 기업역시 더 싸고, 빠르고, 효율적인 것만으로는 충분치 않다. 예술을 알아보는 소비자의 안목을 충족시킬 아름다운 기업, 아름다운 제품, 아름다운 서비스만이 선택받을 수 있다. 생존하고 성장할 수 있다.

다윈이 성선택을 이론으로 정립해 아름다움이 동물의 본능이라는 발상의 전환을 이끌어내기까지, 그리고 그의 이론이 대중적으로받아들여지기까지 오랜 시간이 걸렸다. 이와 마찬가지로 예술이 경영의 핵심가치가 될 수 있다는 발상의 전환 역시 쉽게 이루어지지는 않을 것이다. 누가 먼저 이를 간파하고 실행에 옮길 것인가? 즉, 누가 먼저 미학경영으로 기업혁신을 이룰 것인가? 앞으로는 결국 미학경영의 마스터피스 전략이 '소비자에게 선택받는 진화'를 이루어나가는최고의 전략이 될 것이다.

2
생명력과 미학

고대부터 중세, 근대, 현대에 이르기까지

철학자들은 왜 미학에 주목했을까?

미학이 이성을 기반으로 한 현상 이해를 넘어,

아름다움과 감동을 인식하는 인간의 본질적 특성과

그 근원에 대한 탐구를 제공해왔기 때문이다.

● 기업 생태계, CSR에서 ESG로

1970~1980년대 과학자들 사이에서 시스템적 사고가 확산되었다. 이러한 흐름은 물질계, 자연계를 넘어 기업으로 퍼져 조직생태학은 캠벨(Campbell, 1969)에 의해 처음 제시되었다. 이후 한난과 프리먼(Hannan & Freeman, 1977), 올드 리치(Aldrich, 1979), 싱(Singh, 1990) 등이 체계화했다.

조직생태학은 조직군의 생성과 성장, 사멸의 원인과 과정에 초점을 둔 이론이다. 조직생태학은 적소이론과 밀도의존이론으로 인간이 모여서 만든 조직이나 기업이 삶을 영위해나가는 데 있어서의 생명체의 원리나 보편적인 특징을 담고 있다. 1990년대 이후 세계의 주요 기업들은 정보화를 추진하면서 그 궁극적 지향점을 마치 기업이 살아 있는 인간처럼 작동하는 것으로 삼았다. 즉, IT를 활용하여 기업의 모든 거래 처리가 자동화되고, 그 과정에서 생성된 데이터를 의사결정에 필요한 정보로 변형함으로써 목표달성에 가까워지는 경영정보시스템MIS, Management Information Systems으로 진화했다.

조직생태학의 이론적 기반은 자연과학적 개념인 생명체가 살아가는 '생명 메커니즘'이다. 즉, 생명체가 자기를 둘러싼 환경을 감지하고 타 생명체와의 협력 시스템을 만들어감으로써 자신의 존재가치를 확보하고 환경에서의 생존확률을 극대화하는 것이다.

최근 4차 산업혁명에 관해 논의할 때에 함께 언급되는 디지털 트랜스포메이션 현상은 마치 기업이 자신을 둘러싼 산업 생태환경을 감지하고 소비자 혹은 타 생산 기업과의 협력시스템을 만들면서 스스로 자기의 생명력을 확대하는 수준에 이르렀다.

사회적 동물인 인간은 타인과 협력하는 과정에서 윤리적 책임을 지키면서 자신의 존재가치를 확보한다. 이를 조직에도 적용하는 것이다. 생태학적 관점에서 조직이 타 조직과 어떻게 관계설정을 하면서 자신의 생존확률을 높일 것인가. 이에 대한 인문학적 통찰이 필요하다는 것이다.

미국식 자본주의와 경영방식은 이미 악순환이 반복되고 있다. 2001년 엔론 사태로 불거진 회계부정 비리는 윤리경영과 기업의 사회적 책임CSR을 촉구했다. 미학경영은 여기서 더 나아가 숭고한 아름다움을 느끼게 하는 경영을 궁극적인 목표로 삼는다. 숭고미로 감동을 주는 경영에서 마케팅은 더 이상 단순히 돈을 빨리 벌기 위한 수단적 가치가 아니다. 제품/서비스, 마케팅 등 모든 기업활동은 이제 고객과 지역사회가 미학적 숭고함을 경험하도록 하는 이상적 세계가 된다. 이러한 미학경영에서 고객은 수단이 아닌 목적이다.

숭고함, 경배, 도덕관념이 깃든 제품/서비스를 최선을 다해 제공한다면? 충성고객을 넘어선 슈퍼팬덤이 재구매를 일으킨다. 이들은 주위 사람들에게 자발적으로 홍보한다. 마케팅 비용은 절감되고, 이익공동체는 절로 달성된다.

기업의 조직활동은 결국 생명조직화 과정과 다르지 않다. 기업의 사회적 책임CSR, Corporate Social Responsibility이나 환경, 사회, 기업 지배구조ESG, Environmental, Social and Corporate Governance도 사회적 협력체계

가 필요하다는 것을 잘 설명해준다.

2020년대에 와서야 국내에서 본격적으로 논의가 시작되고 있는 ESG는 또한 지구의 생존력을 높이기 위한 다양한 메커니즘을 대변해준다. 1990년대에 저자가 한국 경영의 새로운 패러다임으로서 주창한 '지식경영'을 통해 인식론적 성찰을 제시했다면, 새롭게 떠오르는 ESG에 대해 합목적성의 관점에서 '도덕과 합일된 숭고한 아름다움을 추구하는 미학경영'을 제시한다. 이는 진정한 마스터피스를 창출할 근원이 된다.

● 기업 생명력, 미학관점의 필요성

도덕적, 윤리적 기반은 생명조직으로 나아가는 과정에서 필수 요소다. 즉, 일정한 규칙하에서 타 조직과의 관계설정에 있어서 도덕적, 윤리적 기반을 확보하는 것은 가장 기본적인 생존조건이 된다. 그러나 더욱 중요한 것은 필요조건 충족을 넘어서 타 주체에 대한 미학적 가치 제공 여부다. 즉, 기업의 제품/서비스는 미학적 관점으로 바라보아야 한다.

지난 40년 동안 기업들은 주로 제품/서비스의 기능적 측면에 주목해왔지만, 최근 10년간 기업 동향을 보면, 미학적 관점의 진화가 필요하다는 점이 속속 드러나고 있다. 그리하여 우리는 이 책에서 2천여 년 전부터 중세와 근현대에 이르기까지 여러 철학자와 미학자의 사상을 오늘의 경영에 재조명하게 되었다. 다름 아닌 철학과 미학이 다루는 생명력이 지구에서 살아가는 인간과 기업의 활동에 필수불가결한 조건이 되기 때문이다.

이제 기업은 경영의 최대 목표였던 이윤 극대화가 아니라, 고객 감동을 위한 명제를 필요로 한다. 저자는 이를 '기업의 생명력'이라 정의 내리고자 한다. 생명력을 높이려면 제품/서비스가 미학적 기준을 충족시켜야 한다. 또한 안목이 높아진 소비자들로부터 선택을 받아야 하는 오늘날의 도전적인 기업환경에서 소비자들에게 아름다운 메시지를 줄 수 있어야 한다. 기업 생태계에 미학적 원리가 투영되어야 하는 것이다.

100여 년 동안의 과학적 경영이 '시스템'에 대한 효율적 관점이었다면, 미학경영은 '생태계'에 대한 효과성과 효정성(效情性: 조직구성원이 목표지향적 행동 과정에서 느끼는 행복감의 정도)이 주축이 되어야 달성 가능하다. 미래경영에는 미학적 기준, 미학적 관점이 필요하다. 이를 토대로 기업의 생명력을 높인 기업이라야 비로소 생존할 수 있는 시대다.

● **플로티노스 미의 체험, 생명력의 근원**

그리스 미학자 플로티노스Plotinos, 205~270는 미의 체험을 다음과 같이 보았다.

"미의 체험은 단지 어떠한 사물을 아름답게 느끼는 순간이 아니라, 인간 영혼이 새롭게 눈을 뜨는 과정이다. 자신의 진정한 근원과 본성이 무엇인지를 비로소 선명하게 상기하게 되는 순간이자 일자(一者: 플로티노스는 모든 존재와 사물의 원천으로 일자一者를 제시한다. 플로티노스에 따르면, 일자는 그 자체로 충일하고 완전한 존재며, 이 세계의 모든 것은 그로부터 흘러나온다)와의 합일을 향해 나아가도록 추동되는 경험이다."

플로티노스는 플라톤의 정신과 육체의 이원론을 독자적으로 재구성했다. 그는 인간이 '존재하는 것'으로 느끼고 경험할 수 있는 모든 것을 사유적 존재자/감각적 존재자로서 각각 세 단계씩 총 여섯 가지 단계의 존재론으로 정리했다.

사유적 존재자

① 일자一者

② 정신과 이데아들(Idea: 플라톤 철학의 중심개념. 모든 존재와 인식의 근거가 되는 항구적, 초월적 실재를 뜻함. 근대에는 인간의 주관적 의식, 즉 '관념'을 나타내는 말로 사용되었음)

③ 영혼들

감각적 존재자

④ 감각대상

⑤ 묘사된 이미지

⑥ 근원 질료

플로티노스Plotinos, 205~270
미의 체험과 생명력을 중시한 고대 그리스의 미학자

플로티노스가 강조한 부분 역시 역동적인 '생명'의 존재론이다. 플로티노스는 '영혼의 본질은 생명, 곧 살아 있음을 가능하게 해주는 원리'이며 '영혼은 우주 전체 혹은 개별 유기체가 살아 있도록 해주는 생명력의 역할'이라고 보았다. 플로티노스가 아름다움의 감각적, 감정적 경험을 각별히 중시한 것은, 이 경험이 생명력으로서의 영혼과 긴밀하게 연결되어 있기 때문이다(하선규, 2018).

미학경영이 추구하는 궁극적 지향점은 ESG를 넘어서 생산자, 소비자를 포함한 지구환경의 모든 생명력을 높이는 것이다. 소비자가 제품/서비스에서 아름다움과 숭고를 느끼는 그 경험이, 플로티노스가 말한 '생명력으로서의 영혼'과 연결된다는 것을 인식한다면, 경영자들은 새로운 관점을 만나게 되지 않을까?

● 바움가르텐, 생명력이 넘쳐나는 아름다움에 대한 인식

독일 미학의 창시자 바움가르텐Baumgarten, 1714~1762은 아름다움의 발생원인으로 '풍요로움, 크기, 진리, 빛, 확신, 생명력'을 제시했다.

바움가르텐은 그중에서도 인식 주체와 대상이 가진 생명력이야말로 우리가 아름다움을 인식할 수 있는 가장 중요한 요소로 언급했다.

바움가르텐은 미학은 감각에 기반을 두는 인식에 관한 학문이며, 예술에 있어서의 아름다움에 관한 학문이라고 정의했다. 요컨대 미학은 "감성적 인식에 관한 학문"이다. 바움가르텐은 미학을 이와 같이 정의하면서 비타 메모리아이Vita memoriae라는 표현을 사용했는데, 이는 '기억의 생명력'을 뜻한다. 여기서 '비타'는 생생함을 의미하는데, 단순한 생생함이 아니다. 그 안에 생명력이 넘치는 아름다움을 인식하고 있음을 의미한다. 바움가르텐은 이처럼 인간의 오감각이 저장되는 생명력 넘치는 생생한 기억장소의 중요성을 강조했다.

바움가르텐은 아름답게 사유하기 위해서는 인간의 영혼이 타고나야 하는 본성적 소질이 있어야 한다고 주장했다. 그는 날 때부터 매력적이고 우아한 소질을 다음 여덟 가지로 제시했다.

① 예리하게 지각하는 능력

② 상상을 통해 사물을 환상적으로 표현하는 본능적 능력

③ 꿰뚫어 통찰하는 자연적 능력

④ 한번 인식했던 것을 다시 인식하는 본능적 능력(기억력)

⑤ 시적인 소질처럼 예술창작에 요구되는 창작의 능력

⑥ 평범하지 않고 훌륭하고 섬세한 취미의 능력

⑦ 미래의 것을 앞서 파악하고 예견하는 능력

⑧ 자신이 지각한 것을 기호를 통해 표현하는 능력

또한 바움가르텐은 "인간이 아름다움을 인식하기 위해서는 타고난 미적기질이 요구되는데, 첫째는 장엄하고 감동적인 인식을 추구하고자 하는 품성이고, 둘째는 아름다움을 더 쉽게 인식하게 해주는 여러 욕망과 능력들 사이의 조화를 추구하는 것"이라고 지적했다.

이러한 인간의 본성적 속성은 향후 미학경영이 접근해야 할 지점이 무엇인지 시사점을 제시해준다. 미학경영인은 어떠한 특징과 품성을 갖추고 있어야 하는가? 생산자는 어떻게 아름다움을 인식하여 소비자를 감동시킬 제품/서비스를 만들 수 있는가? 즉, 현대 경영학이 한 번도 밟아보지 못한 미답의 영역인 미학경영의 출발점은 인간 본성에 대한 철저한 통찰에서 시작되어야 한다는 점이 바로 미학의 창시자인 바움가르텐이 우리에게 주는 성공의 비밀이라 하겠다.

알렉산데르 바움가르텐 Alexander Baumgarten, 1714~1762
미학의 창시자. 생명의 힘이 넘쳐나는 아름다움에 대한 인식을 주장했다.

● **실러, 인간에게 내재된 예술본능과 유희본능**

독일 고전주의 문학을 대표하는 작가이자 극작가, 시인이자 미학자 프리드리히 실러Friedrich Schiller, 1759~1805는 '교육받은 인간(교양

프리드리히 실러 Friedrich Schiller, 1759~1805
인간 안에 내재된 예술본능과 유희본능, 품성을 강조한
미학자

인)이란 자연을 벗 삼고, 자연의 방자함을 억제하면서도 그 자유를 존중하는 사람'이라고 했다. 또한 '이성은 물리적 사회 안으로 도덕적 통일성을 가져올 때 자연의 다양성을 손상시켜서는 안 된다'고 했다. 그리고 '자연이 사회의 도덕적 구조 안에서 자신의 다양성을 주장하고자 할 때 그로 인해 도덕적 통일성이 침해받아서는 안 된다'고 했다.

실러는 강제(필요)에 의한 국가를 자유의 국가로 바꿀 능력과 품격을 갖추려면 국민에게 '품성의 총체성'이 있어야 한다고 주장했다. 또한 인간의 인성과 국가의 총체성을 회복하기 위해서는 '자연의 단순성, 진실성, 충만함'으로 돌아가야 한다고 했다.

실러는 인간에게 내재된 예술본능과 유희본능이 우리로 하여금 완전성을 끝없이 추구하고, 최고의 것을 찾아나가는 힘을 주기 때문에 사회 전반적으로 정치가 안정화되고, 인간 사이의 존재방식이 투쟁이 아닌 협력이 되도록 해야 한다고 보았다. 즉, 실러는 예술과 유희의 사회적 유용성과 효용성이 크다고 본 것이다. 따라서 미학경영은 다음과 같은 관점에서 시작한다고 말할 수 있다.

- 기업 역시 예술본능과 유희본능을 개발한다.
- 최고의 제품을 생산하고자 하는 완전성을 향한 충동이 충만할 수 있도록 한다.
- 조직구성원이 바로 이러한 예술본능과 유희본능의 원천이다.

기술중심 예술화사회, 미학경영인이 갖추어야 할 특징

고대부터 중세, 근대, 현대에 이르기까지 철학자들은 왜 미학에 주목했을까? 그 이유는 미학이 이성을 기반으로 한 현상 이해를 넘어, 아름다움과 감동을 인식하는 인간의 본질적 특성과 그 근원에 대한 탐구를 제공해왔기 때문이다. 그렇다면 기술중심 예술화사회에서 기업 경영인과 생산자에게 필요한 미학적 특징은 무엇일까?

미학적 판단능력 세 가지

① 감수성Sensibility
- 제품/서비스를 감각적으로 인식하는 능력
- 트렌드와 소비자의 니즈를 감수성으로 통찰하는 능력
- 기능적, 관능적 판단능력
- 기술과 소비자의 영향력에 대한 패턴분석 능력
- 팬덤을 이끌 만큼 매력적인 제품/서비스를 볼 수 있는 안목

마스터피스 **전략**

② **상상력**Imagination

- 새로운 제품/서비스를 상상해내는 능력
- 창조적 혁신으로 새로운 패러다임의 비즈니스 모델을 창출하는 능력
- 소비기호를 탁월하게 인식하여 재창조할 수 있는 능력
- 기업 시스템을 예술적 생산 시스템으로 관리하는 능력

③ **정체성**Identity

- 자기정체성이 제품/서비스에 잘 반영되었는가 판단하는 능력
- 도덕적 판단과 심미적 판단을 통합할 수 있는 능력(도덕적 판단: 환경과의 합목적성, 관계성을 판단)

● **화이트헤드, 합생과 현존 인식**

생명이 스스로 자신과 환경을 표출하도록 이상적인 상태를 규정하는 것을 동양에서는 '생명자치'라고 부른다. 영국의 수학자이자 철학자 앨프리드 화이트헤드Alfred Whitehead, 1861~1947는 현실적 존재가 인간의 경험과 연결돼 미적경험이 인간의 고유한 가치경험의 양식이 되고 그 가치가 실재 자체의 보편적 속성이 될 것이라고 보았다.

화이트헤드가 명명한 합생(合生, Concrescence : 화이트헤드의 합생 개념은 다자many가 각자의 자율성과 독립성을 유지하면서 창조의 과정을 통해 일자one로 통합되어가는 것)은 '현존하는 상황을 인간이 인식하는 과

정'이기도 하다. 기술미학이 보다 진보되어 기술중심 예술화사회에 지구와 온 인류의 생존을 위한 ESG경영이 주목받고 있는 이 시대에, 저자는 '생명력과 미학적 관점'이 필수임을 통감하며 새로운 경영 패러다임으로서 그 지향점을 제시하고자 한다.

앨프리드 화이트헤드 Alfred Whitehead, 1861~1947
화이트헤드가가 제시한 합생과 현존 인식은 ESG 경영에도 시사점을 준다.

4

도덕성 기반, 미학경영의 필요조건

ESG와 칼로카가티아

도덕적 선미, 도덕적 감수성이 높은

CEO의 기업철학과 가치는 ESG의 중심이 되며

주주, 이해관계자, 조직구성원, 소비자뿐 아니라

지구환경에까지도 영향을 미칠 것이다.

경영트렌드 ESG를 넘어

SK는 2021년 1월 26일 창단 21년 만에 프로야구단 SK와이번 스를 신세계그룹에 1,325억 원에 매각하면서 그 사유에 대해 "구단 매각은 ESG 경영을 강조하는 상황과 연결된 것"이라고 밝혔다. SK그룹 최태원 회장은 지속적으로 ESG경영을 강조해왔다. 그는 "사회와 공감하며 문제해결을 위해 함께 노력하는 '새로운 기업가 정신'이 필요한 때, SK의 역량과 자산을 활용해 당장 실행 가능한 부분부터 시작해보자"고 2021년 신년사에서 밝힌 바 있다. SK, 현대자동차, LS, 한화 등 한국 기업의 2021년 경영방침 역시 ESG였다.

왜 기업들은 ESG에 초점을 맞추는가? 2006년 유엔책임투자원칙PRI 협약에서 처음 등장한 환경Environment, 사회Social, 지배구조Governance를 뜻하는 ESG는, 이제 기업이 돈을 얼마나 잘 버는가를 평가하는 재무적 성과지표가 아닌, 어떻게 돈을 벌고 쓰는지를 평가하는 비재무적 성과지표로 자리매김하고 있다. 이제 기업은 비즈니스에 대한 지속가능한 투자에 영향을 미치는 환경, 사회, 지배구조 세 가지를 고려해야 한다.

블룸버그에 따르면, 2020년 기준 미국과 유럽에서는 ESG를 실천하는 기업에 투자하는 상장지수펀드ETF가 850억 달러(약 94조 1,000억 원)의 순유입으로 최대치를 기록했다. 글로벌 투자시장에서도 ESG는 투자기준의 하나다. 세계 최대 자산운용사 블랙록BlackRock의 CEO 래리 핑크Larry Fink는 "이미 보았듯이 기후위기가 발생하는데 비즈니스 리스크와 기후위기를 떼어놓고 생각할 수는 없다. 투자 결정시 기업의 지속가능성을 기준으로 삼겠다"고 했다. 지속가능성, 즉 인간과 환경에 좋은 것을 추구하는 게 미래의 필수과제로서 이는 기업뿐 아니라 비즈니스 파트너와 투자자도 반드시 함께 실천해야 할 사안으로 본 것이다.

삼정KPMG 경제연구원에 따르면, 이미 코로나19 이전에도 탄소저감, 순환경제, 사회공헌, 투명한 기업지배구조 등을 추구하는 ESG가 기업경영의 최신 트렌드로 되었다. 삼정KPMG 경제연구원은 코로나19의 충격(사업장 셧다운, 화석연료 수요 감소, CO2 배출 감소, 대기환경 악화, 비대면 확산, 도시 및 국가 락다운, 이동 제한, 임직원 감염, 지역사회 감염, 고객가치 변화, 본원적 가치 중시, 공급망 붕괴, 비상 경영체계 등)으로 포스트코로나 시대에 ESG 경영트렌드가 더욱 가속화되었다고 전망했다. 그러면서 넷제로Net Zero, 순환경제, RE100Renewable Energy 100%, 친환경 운송, 신재생에너지, 사회공헌활동, 개인정보보호, 협력사 기술지원, 디지털 트랜스포메이션, 스마트공장 구축, 직원 건강 및 안전 관리, 내부회계관리 강화, 기업지배구조 공시 확대 등을 주요하게 보았다.

그런데 과연 저탄소 정책을 추진하고, 신재생에너지를 사용하고, 친환경 제품/서비스를 생산하고, 녹색채권을 발행한다고 기업이 ESG의 가치들을 잘 실현하고 있다고 말할 수 있을까?

ESG는 기업이 본질적 가치를 추구하고 경영철학을 정립하지 않으면, 기업성과로서 달성되기 어렵다. 결국 소비자의 현존감을 감지하지 않고는 지속가능한 명품을 탄생시키기 어렵다. 이제는 환경을 고려하지 않거나, 갑질을 하거나, 소수자를 차별하거나, 정치계에 손을 내미는 기업은 생존하기 어려운 시대가 왔다.

소비자가 현존감, 도덕적 충만감, 경외감, 숭고감까지 느낄 수 있도록 하는 기업경영이 필요한 시대다. 과연 국내에서 이러한 경영이 10년 후에 정착 가능할까? 최근 테슬람(테슬라 + 이슬람: 종교와 같이 강력한 팬덤)이라는 신조어가 생길 정도로 팬덤을 이루고 있는 테슬라의 일론 머스크. 창립 때부터 100여 년 동안 사회환원과 인재양성, 투명경영 등 기업이념을 유지하고 있는 유한양행의 창업자 고故 유일한 박사. 이 정도가 ESG를 전망하고 실천한 기업 사례가 되지 않을까 싶다.

● 아리스토텔레스의 도덕적 선미, 칼로카가티아

ESG 경영트렌드 역시 미학경영의 관점에서 본다면? 만약 기업의 CEO가 미학적 감수성은 높고, 도덕적 감수성은 낮다면? 저자는 여기서 고대 철학자 아리스토텔레스의 도덕적 선미(칼로카가티아Kalo-kagathia: 미美, Kalos이면서도 선善, Agathos한 것. . 고대 그리스인들은 인간의 존재 가치로서 가장 이상적인 이념을 '아름다움과 선함의 일치', 즉 '칼로카가티아'라고 일컬었음)를 주목하게 된다. 아리스토텔레스는 '정신과 육체의 훈련 위에 입각한 도덕적 완성'을 주장했다. 또한 "선미善美는 가치창조로써 증명되어야 한다"고 보았다.

즉, 아리스토텔레스는 인간이 도덕적 교양이 없으면 외적 재물을 소유하려고 할 때 필히 내면적 조화에 손상이 일어난다고 보았고,

따라서 내면적 조화를 기반으로 한 도덕적 교양을 확보할 수 있는 재물은 매우 복된 재물이라고 통찰했다.

도덕적 선미, 도덕적 감수성이 높은 CEO의 기업철학과 가치는 ESG의 중심이 되며 주주, 이해관계자, 조직구성원, 소비자뿐 아니라 지구환경에까지도 영향을 미칠 것이다.

아리스토텔레스Aristotle, BC 384~BC 322
정신과 육체의 훈련에 입각한 도덕적 완성을 주장한 고대 그리스의 철학자이자 미학자. 아리스토텔레스가 제시한 도덕적 선미와 도덕적 감수성은 현대에도 필요하다.

● 볼드윈의 미적/도덕적/과학적 가치

미국의 심리학자 제임스 볼드윈James Baldwin, 1861~1934은 『Thought and Things사고와 사물』(1906)에서 인간은 다섯 개의 기본 의식수준(전논리적, 유사논리적, 논리적, 가외논리적, 초논리적)을 통해 도덕적, 미적, 종교적, 과학적 및 자기의 발달단계를 거친다고 주장했다.

특히 볼드윈은 도덕, 미학, 과학이라는 세 가지 주요 영역에 주목했다. 볼드윈은 인간의 의식발달은 궁극적으로 가장 심오한 합일의식을 목표로 진행된다고 보았다. 즉, 합일의식이란 인간에게 있어서 '최고의 도덕과 과학이 동시에 결합되는 최고의 미적경험'이라는 미

제임스 볼드윈 James Baldwin, 1861~1934
도덕과 과학을 결합하는 최고의 미적경험을 주장했다.

학 원칙을 제시했다.

볼드윈은 아름다운 예술작품을 감상하면서 '합일 경험'을 한다고 보았다. 그는 다음과 같이 설명했다.

"합일 경험은 감상의 대상이 되는 특정한 미적대상을 넘어서서 전체로서 실재 자체로 움직여가는 종합적 경험의 성질이다. 그러한 종합적 경험은 신神 개념을 포함하고 있으며, 이제 그것은 마침내 자기와 세계가 알려질 수 있는 유기적 혹은 영적 전체를 말하는 것으로 보인다."

이러한 신인합일神人合─ 욕망에 관해 20세기의 유명한 초월심리학자인 매슬로우는 평생에 걸친 연구에서 인간욕구의 5단계 위계설을 주장했는데, 인생 말년에 이르러 볼드윈의 주장에 공감하는 인간의 '자기초월/신인합일' 욕구가 궁극의 제6 위계로 연구될 필요가 있다며 자신의 기존 주장을 수정했다.

기업의 CEO뿐 아니라 생산자와 소비자 모두의 의식수준 차원에서 본다면, 볼드윈의 '도덕, 미학, 과학'의 영역을 통합한 관점은 시사하는 바가 크다. 저자가 제시하는 소비자의 감동 위계 '기능성, 관능성, 정체성, 현존감' 역시 도덕적 감동을 기반으로 하고 있다.

소비자가 제품/서비스에서 느끼는 미적경험과 합일 경험을 고려한 기업은 동시에 도덕과 과학을 통합해 진정으로 감동을 줄 수 있는 예술작품과 같은 제품/서비스를 제공하게 된다. 그렇다면 ESG를 충족함은 물론, 최고의 기업으로 지속가능 성장을 하게 되지 않겠는가?

하버마스의 시스템 이론, 생명세계, 과학적/미적/도덕적 세계

독일의 철학자 위르겐 하버마스Jürgen Habermas, 1929~는 철학, 심리학, 인류학, 진화이론, 언어학, 정치학의 영역에 걸쳐 통합적 비전을 제시했다. 하버마스는 의사소통이론을 통해 주관적(미학), 상호주관적(도덕), 객관적(과학적) 의식의 발달을 설명했다. 또한 시스템 이론, 생명세계, 과학적/미적/도덕적 세계를 종합하여 역사적 물질주의를 재구성한 사회문화적 진화에 대해 주장했다.

미국의 심리학자 켄 윌버Ken Wilber, 1949~는 발달심리학 차원에서 하버마스의 공로를 인정하면서도 하버마스가 자연에 대한 접근을 도구적인 것으로 전락시켰다는 점은 수용하기 어렵다는 의견을 제시했다.

하버마스가 구축한 통합적 접근은 미래경영에 시사하는 바가 크다. 즉, 기업이 소비자나 시장을 대하는 존재론과 태도가 과거와는 달라져야 한다는 것이다. 또한 기업이 자기 스스로를 보는 존재론과 태도 역시 통합적 관점에 서야 한다는 것이기도 하다.

길게 보면 21세기 인류의 자본주의 진화 여정은 20세기 경영에서 보기 힘들었던 하버마스의 통합적 관점을 향해 나아가고 있다고 하겠다. 이러한 미학경영의 통합적 패러다임하에서는 생산주체의 극한의 상상력, 생산-유통-소비 주체의 생명체적 유기적 연결, 생산-소비 주체의 현존감 고양을 추구한다.

위르겐 하버마스Jürgen Habermas, 1929~
시스템 이론, 생명세계, 과학적/미적/도덕적 세계를 통합한 사상가

● 켄 윌버의 도덕적 정체성과 미학

하버마스의 시스템적 진화와 출발은 다르지만, 비슷한 맥락의 심리학적 접근도 참고해볼 수 있다. 미국의 통합사상가 켄 윌버Ken Wilber, 1949~는 저서 『켄 윌버의 통합심리학』에서 인간의 도덕적 발달 단계를 다음 네 단계의 통합적 단계론으로 설명한다.

① 1단계: 자아 중심

② 2단계: 민족 중심

③ 3단계: 세계 중심

④ 4단계: 신 중심

윌버는 "의식의 경이로운 확장은 자기정체성과 도덕에서 가장 선명하게 드러난다"고 보았다. 즉, 인간이 인간 스스로를 자기 혼자만 존재하고 생존하는 주체가 아니고, 타 주체가 자기의 일부라고 생각하는 의식의 확장이 생겨나면 '자신은 누구인가'에 대한 자기정체성이 확장되고 그 순간 도덕적 규범이 설정된다고 보았다. 그는 다음과 같이 설명한다.

"당신의 정체성이 우주를 포용할 정도로 확장되면 존경과 친절함을 가지고 모든 살아 있는 존재를 다룰 것이다. (중략) 정체성은 물질, 신체, 마음, 혼, 영에 이르는 의식 스펙트럼의 전체로까지 확장될 수 있으며, 더 큰 도덕적 포용을 유도하여 모든 것이 그 자체로 열정적인 평정으로 포용될 때까지 지속되기 때문이다."

윌버는 그러면서 "도덕적 정체성의 확장은 의식 전개의 심오한 파동이 더욱 분명하게 드러나는 것"이라고 보았다. 윌버는 미학 역시 뚜렷한 발달 지류로 보면서 "미학은 주관성, 도덕은 상호 주관성, 인지는 객관성"이라고 했다. 그는 세 요소를 세부적으로 분류한다.

① 주관적 요소: 자기정체성, 감정, 욕구, 미학

② 상호 주관적 요소: 세계관, 언어, 윤리

③ 객관적 요소: 외부 인지, 과학적 인지, 피아제[Piaget]식 인지

(피아제가 제시한 인지발달이론에서 인간의 인지발달은 '환경과의 상호 작용에 의해 이루어지는 적응과정'임)

월버가 말하는 중심성은 세계, 지구, 온 우주를 지향하는데, 현재의 기업 경영트렌드 ESG는 그 지향점이 어디인가? 미학경영은 ESG를 넘어 도덕적 감동, 미적경험이 미칠 효정성(效情性: 조직구성원이 목표지향적 행동 과정에서 느끼는 행복감의 정도)에 주목한다.

켄 윌버 Ken Wilber, 1949~
통합사상가로서 윌버의 미학에 대한 접근은 ESG 경영의 지향점이 향후 어디를 향해 가는가를 생각하게 한다.

볼드윈, 하버마스, 윌버 주장의 세 가지 공통점, 즉 자기정체성의 확장, 과학과 미학과 도덕의 통합, 그리고 생명세계관은 미학경영과 ESG 중심적 사상의 기반이라고 볼 수 있다. 세계적 사상가들의 100여 년 전부터의 예언이 전 지구적으로 실현되어가는 과정이라는 것이 시사하는 바가 크다.

세계인의 마음을 사로잡는 미학적 감수성뿐만 아니라, 도덕적 선미가 반영된 미학경영 방법론이 도입된다면 어떨까? 도덕적, 윤리적 행위가 가능한 기업의 미래경영 트렌드로 더욱 굳건히 자리 잡지 않을까?

특히나 코로나 시대 이후 많은 로드숍 지점들은 문을 닫게 되었고, 발 빠르게 대응하는 인터넷 쇼핑몰만이 생존하게 되었다. '도덕적 의무감'의 측면에서 이를 어떻게 해결하면 좋겠는가?

저자는 현재 기업들이 ESG가 지향하는 손가락의 끝만을 좇는 것은 아닌가 생각한다. 손가락이 가리키고자 하는 그 본질은 지구의 생명력을 조화롭게 유지하면서 상생하고자 하는 도덕적 선미, 즉 칼로카가티아일 것이고, 이는 미학경영의 필수조건이 될 것이다. 그리고 소비자의 현존감을 불러일으키는 것이 충분조건이다.

5

미래경영을
지배하는
미학의
명제들

유일한 원본의   소비자의

아우라   미학적 경험

"예술작품은 세상을 바꾸는 새로운 무언가가

그 자체로서 존재하도록 허용하는 것이다"

| 소비자의 미학적 경험 관련 명제 |

1 - 1

하이데거와 화이트헤드의
현존감을 넘는 신실존주의와 EX

오늘날 도래한 기술중심 예술화사회는

미적경험의 보편성이 가능한 환경이다.

동물적 만족에만 탐닉하면 인간은 현존감에 결핍을 느낀다.

결국 미적경험은 현실적 존재로서의

소비자가 추구하는 가치 지향점이 된다.

● 미래 핵심기술의 지향점, EX^{Existence eXperience}

매년 1월 열리는 국제전자제품박람회^{CES}는 2021년에 코로나 19로 촉발된 디지털 혁신을 보여주었다. 게리 샤피로^{Gary Shapiro} 미국 소비자기술협회^{CTA} CEO는 "지난 200년 동안의 변화보다 앞으로 2년의 혁신이 중요하다"고 내다보았다. 사티아 나델라^{Satya Nadella} 마이크로소프트 CEO는 "2년치에 해당하는 디지털 전환 수요가 두 달 만에 일어났다"고 전했다. 루보미라 로셰^{Lubomira Rochet} 로레알 최고디지털책임자^{CDO}는 "코로나19가 아니었다면 3년 걸렸을 디지털 혁신이 8주 만에 이뤄졌다"고 말했다. 수많은 기술 및 제품 혁신의 흐름을 보여준 이 행사를 통해 앞으로 어떠한 미래를 논할 것인가 생각해보게 된다.

전 세계 전자산업의 꽃이라고 할 수 있는 CES의 2021년 키워드는 '연결'과 '일상'이었는데, 세계적인 코로나 팬데믹 상황에서 디지털 헬스와 인간 중심적 기술의 미래가치를 중요하게 평가했다. 여기서 미래 핵심기술의 지향점을 생각하게 된다. 기술혁신이 방향성을 잃어 인간의 현존재를 담아내지 않으면 한 걸음도 진보할 수 없다.

지금으로부터 30여 년 전인 1997년 독일의 경제학자이자 트렌드분석가 다비트 보스하르트^{David Bosshart}는 『소비의 미래』에서 포스트모더니즘 사회의 변혁적 역할로 '문화적 즐거움'을 주요한 대중적 현상으로 꼽았다. 보스하르트에 따르면, 소비 메커니즘의 주인은 고객, 즉 소비자다. 그는 "고객은 시장의 급격한 세계화와 새로운 커뮤니케이션 매체의 발전에 따라 어느 때보다 막강한 권력을 갖게 된다"고 전망했다.

이제 소비자는 하버드 경영대학원의 탈레스 테이세이라Thales Teixeira 교수의 말처럼 "전 세계 시장의 파괴적 혁신을 주도하는 주체" 가 되며 그 현존감을 드러내고 있다. 미래기업은 사용자경험UX, User eXperience, 고객경험CX, Consumer eXperience을 넘어 인간의 실존을 바탕으로 현존경험EX, Existence eXperience을 제공해야 할 시점이 왔다.

자율주행차, 가상현실, 증강현실, 인공지능, 블록체인이 발달할 수록 인간의 실존과 현존감을 고양하는 고객경험의 극대화가 중요한 지향점이 된다. 왜 EX인가? 왜 EX여야 하는가? 수세기를 풍미했던 실존적 현상학과 미학에서 그 접점을 살펴보고자 한다. '경험을 통해서만 의미를 지닌다'라는 개념을 EX로 설명해본다면 어떨까?

오늘날 도래한 기술중심 예술화사회는 미적경험의 보편성이 가능한 환경이다. 동물적 만족에만 탐닉하면 인간은 현존감에 결핍을 느낀다. 결국 미적경험은 현실적 존재로서의 소비자가 추구하는 가치 지향점이 된다. 소비자가 인간 현존 설계자로서 존재하게 된다.

이제 기술미학이 진보되는 기술중심 예술화사회에서는 UI/UX 가 아닌 EXExistence eXperience가 중요해졌다. 현존경험을 추구하는 고객이 중심이 되는 사회다.

"마블 유니버스처럼 팬덤을 만들고 고객이 브랜드와 함께 자신이 원하는 세계를 확장해가는 즐거움을 누리게 하고 싶다면, 2021년을 CXCustomer eXperience, 고객경험 혁신의 원년으로 삼아야 할 것이다."

서울대 소비트렌드분석센터는『트렌드 코리아 2021』을 통해 위와 같이 선언한 바 있다. 저자는 여기서 더 나아가 고객 현존경험EX의 극대화가 기술중심 예술화사회를 지배할 원년을 예고할 것이다.

● 하이데거의 현존재

실존주의Existentialism는 인간 존재와 인간적 현실의 의미를 구체적인 모습에서 다시 파악하고자 하는 사상운동이다.

> "인간에게서 중요한 것은 실존이지,
> 이성이나 인간성과 같은 보편적 본질이 아니다."

실존주의는 철학뿐 아니라 정치, 사상, 예술 등에 걸쳐 있다. 실존은 '인간의 현실존재', '진실존재'를 의미한다.

> "본질이란 가능존재이며 현실존재와 구별된다.
> 본질은 초시간적 존재인 데 반해 현실존재는 시간적 존재다."
> – 키르케고르

실존Existence의 개념은 19세기 중반 덴마크 사상가 키르케고르Kierkegaard, 1813~1855에서 유래했다. 이후 키르케고르의 영향을 받은 하이데거Heidegger, 1889~1976는 존재를 시간의 관점에서 해설한『존재

키르케고르Kierkegaard, 1813~1855
키르케고르는 '실존'의 개념을 설명하여 실존주의를
발전시켰다.

와 시간』을 발표했다. 그는 기술중심적 사유가 모든 사물과 인간을 유
용성이나 효율성의 이름으로 객관화하고, 계산하고, 통제하고, 활용
대상으로 보는 시선과 태도를 철저히 비판했다. 하이데거는 현존재를
"시간과 함께, 시간 속에서 자신의 삶을 살아가는 존재자"로 정의했
다. 무엇보다 하이데거는 예술에 대해 다음과 같은 정의를 내렸다.

"예술작품은 세상을 바꾸는 새로운 무언가가
그 자체로서 존재하도록 허용하는 것이다."

하이데거Martin Heidegger, 1889~1976
하이데거는 현존재 개념으로 현상학과 실존주의에
큰 영향을 미쳤다.

마스터피스 **전략**

요한 람베르트 Johann Lambert, 1728~1777
본질을 직관에 의해 파악하고 기술한다는 현상학의
개념을 정립한 철학자

현상학Phenomenology은 독일의 물리학자이자 철학자 요한 람베르트 Johann Lambert, 1728~1777가 1764년에 본체의 본질을 연구하는 '본체학'과 구별하여 본체의 현상을 연구하는 학문을 '현상학'이라 부르면서 처음 그 용어를 사용했다.

현상학은 칸트, 헤겔, 후설의 계보를 이어 가이거, 팬더, 라이나하, 셀러, 하이데거, 베커 등 현상학파로 불리는 철학으로 연계되었다. '사상 그 자체로'라는 표어처럼 '본질을 직관에 따라 파악하고 기술한다'라는 지향성을 갖고 있다. 현상학자들의 이러한 '본질 파악 방법'은 논리학, 윤리학, 심리학, 미학, 사회학, 법학 등의 분야에 영향을 미쳤다.

수세기에 걸쳐 향유되었던 실존주의와 현상학의 의미를 기술중심 예술화사회에 다시 살펴보는 이유는 무엇인가? 여기에 EX현존경험의 함의가 담겨 있기 때문이다. 실존주의 사상가들은 인간의 구체적인 삶을 현상학적으로 기술하면서 인간 존재에 대한 형이상학적 탐구를 시도했다. 고객 현존재의 체험을 극대화하며 실존을 파악하는 사고체계는 21세기에 보다 정교하게 적용될 수 있다.

미래 기업경영에 있어 실존주의 철학이 던져주는 메시지의 소비자, 조직구성원, 기업 자체에 대한 실존적 함의는 다음과 같다.

첫째, 인간으로서의 현존감을 경험하는 데 영향을 미치는 중요한 조건은 무엇인지에 대한 근본적 통찰이 필요하다.

둘째, 기업이 하나의 인격체로서 스스로 기업 현존감을 경험한다는 것은 기업 목표달성과 이윤확보 과정에서 소비자와 조직구성원과의 실존적 관계형성에 성공했다는 것인데, 이 역시 이를 가능하게 하는 지속가능한 방법을 찾아야 한다.

셋째, 우리 앞에 놓인 기술중심 예술화사회는 예술과 미학의 원리가 소비자, 기업, 조직구성원 모두에 적용되어야 한다는 인식이다.

● 화이트헤드의 미적경험과 현존

영국의 철학자이자 과학자 화이트헤드Whitehead, 1861~1947는 "미적경험이 인간의 고유한 가치경험의 양식이면서 그 가치는 실재 자체의 보편적 속성일 수 있다"고 보았다. 미적 느낌을 극대화하는 경험을 통해서만이 인간으로서 현존이 가능하다는 것이다.

화이트헤드는 "세계를 구성하는 현실적 존재들은 모두 현실적 계기Actual occasion"라고 했다. 이는 "불변하고 존속하는 실체"가 아닌 "발생하고 생성하는 사건"이라는 것을 의미했다. 인간의 찰나의 경험을 '계기'의 예시라 보았다.

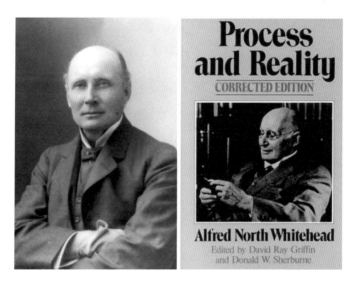

화이트헤드와 그의 저서『과정과 실재』
화이트헤드는 주체로서 존재하는 인간 자신의 경험을 중시한다.

화이트헤드는 경험을 "과거를 수용하고 스스로를 구성해서 미래에 영향을 끼치는 것"으로 보았다. 그는 결국 인간이 현실에서 존재한다는 것은 인간 자신의 경험을 기초로 행위주체로서의 현존을 구성한다고 주장했다. "현상적인 것으로서의 객체는 주체를 위해서만 존재한다. 오직 주체만이 자기 자신 자체로서 존재한다"라는 명제가 성립된다.

화이트헤드의 합생合生 과정철학Process philosophy(변화와 발전을 갖는 형이상학적 실재를 밝히는 것)에 따르면, 우리가 눈 뜨고 사물을 인지하는 그 순간, 새로운 인식 내용이 순간적으로 합쳐지면서 새로운 과정으로서의 생명이 구성된다.

1초가 지나 다시 오감으로 감지하는 그 순간에는 달라진 상황이 감지되면서 다시 나라는 실존이 형성된다. 이처럼 서양철학사에서는 독보적으로 합생을 통해 실존을 구성하는 인간이라는 새로운 현존 개념을 발표했다. 이는 도교나 불교에서 논의되는 기본적 세계관에 가까운 서양철학이라고 할 수 있다.

기업 차원에서 보면 어떤가? 소비자가 경험하는 기술은 생산자의 제품/서비스가 하나의 시간단위 안에서 합생을 만들어가는 과정이 된다. 적합성이 확보되면 살고, 그렇지 않으면 그 과정 자체로서 소비자의 욕망이 제품/서비스에 합해지는 것이 중요한 실존의 이슈가 된다.

기업은 제품/서비스를 만들기 전에 합생의 요소를 파악하고, 그것이 진화의 어느 지점에 있는 것인지를 미리 상상해야 한다. 이것이 미학경영의 핵심이다.

신新실존주의 Neo Existentialism

실존주의Existentialism라는 용어는 1930년대 사르트르가 '인간 주체성'을 강조하고 새로운 철학을 주창하기 위해 처음 명명했다. 그 배경을 보자. 1차 세계대전에서 독일은 패전을 경험하면서 사회적 위기감에 직면했다. 여기에서 인간 소외적인 사회상황은 2차 세계대전으로 더욱 만연해졌다. 사람들은 전쟁의 참혹함, 피폐해진 생활, 빈곤을 겪으며 심리적인 초조와 불안, 미래를 알 수 없는 인생 자체에 대한 공포와 절망을 느꼈다.

당시 사람들은 삶의 부정적인 경험 속에서 현실을 살아내야 하는 실존을 마주하게 된 것이다. 사르트르 이전에 야스퍼스는 『세계관의 심리학』, 하이데거는 『존재와 시간』을 통해 실존철학을 예고했다. 이러한 실존철학의 사조는 이미 19세기 중반 키르케고르와 니체에 의해 주창되었다.

실존주의의 등장 이후 약 100년이 지난 지금, OECD국가는 소득수준 4만 달러 이상의 고소득 경제를 이루고 있지만 국가별, 개인별 빈부격차는 여전히 존재한다. 물질적 풍요를 누리는 중산층의 비율은 높아져가고 있으나, 인간의 병리적 현상을 겪어내는 상황은 여전히 존재한다. 그러한 상황에서도 인간은 고도로 자아실현과 자아초월감을 추구한다. 고급화된 감정을 추구하고, 나만을 위한 소비 만족도에 집중하는 시대를 살아가고 있다.

'지금 여기Here and now', 즉 현재에 맞닥뜨린 인간으로서 살아내는 지금 내 모습, '지금 이렇게 살아가는 인간'을 찾아나서는 주체적 인간으로서 신新실존주의를 새롭게 정의 내려야 할 필요가 있다.

21세기는 인터넷과 게임, 메타버스 등 디지털 세상이 물리적 세상 못지않게 인간에게 실존의 맥락으로 다가와 있다. 현재의 소비자들은 디지털 공간에서 살아간다. 100년 전 전쟁의 공포 속에서 생존해내야 했던 물리적 세상과 달리 AR, VR 등 게임 속 허구적 세상에서 실존적 체험을 한다. 쇼핑도 온라인 공간에서 한다.

실제 세계와 가상 세계에서 인간의 모습은 다를 수 있다. 한 인간이 맞닥뜨린 실존 상황이 온라인 세상에서는 전혀 다르게 펼쳐질 수 있다는 것이다. 예컨대 물리적 환경이 열악하고 경제수준이 높지 않더라도 인스타그램에 자신을 고급스럽게 꾸미거나 보다 좋은 모습을 보여주는 등 자신의 욕망을 표현한다. 그렇게 자기만의 가상공간을 만들어간다.

소비자는 정신적으로나 문화적으로 디지털 공간 안에서 많은 시간을 보낸다. 인터넷을 통해 예술적 행위를 하고, 스스로 하고 싶거나 추구하는 일을 표현한다. 오늘날의 소비자는 이러한 '새로운 실존 상황'에 놓여 있다. 소비자는 단지 의식주를 해결하는 자아가 아니다. 자아창조의 행위로서 아바타/가상/인터넷 활동을 추구하면서 물리적 시공간을 극복하고 자신의 삶을 만들어가는 새로운 실존 상황을 경험한다.

1세기 전의 실존주의가 비참한 인간 현실, 현존에 대한 자각이라면, 21세기의 신新실존주의는 인간에게 부여된 문화예술적 현존에 대한 자각이다. 이는 스스로를 발현하는 '목표지향성으로서의 인간 현존감'이다. 자아실현, 자기초월, 예술표현의 실존이 되는 것이다.

기업은 이러한 소비자의 실태를 제대로 분석하고, 소비자의 미학적 경험을 설계해야 한다.

Aura = original × Unique

1-2

벤야민의 아우라, 원본과 유일성의 가치

소비자가 제품/서비스의 기능성을 넘어

심미성과 정체성, 현존성을 구매하는

예술화사회^{Art Society}가 도래함에 따라,

원본의 아우라는 오늘날 기업과 브랜드가 좇는 가치의 실체가

무엇인지 밝히고 있다.

2020년 10월 애플은 첫 5G 모델 출시 2주 만에 세계 5G 스마트폰 시장에서 1위를 차지했다. 아이폰의 두 모델이 각각 16%와 8%로 1, 2위를 차지했는데, 뒤이은 타사 제품이 3%, 4%대의 수치를 보여 큰 격차를 보여주었다.

2020년 1분기 프리미엄 스마트폰 시장에서 애플의 점유율은 무려 57%였다. 2위를 기록한 삼성의 19%와 비교하면 독보적인 성과다. 기술과 디자인에서 치열한 전쟁이 벌어지고 있는 스마트폰 시장에서 애플이 이토록 선전할 수 있는 힘은 무엇일까? 이는 바로 원본의 '아우라'가 갖는 특수한 힘이다.

● 벤야민의 아우라

20세기 독일 철학자 발터 벤야민Walter Benjamin, 1892~1940은 종교적 차원에서 논의되던 아우라Aura를 예술의 영역으로 가져온다. 벤야민은 신성한 빛, 영기靈氣 등을 의미했던 아우라를 예술작품의 유일무이한 현존성과 진품성으로 재정의했다. 아우라를 복제품으로는 모방할 수 없는 원본의 속성으로서 설명했다.

벤야민은 기계생산 시스템에 의해 예술 복제품들이 만들어짐에 따라 예술의 대중화가 이루어졌으나, 원본의 아우라만은 복제될 수 없음을 지적했다. 이는 간단한 인터넷 검색만으로도 〈모나리자〉를 감상할 수 있는데도 매년 수백만 명의 인파가 루브르 박물관으로 몰리는 이유를 잘 설명해준다. 그러나 오늘날에는 예술작품이 물리적인

마우리치오 카텔란Maurizio Cattelan, 〈Comedian〉, 제작년도 2021년(왼쪽) /
전시된 〈Comedian〉의 바나나를 먹는 행위예술가 데이비드 다투나David Datuna(오른쪽)
출처: www.bbc.com

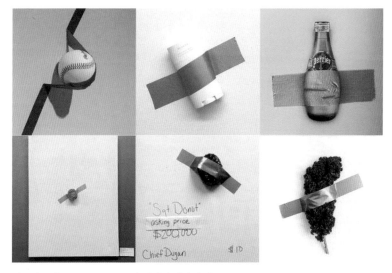

인스타그램 @cattelanbanana에 게시된 패러디 작품들
출처: www.instagram.com/cattelanbanana/

원조의 아우라

오늘날 아우라는 물리적 원본이 아닌 발상과 개념일 수 있다. 누구나 사물과
테이프를 이용하여 물체를 벽에 고정시킬 수 있지만, 결국 원본인 '벽에 붙인
바나나'로 사고思考가 이어지게 된다.

원본과는 무관하게 그 '개념'의 가치가 논의되고 있다. 현대 미술에서 아우라 역시 개념의 형태로 현존한다.

● **원조의 아우라, 바나나와 애플**

2019년 포장테이프로 벽에 붙인 바나나가 〈코미디언〉이라는 작품으로 1억 5천여만 원에 거래되면서 세간의 이목을 끌었다. 흰 벽에 회색 테이프로 붙인 평범한 바나나가 고가의 예술작품이 되었다는 사실도 화제였지만, 이를 한 행위예술가가 먹어버림으로써 또 한 번의 소동이 일어났다. 그러나 그 소동은 간단히 해결되었다. 행위예술가 측은 다른 바나나를 다시 붙여놓으며 바나나는 발상일 뿐이고 작

애플 아이폰 첫 공개 프레젠테이션
애플은 아이폰을 공개함으로써 스마트폰의 정체성을 확립했다. 이는 이후 많은 경쟁제품 사이에서도 애플이 경쟁력을 잃지 않도록 돕는다.
출처: https://podcasts.apple.com/kr/podcast/apple-keynotes/

품이 파괴된 건 아니라고 답한 것이다. 이와 같이 오늘날 아우라는 물리적 원본이 아닌 발상과 개념일 수 있다.

소비자가 제품/서비스의 기능성을 넘어 심미성과 정체성, 현존성을 구매하는 예술화사회Art Society가 도래함에 따라, 원본의 아우라는 오늘날 기업과 브랜드가 좇는 가치의 실체가 무엇인지 밝히고 있다. 애플 아이폰의 매력과 가치는 도대체 무엇이길래 더 좋은 스펙과 가벼운 무게로도 쉬 경쟁할 수 없는 것일까?

이는 애플이 스마트폰이라는 제품 개념 자체의 온전한 아우라를 선점했기 때문이다. 2007년 스티브 잡스는 아이폰으로 '스마트폰'의 개념을 대중에 각인시켰다. 아이폰을 필두로 스마트폰이라는 단어가 대중화되었으며, 세계의 휴대전화 시장은 전복되었다. 등장과 동시에 기능성과 심미성, 정체성과 현존성까지 모두 갖추었던 아이폰은 스마트폰의 원본이 된 것이다.

예를 들어, 우리가 '의자'라는 개념을 떠올릴 수 있는데, 이때 그 개념의 원본은 누군가 특정인이 소유한 고유 개념이 될 수는 없다. 왜냐하면 앉을 수 있다는 의자라는 제품의 기능성은 만인의 공유물이기 때문이다. 따라서 고유화할 수 있는 원본의 아우라는 대부분 제품의 심미성, 생산자의 정체성, 소비자가 경험하는 현존성 측면에서 발현되는 것이다. 즉, 아르네 야콥센의 〈달걀 의자〉, 핀율의 〈치프테인 체어〉처럼 의자라는 제품에 대해 새로운 원본을 창조할 수 있는 것이다.

그러나 그 개념 자체가 특정한 원본의 그늘에 있을 때, 이를 뛰어넘는 경쟁은 고될 수밖에 없다. 모방은 쉽다. 벽과 테이프만 있다면

아르네 야콥센의 〈달걀 의자〉(왼쪽) **/ 핀율의 〈치프테인 체어〉**(오른쪽)

우리는 손쉽게 어떠한 물체라도 벽에 붙일 수 있다. 그러나 이러한 시도는 결국 원본 '벽에 붙인 바나나'를 떠올리는 것으로 이어진다. 더 예쁜 테이프를 사용하고, 더 기상천외한 방법으로 벽에 붙이더라도 원본에 대한 오마주와 패러디로 이어질 수밖에 없는 것이다.

제품/서비스 역시 마찬가지다. 더욱 좋은 기술을 첨가하고 아름다운 색상과 색다른 디자인을 시도한다 해도, 원본의 아우라를 지닌 제품/서비스의 그늘에 자리하게 된다. 작품이나 제품이 개선되어도 그 발전이나 변형이 경쟁자가 보유한 원본의 발전으로 회귀된다면? 이 얼마나 어렵고 고된 싸움이겠는가?

● 아우라에 대한 열망, NFT

아우라에 대한 인간의 열망을 보여주는 사례가 있다. 바로 NFT^{Non-Fungible Token, 대체불가토큰}이다. 디지털 미디어 시대에 생산, 공유되는 디지털 콘텐츠들은 원본의 힘을 잃어갔다. 원본은 무한복제가 가능해졌으며, 원본과 복제품의 차이를 식별하기도 어려워졌다. 원본의 특수성과 가치를 더 이상 보존하기가 어려워진 것이다. 디지털 미디어 시대에 아우라가 소멸해가고 있었던 것이다.

이러한 상황 속에 등장한 NFT는 디지털 자산의 원본성을 입증하고 보호하기 시작했다. 블록체인 기술을 활용한 디지털 토큰인 NFT는 디지털 파일과 연결되어 거래이력과 소유정보를 기록하고 보존한다.

NFT 시장은 빠르게 성장하고 있다. 불과 몇 달 만에 4천 억 규모의 시장이 되었다. 인터넷에 떠돌던 밈^{Meme}과 트윗^{Tweet}이 수억 원에 팔리기 시작했다. 누구나 손쉽게 다운로드만으로도 소유할 수 있는 디지털 파일들에 대해 기꺼이 높은 대가를 지불하겠다는 것이다. 가품 속에서 진품을 구분해내고, 유일성을 보증하고, 원본을 소유하고 싶은 인간의 욕구를 보여준다. 원본의 아우라가 상실될 위기에 처하자, 인간은 기술로 아우라를 생산해내고 있다.

다음 그림은 디지털 아티스트 비플^{Beeple}의 〈Everydays: The First 5000 Days〉라는 작품이다. 2021년 3월 크리스티 경매에서 700억 원이 넘는 가격에 거래되어 가장 비싼 NFT 경매가를 기록했다. 이는 모네와 피카소의 작품 경매가에 비견하는 금액이다. 이제 이 작품의 가

Beeple, 〈Everydays: The First 5000 Days〉, 제작년도 2021년
출처: onlineonly.christies.com

NFT, 기술로 아우라를 만들어내다

NFT는 가품 속에서 진품을 구분해내고, 유일성을 보증하고, 원본을 소유하고 싶은 인간의 욕구를 보여준다. 2021년에 민팅Minting(NFT를 생성하고 분양)된 이 NFT 작품은 누구나 이미지를 볼 수 있지만, 원본 파일이 가지는 가치는 NFT 소유주만 향유할 수 있다.

치는 복사할 수 없다. 유일한 원본의 아우라는 오직 작품의 NFT 파일에만 있다. 이 NFT 파일은 그 존재만으로 원본을 제외한 모든 파일이 무가치한 복사본임을 증명하고 있다.

Neo-existentialism × Catharsis

1-3

아리스토텔레스의 카타르시스와
신실존주의의 신카타르시스

인간이 더욱더 가치 있는 삶을 살도록 기여한다는 측면에서

고대 미학자들의 예술에 대한 정의를

기술중심 예술화사회에 접목해본다면 어떨까?

제품/서비스를 경험하는 소비자의 삶에 한층 더 큰 감동,

즉 카타르시스를 불러올 수 있지 않을까?

● **감동 위계 피라미드/감동 효과 사분면 모델/생산과 소비의 공진화/감동-산업 MAP 그 이후**

2017년 저자는 이화여대 경영예술연구센터 연구팀과 함께『경영예술』에서 "제품과 서비스로도 예술작품의 경지에 이르는 감동을 이끌어낼 수 있다"는 점에 주목했다. 저자는 경영예술의 감동 위계 피라미드를 다음과 같이 제시했다.

- 1단계: 필요 기능성Function
- 2단계: 감각적 관능성Beauty
- 3단계: 창작자 정체성Identity
- 4단계: 감상자 현존성Being

이와 함께 각 단계별 '도덕적 판단 → 미적 관능성 판단 → 미적 정체성 판단 → 미적, 도덕적 판단'의 3차원의 감동 위계 피라미드를 제시했다. 이 네 가지 요소를 모두 충족해야 고객에게 감동을 일으킬 수 있는 '경영예술의 최고 지향점'에 다다를 수 있다고 보았다.

'고객이 감동을 느끼게 되면 제품을 재구매하게 되고 타인에게 추천까지 하게 되는 행동'으로서 '감동 효과 사분면 모델'도 제시했다. 무엇보다 소비자들이 기존 제품/서비스로부터 겪고 있는 불편한 점Pain point과 잠재적 쾌감자극Pleasure point을 만족시키는 기존의 경영전략이 아니라, 고객들의 욕망을 만족시키는 것을 넘어, "전존재적으로 고객에게 최대한의 감동을 선사할 수 있는 방향으로 진화해야 한다"고 논지를 밝힌 바 있다. 그래서 '생산자와 소비자의 공진화' 개념을 아래와 같이 주장했다.

"생산자는 소비자들에게 감동을 주고, 감동을 받은 소비자들이 지속적 소비를 통해 생산자의 재무적, 비재무적 성과에 긍정적 영향을 미치며, 역으로 매출 성과와 자신의 존재 이유에 대해 감동한 생산자는 다시 새로운 제품, 서비스 생산을 위한 동력을 받고 새롭게 소비자들을 감동시켜 생산자와 소비자의 선순환 구조를 만들 수 있게 되는 것이다."

또한 '감동 효과 사분면 모델'과 '감동-산업 MAP'을 통해 "진화하는 소비자들의 역치(閾値: 반응을 일으키는 데 필요한 최소한의 자극)를 전존재적으로 감지해 시대적 흐름을 따라갈 필요가 있으며, 소비자가 현존성을 느낄 수 있는 4단계 감동 요소의 최정상을 목표로 삼아 소비자와 생산자가 공진화할 수 있는 방향으로 나아가야 할 것이다"라고 했다.

그 후 경영트렌드와 세상은 어떻게 진화했을까? 필립 코틀러 Philip Kotler, 1931~는 2020년 『리테일 4.0』을 통해 디지털 기술이 가속화하는 가운데 고객은 수신자가 아닌 공동 제작자라고 했다. 코틀러는 고객경험의 완전한 우위와 높은 기대치를 주목했다.

코틀러는 이제 고객경로는 5A, '인지Aware, 호감Appeal, 질문Ask, 행동Act, 옹호Advocate'의 새로운 모델로 접근해야 한다고 보았다. 고객이 자신만을 위한 제품을 만드는 데 참여하고, 그를 통해 자신의 정체성과 현존성을 표현할 수 있는 시대가 되었다.

● 고객감동이 CEO 신년사의 키워드가 되는 시대

2021년 한국 주요 그룹 총수들의 신년사를 보자. 초유의 코로나 19 팬데믹과 세계적인 경제위기를 극복하기 위한 경영방침의 키워드로 '고객감동, ESG, 신사업, 사회적책임'이 공통적으로 등장했다.

고객중심 경영을 강조한 그룹들의 신년사를 우선 살펴보자(《매일경제신문》2021년 1월 4일자).

"우리의 모든 활동은 고객 존중의 첫걸음인 품질과 안전이 확보되지 않는다면 아무런 의미가 없다."(현대차그룹 정의선 회장)

☞ 현대차그룹은 고객감동의 필요 기능성에 초점을 맞추고 있는 것으로 보인다.

"더 많은 고객에게 감동을 확산하면서 팬층을 두껍게 만들어야 한다. 사람들의 생활방식이 더욱 개인화되고 소비패턴도 훨씬 빠르게 변하면서 고객 안에 숨겨진 마음을 읽는 것이 더욱 중요해졌다. 이제는 고객을 더 세밀히 이해하고 마음속 열망을 찾아 이것을 현실로 만들어 고객감동을 키워갈 때다."(LG그룹 구광모 회장)

☞ LG그룹의 경영철학은 미학경영의 고객감동 차원에 가장 근접해 있는 것으로 보인다. '숨겨진 마음'은 제품 전체에 대한 소비자의 정체성을

공감하겠다는 의지로 보인다. '마음속 열망을 찾는 것'을 넘어서 제품을 이용하는 고객의 삶에서 현존감에 대한 다양한 상황을 읽어낼 수 있는 접근이 필요하다. 그래야 진정한 고객감동이 나올 것이다.

"고객의 변화와 필요에서 모든 사업이 시작된다는 고객 중심 사고를 확립해야 한다."(GS그룹 허태수 회장)

☞ GS그룹 역시 고객감동의 필요 기능성 단계에서 출발하고자 하는 의지가 엿보인다.

"효성은 항상 신뢰할 수 있는 제품을 만드는 정직한 브랜드, 가격이 아닌 차별적 가치를 제공하는 혁신의 브랜드라는 굳은 믿음을 고객에게 심어줘야 한다. 그 믿음은 고객은 물론 나아가 최종 소비자에게까지도 전파돼야 한다."(효성그룹 조현준 회장)

☞ 효성그룹은 필요 기능성에서 '감각적 관능성'으로 혁신을 주도하고자 하는 단계에 와 있는 것으로 보인다.

"철저히 '고객중심'의 초심으로 돌아가 고객의 변화를 정확하게 이해하고 반영해야 한다. 고객에게 매력적인 '강한 브랜드'를 만드는 데에 집중해야 한다."(아모레퍼시픽 서경배 회장)

☞ 아모레퍼시픽 역시 필요 기능성에 주목하고 있다.

국내 주요 기업들은 '고객감동'을 경영의 주요 방침으로 제시하고 있다. 하지만 감동 위계 피라미드로 본다면, 아직 국내 기업은 몇몇 기업을 제외하고는 1단계 필요 기능성에 머물러 있는 수준이다. 한국 기업이 '2단계 감각적 관능성', '3단계 창작자 정체성', 즉 생산자의 정체성, '4단계 감상자 현존성', 즉 소비자의 현존성이 미적, 도덕적 판단의 최고 지향점까지 가기 위해서는 이제 새로운 경영 패러다임인 미학경영으로 전환해야 한다.

● 고객구매경험 강화를 넘어

고객 중심 경영전략이 디지털 트랜스포메이션과 결합했을 때 미래 기업은 어떻게 공진화할 수 있겠는가? 코로나19의 위기상황에도 뛰어난 매출실적을 보인 기업의 사례를 살펴보자. 블룸버그에 따르면, 세계 최대 다국적 소매기업 월마트Walmart의 2020년 3분기(8~10월) 매출 실적은 1,347억 달러(한화 약 150조 원)였다. 2019년 3분기 매출(1,280억 달러) 대비 5.2% 성장한 실적이다. 3분기 영업이익 역시 전년도 동기 대비 58억 달러로 22.5% 증가했다.

코로나19 여파로 오프라인 유통업체들이 위기에 처한 상황에서 월마트는 실적을 올렸다. 그 중심에는 온라인 전자상거래 매출이 있었는데, 2019년 대비 79% 증가했다. 월마트는 대규모 매장의 일부를 온라인 주문을 처리하는 '세미 다크 스토어Semi Dark Store'로 개편했다. 온라인으로 주문한 뒤 드라이브스루로 상품을 픽업하는 '커브사이드 픽업Curbside pickup' 서비스도 제공했다. 또한 충성도 높은 고객을 위한 멤버십 제도를 도입하기도 했다.

이러한 월마트가 준수하고 있는 고객응대 방침을 주목하자.

"첫째, 고객은 언제나 옳다.

둘째, 고객은 언제나 옳다.

셋째, 고객은 언제나 옳다.

만약 고객이 옳지 않다고 생각하면

첫째 항목을 참조하라."

월마트는 2017년 12월, 48년간 유지해온 사명을 기존 '월마트 스토어Walmart Store'에서 '월마트Walmart'로 변경했다. 사명을 변경한 것뿐 아니라 웹사이트로 상품구성, 물류배송, 고객접객, 직원교육 등을 하는 디지털 트랜스포메이션 전략을 추진했다.

월마트의 성공요인은 다음과 같이 분석된다.

- 고객의 라이프스타일과 구매경험을 강화하는 고객중심Custo-mer Focus
- 매장의 디지털 혁신과 온오프라인의 끊김 없는 고객구매경험 Seamless Experience 강화를 위한 IT기업과의 제휴와 다양한 혁신기술 도입 및 활용

디지털 이니셔티브 그룹의 2020년 분석에 따르면, 디지털 트랜스포메이션을 위한 월마트의 기술제휴 사례는 다음과 같았다.

- 마이크로소프트의 인공지능과 머신러닝을 활용한 판매데이터 분석을 기반으로 개인화된 맞춤 서비스 제공, 자동결제 기술을 기반으로 한 무인매장 서비스 개발
- 구글의 음성비서 서비스인 구글 어시스턴트Google Assistant를 통한 상품 구매, 고객편의성 강화를 위한 부가서비스
- 구글의 자율주행자동차회사 웨이모Waymo와 제휴해 자율주행차를 타고 매장방문을 한 후 구매한 상품을 집으로 가져가는 서비스 제공
- IBM과 블록체인 기술을 활용해 식품유통이력 추적시스템을 구축하여 신선식품의 공급망 관리 및 식품안전관리를 통한 실시간 서비스 제공

이와 같이 월마트는 고객중심 전략과 디지털 트랜스포메이션 전략으로 매출을 증대시켰다. 여기서 더 나아가 미학경영을 통해 소비자에게 '와우!'의 감동을 넘어 새로운 '카타르시스' 경험을 할 수 있도록 하려면 기업은 제품/서비스를 어떻게 제공해야 할까? 카타르시스는 경영 차원에서 어떻게 정의 내려볼 수 있을까?

● **아리스토텔레스의 카타르시스**

카타르시스의 어원은 고대로 거슬러 올라간다. 『시학』으로 잘 알려진 고대 그리스 철학자 아리스토텔레스Aristotle, BC 384~BC 322는

미학을 체계적으로 연구했는데, "미학을 인식의 안전한 지평으로 인도한 사람"이라고 칸트Immanuel Kant, 1724~1804는 평가했다. 『시학』에서 아리스토텔레스는 다음과 같이 카타르시스를 정의했다.

"비극은 진지하고 일정한 길이를 가지고 있는 완결된 행동을 모방하는 것이며, 쾌적한 장식이 된 언어를 사용하고 각종 장식은 각각 작품의 상이한 여러 부분에 삽입된다. 그리고 비극은 희곡의 형식을 취하고, 서술적 형식을 취하지 않으며, 연민과 공포를 통해 감정의 카타르시스를 행한다."

아리스토텔레스의 카타르시스 개념이 종교적 제의와 피타고라스학파의 견해에서 유래했다고는 하나, "감정의 카타르시스를 감정의 해방, 즉 자연적인 심리적, 생물학적 과정으로 보았다"고 후대 미학자들은 평가했다.

아리스토텔레스의 다음 주장을 통해 예술에 대한 그의 관점을 읽어보자.

- "예술은 인간 최고의 목적인 행복을 성취하는 데 기여한다."
- "예술은 감정의 카타르시스를 야기할 뿐만 아니라, 즐거움과 오락도 제공한다."
- "예술은 도덕적 완전함에 기여한다."
- "예술은 감정을 불러일으키는 것이다."
- "시의 목적은 마음을 보다 움직이게끔 만드는 것이다."

인간이 더욱더 가치 있는 삶을 살도록 기여한다는 측면에서 고대 미학자들의 예술에 대한 정의를 기술중심 예술화사회에 접목해본다면 어떨까? 제품/서비스를 경험하는 소비자의 삶에 한층 더 큰 감동, 즉 카타르시스를 불러올 수 있지 않을까?

● 신新실존주의의 신新카타르시스

저자는 앞에서 21세기 생산자와 소비자가 맞이하게 된 신新실존주의를 다음과 같이 설명했다.

> "신新실존주의는 인간에게 부여된
> 문화예술적 현존 상황으로
> 자아실현, 자기초월, 예술표현을 통한
> 목표지향성으로서의 인간 현존감이다."

일본 철학자 모리오카 마사히로는 『무통문명』에서 자본주의 산업사회는 신체의 욕망, 소유의 욕망의 결과로 '무통문명無痛文明'이 되었다고 지적한 바 있다. 인간이 원천적으로 부여된 고통을 줄이기 위해 발견과 발명을 해왔다는 것이다. 그는 이러한 무통문명을 하나의 병리현상이자 악몽이라고 단정한다. 그러면서 마사히로는 인간이 생명의 기쁨을 깨닫기 위해서는 고통을 견디며 생명을 소중히 여겨야 한다고 강조한다.

앞으로 인류가 맞이하게 될 사회의 모습은 과연 어떠할까? 마사히로가 말하는 '무통문명'과 더불어 롤프 옌센이 말하는 '드림 소사이어티', 그리고 인류가 발전시켜온 '아트 소사이어티'가 결합된 사회가 되지 않을까? 저자는 이를 기술중심 예술화사회로 보았다.

기술중심 예술화사회, 신新실존주의 시대에 인간은 새로운 카타르시스에 기반한 현존감을 느끼게 될 것이다. 비극적, 병리적 카타르시스가 아니라 신新카타르시스가 부각되는 시대다. 기업은 소비자에게 신新카타르시스를 제공할 제품/서비스를 새롭게 설계해나가야 할 것이다.

예컨대, 기업은 앞서 사례로 들었던 유튜버 '인터넷 아버지' 역할과 같은 아바타를 제공해주며 채널을 활성화하고, 소비자의 삶 가운데 실존이 될 수 있는 제품/서비스를 창작하기 위해 고민해야 할 것이다.

● 신新카타르시스 시대

1998년 마틴 셀리그먼Martin Seligman, 1942~이 미국심리학회APA 회장으로 취임하면서 새로운 심리학 분야가 시작되었다. 인간의 긍정적인 심리적 측면을 과학적으로 연구하고 인간의 행복과 성장을 지원하는 '긍정심리학'이 등장했다. 종래의 심리학은 정신질환에 초점을 둔 정신분석 또는 행동주의를 기반으로 한 것이었다. 미하이 칙센트미하이Mihaly Csikszentmihalyi, 1934~2021의 '몰입 이론'과 크리스토퍼 피터

슨Christopher Peterson과 마틴 셀리그먼Martin Seligman이 공동연구한 '성격 강점과 덕목 분류'가 긍정심리학의 주요 방법론에 기여했다.

그로부터 20여 년이 지나오면서 병리학적으로 접근했던 기존 심리학이 긍정심리학으로 빠르게 대체되었다. 비극을 통해 인간의 실존을 경험하는 카타르시스 개념은 비극적 연극을 감상하는 감상자의 정서뿐 아니라, 부정적 상황인식으로부터 탈피하면서 인간이 한 번도 느껴보지 못한 자극을 통한 소비자의 현존감을 반영하는 것이다.

신新카타르시스는 다음과 같이 정의할 수 있다.

"신新카타르시스는 인간이 한 번도 느껴보지 못한 자극을 통해 현존을 느끼고, 생명경험을 통해 아우라와 카타르시스를 느낄 때 가장 정화되고 생명력을 발휘하는 상태다."

이 신新카타르시스가 경영현장에 적용되는 것은 다음과 같이 정의할 수 있을 것이다.

"신新카타르시스가 경영현장에 적용되는 것은, 생산자와 소비자가 제품/서비스를 생산하고 소비할 때 현존감을 극대화하면서 미적, 도덕적 판단으로 가져올 수 있는 생명경험 상태다."

이는 인간이 가장 인간다움의 현현을 실현하는 상태가 되는 것이다. 앞에서 소개한 벤야민의 아우라 개념에서 살펴봤던 신新아우라,

21세기 신新실존주의에서의 신新카타르시스가 결합한다. 이러한 제품/서비스는 생산자와 소비자 현존재자 모두에게 매력적 감동을 선사할 것이다.

● 21세기 신新실존주의

신新아우라 + 신新카타르시스 = 생산자와 소비자 현존재의 매력적 감동

페이스북 창업자이자 CEO 마크 저커버그는 2020년 9월 온라인으로 열린 연례행사 '페이스북 커넥트'에서 다음과 같이 말했다.

"코로나19가 터진 뒤 첫 회의를 VR로 진행했다. 영상회의 때보다 내용을 잘 기억하는 이유는 동료들과 물리적으로 떨어져 있어도 아바타(가상 캐릭터)로 가상공간을 공유하며 같이 있다는 느낌을 받기 때문이다. VR기술은 일하는 방식에 큰 변화를 가져올 것이다."

100명이 넘는 아바타가 가상공간에서 콘퍼런스(대규모 회의), 공연, 전시 등 다양한 모임을 할 수 있는 VR서비스도 출시되었다. VR 개념을 확산시켜 'VR의 아버지'로 불리는 컴퓨터 과학자 재런 래니어Jaron Lanier가 개발했다.

《월스트리트저널WSJ》등 외신은 미국 실리콘밸리 IT기업들이 '차세대 줌ZOOM'으로 VR기술에 주목하고 있다고 평가했다. 저커버

저커버그와 '오큘러스 고Oculus Go'

메타버스, VR기술 그리고 인간의 현존

메타Meta CEO 마크 저커버그(위)는 사명까지 메타버스 시대에 맞게 바꾸며 기업 정체성을 변모시켰다. 메타는 페이스북, 인스타그램 등 인기 SNS 플랫폼과 함께 VR 브랜드 오큘러스Oculus(아래)를 자회사로 보유하고 있다. 메타는 가상현실 플랫폼 호라이즌월드Horizon Worlds(가운데)를 중심으로 디지털 경제 생태계를 구축하고 있다.

그는 VR기술에 대해 또한 다음과 같이 강조했다.

"포스트코로나 시대 VR은 사람과 사람을 연결해주는 핵심수단
이다. VR기술을 활용하면 모든 것을 집에서 할 수 있는 세상이 펼쳐
진다."

세상은 새로운 기술로 바뀌어가고 있다. 그러나 한편으로 이러
한 기술은 인간의 현존을 위협하기도 한다.

2010년 한 연예인이 자신의 심정을 다음과 같이 밝힌 바 있다.

"나는 진짜 존재하는 사람이라기보다
인터넷상의 아바타가 된 그런 느낌이었다.
아무 감정도 없는, 게임에 있는 캐릭터란 생각이 들었다."

인터넷 세상이 현실 세상과 동일하게 인간의 현존을 위협한 사
례다. SNS소셜 네트워크 서비스가 삶에 큰 비중을 차지하면서 '카페인(카
카오스토리, 페이스북, 인스타그램) 우울증'이라는 신조어가 유행했다.
미주리과학기술대 연구팀은 대학생 216명을 대상으로 SNS와 우울증
의 상관관계에 대해 분석했다. 결과는 다음과 같았다.

"SNS에 더 많은 시간을 쓰는 사람일수록
SNS 우울증을 앓을 확률이 높다."

왜 그럴까? 자신의 건강한 자아상을 확인하고 현존감을 높이는 대신, 타인과 비교하며 스스로를 초라하게 생각하는 것이 큰 이유였다. 인스타그램 이용자의 이용강도와 우울 간 상관관계 분석연구에 따르면, 이용강도가 높을수록 우울에 영향을 미치고, 더욱 우울해지는 경향이 있다.

SNS를 통해 타인의 소식에 빈번하게 노출될수록 우울로 이어진다는 연구결과도 있다. 인스타그램은 자신이 직접 경험하는 본인의 삶 전체 모습과 괴리가 있다는 주장(정소라·현명호, 2015)을 볼 때, 소비자의 현존감을 더욱 높일 수 있는 대안적 제품이 나와야 할 것으로 전망된다.

노스웨스턴대학에서는 스마트폰 사용에 대한 분석을 했는데 "스마트폰 사용패턴으로도 건강상태나 질병의 발병유형을 분석할 수 있다. 이를 디지털 표현형이라고 한다"고 했다.

이렇듯 물리적 현존세계를 확대 발전시켜 기술과 미디어를 통한 시공간의 극복과 자아실현을 결합하는 사람들이 등장하는 것이 신新실존주의 시대의 특징이다. 이제 기업은 소비자가 자신의 현존감을 높일 수 있는 제품/서비스를 고민해야 한다.

21세기 소비자들이 맞닥뜨리는 세계에서 미래기업은 기호소비학 차원에서 미적, 심리적 경영학의 관점을 가져야 할 것이다. 기업 입장에서는 제품/서비스에서 마스터피스 전략으로서 신新아우라 전략, 신新카타르시스 전략이 필요하다. 이를 위해서는 세 가지를 달성할 수 있어야 한다.

① 임원들의 안목 향상을 통한 실행력이다.

② 원본 독창성이 확보되어야 한다. 이를 위해서는 '분리 불가능한 정체성, 기업만의 스토리텔링, 소비맥락의 재구성 기회 제공'이 필수다.

③ IT/DT Digital Transformation, 4차 산업혁명 기술을 미학적 관점에서 활용할 수 있는 방법을 정립해야 한다. 이는 아우라 넘치는 뛰어난 기술이 확보되어야 가능하다.

미래경영은 새로운 인터넷 세상, 비대면 세상, 현실 세상을 통합할 수 있어야 한다. 소비자의 미학경험을 통합적으로 설계한다는 측면에서 고통을 줄이고 편의성을 제공해야 한다. 이때 소비자의 현존 욕구를 반영하는 게 중요하다. 이런 노력이 경영에 실익이 될 것이다.

조직구성원은 아티스트적 자기실존을 자각해야 한다. 신新실존주의적 사고로 전환하지 않고는 마켓리더의 제품을 흉내 내는 수준에 머물 수밖에 없다.

소비자는 창조적 아트슈머로서 신新실존주의적 자각상태라고 할 수 있는 적극적 의미의 자기창조를 통해 가장 '인간다움'을 현현할 수 있게 된다.

조직구성원과 소비자, 대중의 마음을 울리고 사로잡을 수 있는 힘이 있다면? 감동을 자아내는 제품/서비스. 경탄과 경외의 대상이 되는 기업. 그 비결을 '숭고崇高'에서 발견할 수 있다.

| 소비자의 미학적 경험 관련 명제 |

1-4

숭고, 영혼을 울리고 마음을 움직이는 힘

오늘의 시장은 ESG와 지속가능경영이

기업의 생존과 발전을 위해 강조되고 있다.

도덕성과 영혼의 고상함을 갖춘 기업만이

소비자의 기대를 충족시킬 수 있을 것이다.

숭고미로 마음을 움직일 수 있는 시대가 온 것이다.

● 롱기누스와 칸트의 숭고 개념

최초의 숭고 개념은 고대 그리스의 롱기누스Cassius Longinos, 217~273로부터 찾아볼 수 있다. 원래는 '높음'을 의미했던 숭고는 롱기누스로 인해 미학적 논의를 담은 새로운 의미로 사용되었다. 이후 칸트를 비롯한 철학자들의 중요한 탐구주제가 되었다.

롱기누스는 저서 『숭고에 관하여』에서 수사학적으로 상대를 움직일 수 있는 좋은 문체의 기준으로 설득에서 더 나아가 숭고를 들었다. 숭고는 위대하고 고상한 생각이나 언어다. 경외와 존경심을 일으켜 상대의 마음을 움직일 수 있는 강력한 힘이다. 숭고미崇高美에 대한 롱기누스의 말을 들어보자.

"진정한 숭고미란 내적인 힘이 작용하는 것이다. 우리의 영혼은 위로 들어 올려져 의기양양한 고양과 자랑스러운 기쁨으로 충만해진다. 숭고미는 우리가 들었던 것들에 대해 마치 우리 자신이 그걸 만들어낸 것처럼 생각하게 만든다."

이후 칸트는 『판단력 비판』(1790)에서 숭고를 다루면서 "숭고는 감상자를 감동시키는 힘"이라고 썼다. 칸트에 따르면, 숭고미를 갖추기 위해서는 거대하고 단순해야 한다.

칸트는 또한 숭고에 대해 다음과 같이 주장했다.

"숭고는 전율과 경탄,
아름다움을 수반하기도 한다."

발화자의 수사와 거대한 존재에 대한 탐구. 이러한 측면에서 롱기누스와 칸트의 숭고는 조직구성원과 소비자, 대중의 마음을 움직이는 기업이 될 수 있는 단서와 맞닿아 있는 듯하다.

그렇다면 도대체 그 숭고를 자아내기 위해서 필요한 것은 무엇일까? 롱기누스는 숭고미를 '고상한 마음의 메아리'로 표현하며 이는 '영혼의 고상함'에서 나온다고 했다. 즉, 생산자가 경외하고 존경할 만한 고상한 정체성을 갖추는 것을 전제로 한다.

칸트 역시 숭고를 도덕성과 결부시켰다. 도덕적인 감정만이 숭고한 감정이 된다는 것이다. 나아가 칸트는 "감상자가 숭고의 감정을 느끼기 위해서는 대상의 속성과 별개로 감상자의 이념이 가득 차 있어야 한다"고 했다. 이를 경영에 대입해보면 생산자와 소비자 양측의 안목과 도덕성이 맞닿았을 때 숭고가 발현되고 감상자의 마음을 울리게 되는 것이다.

이는 ESG와 지속가능경영이 기업의 생존과 발전을 위해 강조되는 오늘의 시장을 잘 설명해준다. 오늘의 소비자는 어떠한가?

- 기본적인 생존을 넘어 행복을 추구한다.
- 개인의 편의를 넘어 전 지구의 안위를 고려한다.
- 상품 자체의 스펙을 떠나 이면의 가치를 판단하기 시작했다.
- 높은 심미적 안목과 도덕적 판단 능력을 기반으로 능동적으로 생각하고 행동한다.
- 적극적으로 조직하고 연대하기까지 한다.

도덕성과 영혼의 고상함을 갖춘 기업만이 이러한 소비자의 기대를 충족시킬 수 있을 것이다. 숭고미로 마음을 움직일 수 있는 시대가 온 것이다.

● 화성이주를 꿈꾸는 전기차의 숭고미

　　테슬라는 스스로를 다음과 같이 소개한다.

　　"우리는 전기로 운행하기 위해 타협할 필요가 없다는 것, 전기자동차가 가솔린 자동차보다 빠르고 즐거운 운전경험을 제공할 수 있음을 증명하고자 하는 엔지니어들에 의해 설립되었습니다. 테슬라는 한시라도 빨리, 지구가 화석연료에 의존하는 것을 멈추고 무공해의 미래로 나아가는 것이 더 좋은 것the better이라 믿습니다."

　　테슬라의 기업 소개에 무엇이 없고 무엇이 있는가? 직원 수, 기업 규모는 나열하지 않는다. 추상적인 기업이념을 전시하지도 않는다. 다른 기업들 중에는 아예 기업이념 같은 소개는 생략하고 제품군만 홍보하는 곳도 있는데 이와 비교해보라. 확연히 다르다. 한마디로 '울림'이 있는 자기상自己像이다.

　　기업이 스스로의 가치와 목표를 어떻게 정의하느냐.

　　여기서부터 숭고를 불러일으키는가,

　　그렇지 않은가 차이가 나타난다.

테슬라 사이버트럭
출처: www.tesla.com

화성이주를 꿈꾸는 전기차의 숭고미

테슬라 사이버트럭이 출시 3일 만에 사전예약 20만 대를 달성하도록 만든 것
은 테슬라의 가치추구에 대한 소비자들의 숭고다. 테슬라는 인류와 지구의
생존을 기업의 존재목적으로 한다. 이 윤리적인 자기소개가 진정성을 주는
이유는 목적과 제품, 행보가 합일하기 때문이다.

테슬라는 인류와 지구의 생존을 기업의 존재목적으로 한다. 이 윤리적인 자기소개가 진정성을 주는 이유는 목적과 제품, 행보가 합일하기 때문이다. 맹목적 이익추구에 앞서 지속가능한 발전을 이루고자 하는 노력이 선명하게 드러난다.

물론 전기차 배터리의 원자재인 니켈, 리튬, 코발트를 채굴하고 전기차를 생산할 때 화력에너지를 사용한다. 소모된 후 버려지는 폐배터리 처리 문제도 있다. 전기차가 완벽한 친환경적 대안이 되기 위해서는 남은 과제가 많다. 이러한 전기차의 한계에 대한 비판은 2010년대 초반 테슬라의 전기차가 대중의 관심을 끌기 시작했을 때부터 지금까지 꾸준히 제기되고 있다.

그러나 테슬라는 전기자동차뿐 아니라 재생가능 에너지의 생산, 저장, 소비의 통합을 점진적으로 이루어내며 보다 효율적이고 효과적인 에너지 활용을 준비하고 있다.

나아가 테슬라는 최근 중장기 전략 발표회인 '배터리 데이'에서 대폭 절감된 전기차 시장가를 제시하며 전기차 대중화 시대를 예고했다. 전기차 시장에서는 독보적인 브랜드 파워를 보유하고 있고, 고가의 제품인 모델X의 성공으로 전체 자동차 시장에서도 포르셰에 비견하는 브랜드로 성장하고 있다는 평이 나왔음을 감안하면 가히 파격적인 행보다.

사람이 품성을 도야陶冶하듯 훌륭한 목적을 세우고 행위를 그 목적에 일치시키면서, 즉 목적과 행위가 합일하면서 숭고를 기업가치에 더한 것이다.

나아가 테슬라의 수장 일론 머스크는 스페이스X를 창업해 지구가 생존하지 못했을 시의 시나리오로 화성이주를 계획하고 있다. 머스크에 따르면, 2019년 스페이스X 본사에서 발표한 테슬라의 전기트럭인 사이버트럭Cyber Truck은 '화성의 공식트럭'이라고 한다. 사이버트럭은 발표 직후 3일 만에 20만 대가 사전예약되었다.

'지구를 떠나 새로운 행성에서 인류를 보존하겠다.'

이만큼 거대하고 경외로운 비전을 본 적이 있었던가. 이러한 머스크의 정체성은 전 세계인의 마음을 움직였다. 그 숭고의 감정 속에서 세계인들은 머스크의 입에 촉각을 곤두세우고 그의 말 한마디 한마디에 따라 움직이고 있다. 그가 사용하는 애플리케이션과 이름이 같다는 이유로 엉뚱한 회사의 주가가 하루 새 6,500% 폭등하는 해프닝이 일어난다. 머스크의 의견에 따라 가상화폐 가격이 출렁인다.

대중의 맹목적 반응에 대한 평가는 차치하고, 그 충성심과 추종은 가히 탐나는 것일 수밖에 없다. 그 힘이 부럽다면 인류를 위해 크고, 아름답고, 윤리적인 생각을 해보자. 그리고 숭고로 인류의 마음을 울려보자.

"페이팔에서 나오면서 생각했다. '돈을 벌 수 있는 최고의 방법은 무엇인가?'라는 관점이 아니라 '자, 인류의 미래에 지대한 영향을 줄 수 있는 다른 문제는 무엇인가?'라고."

– 일론 머스크Elon Musk, 1971~

● 안개 낀 바다 위의 경영자

**카스파르 프리드리히,
〈안개 낀 바다 위의 방랑자〉**Wanderer above the Sea of Fog**, 제작년도 1818년**
안개의 미지와 자연의 거대함에 당당히 맞서는 방랑자의 모습이 숭고를 자아낸다.

위 그림은 19세기 독일의 낭만주의 화가 카스파르 프리드리히
Caspar Friedrich, 1774~1840의 작품 〈안개 낀 바다 위의 방랑자〉이다. 솟아
오른 절벽 위에서 광활한 하늘과 거친 바다, 아득한 산맥을 마주하는
한 인간의 뒷모습을 그린 이 작품은 숭고의 미학을 담아낸 것으로 평
가받는다. 안개의 미지와 자연의 거대함에 당당히 맞서는 방랑자의
모습. 그것은 대자연이 주는 불확실성과 무한함에 공포와 경외를 느
끼면서도 이에 굴종하지 않으려는 의지를 나타내고 있다.

프리드리히는 숭고한 자연에 맞서는 인간을 그림으로써 인간의

마스터피스 **전략**

경지를 끌어올리고자 했다. 감상자는 작품이 재현한 자연과 인간상에서 숭고를 느끼게 된다.

우리가 마주하고 있는 시대는 어떠한가? 역시 안개로 가득 차 있다. 빠르게 변화하는 시장과 사회는 예측이 불가하다. 전혀 예상치 못했던 바이러스가 전 세계인의 생과 사, 삶의 모습을 송두리째 바꾸어버렸을 정도다. 그럼에도 안개 낀 바다 위의 경영자는 기술과 아이디어로 자연의 물리적인 한계를 넘는 공상을 현실화해야 한다. 인류의 삶을 바꾸겠다는 도전을 이어나가야 한다.

눈에 보이지 않는 미학적 가치와 예술을 경영에 접목시키는 것 역시 안갯속을 헤쳐나가야 하는 모험일 것이다. 기존의 틀을 과감히 깨는 것이다. 기업의 철학과 제품/서비스로.

이와 같이 기존의 상식과 기대를 뛰어넘는 목적과 기능성, 관능성을 선사할 때에 소비자(감상자)에게 숭고의 미학을 전달할 수 있을 것이다. 이어서 살펴볼 미학경영 방법론을 통해 오늘의 안개 낀 바다를 힘차게 헤쳐나가보자.

IDEA × Movership = Original Mover

2-1

비즈니스의 미메시스를 넘어

고객이 어떠한 종류의 현존감과

감동을 원하는지 이해해야 한다.

이제는 기업이 단순한 미메시스에서 벗어나

비즈니스의 본질인 '이데아'를 고민할 때다.

미메시스Mimesis는 '모방'이라는 뜻으로, 최대한 진짜에 가깝게 가짜를 만들어내는 행위다. 그리스의 철학자 플라톤Platon, BC 427~BC 347은 오로지 이성을 통해 존재하는 본질인 '이데아'를 탐구하는 데 미메시스는 방해가 된다고 생각했다. 플라톤은 저서『국가』에서는 이상적인 국가Polis에서 미메시스를 모두 추방해야 한다고 말했을 정도다.

미메시스는 아직도 유효한가

산업의 초기 발전단계에서는 모방이 기업활동에서 중요한 행동방식이었다. 공급은 부족한데 수요는 많았기 때문에 기본적인 기능만 충족하면 소비자에게 물건을 팔 수 있었다. 잘 팔리는 제품을 살펴보고 그것과 유사한 제품을 빠르게 생산하면 수익창출이 가능했다.

하지만 예술화사회에서는 제품/서비스가 넘쳐나고 소비자의 취향은 까다롭다. 이 시대가 추구하는 기업의 본질은 자신들의 정체성을 제품/서비스에 녹여내는 것이다. 그러나 아직도 많은 기업이 정체성에 대한 본질적인 고민 없이 다른 기업의 제품/서비스를 그대로 모방하고 있다.

앞으로 미메시스의 방법론을 따르는 기업은 시장에서 살아남을 수 없다. 그야말로 패스트 팔로어Fast follower 전략의 종말이 온 것이다. 원본, 즉 독창성Originality을 추구하는 퍼스트 무버First-mover만이 소비자에게 현존감을 느낄 수 있는 제품/서비스를 제공할 수 있다.

예술화사회의 퍼스트 무버

선점효과는 단순히 시장에 먼저 진출하는 것을 의미하지는 않는다. 그 결과로 경쟁업체보다 시장에서 우위를 유지할 수 있는 능력을 포함한다. 물론 시장선점이 기업에 항상 우위를 제공하는 것은 아니다. 하지만 성공적인 경우 초기부터 성숙기까지 시장을 장기적으로 지배할 수 있다. 퍼스트 무버의 주요 전략은 크게 세 가지다.

① 기술적 우위를 확보한다.
② 자산으로의 접근을 선점한다.
③ 후기 진입자의 제품/서비스로 전환하기가 불편하거나 비용이 많이 드는 초기 고객기반을 구축한다.

예술화사회는 기술과 시장이 모두 빠르게 진화하는 '거친 물결Rough waters'과도 같은 영역에 위치한다. 일반적으로 이 경우 퍼스트 무버가 이점을 갖기 어렵다. 기술을 어렵게 개발해내더라도 금세 새로운 기술로 대체되거나, 시장이 빠르게 성장하면서 새로운 경쟁공간을 만들어내기 때문이다. 따라서 경쟁업체보다 훨씬 우수하고 강력한 자원을 가진 퍼스트 무버 기업만이 장기적으로 시장을 선점하는 이점을 누릴 수 있다.

기술에 우위를 점하기 위해서는 뛰어난 연구개발R&D 역량이 필요하다. 단순히 기술개발에 투자를 많이 하는 것이 아니라, 시장의 트렌드를 정확하게 짚어내고, 이와 관련해 소비자의 오감을 타기팅하

마스터피스 **전략**

는 연구가 필요하다.

시장을 장악하기 위해서는 마케팅, 유통, 생산 능력이 핵심이다. 기업은 기술과 시장의 발전속도를 통제할 수는 없지만, 전략적인 관리를 통해 시장을 선점하는 기간을 늘릴 수는 있다.

선점효과First-Mover Advantage

비즈니스 환경	퍼스트 무버의 이점		핵심 요구 자원
	한시적	장기적	
잔잔한 물결	부정적: 우위가 매우 작음	매우 긍정적: 먼저 움직이는 것이 거의 확실히 효과가 있다.	브랜드 인지도는 도움이 되지만, 자원은 덜 중요하다.
시장 선도	매우 부정적: 카테고리를 지배할 수 없더라도 고객기반을 유지할 수 있어야 한다.	긍정적: 모든 시장 부문이 등장할 때 이를 해결할 수 있는 리소스가 있는지 확인하라.	대규모 마케팅, 유통 및 생산 능력
기술 선도	매우 부정적: 느리게 성장하는 시장에서 빠르게 변화하는 기술은 단기 이익의 적이다.	부정적: 빠른 기술 변화는 나중 진입자에게 당신을 공격하기 위한 많은 무기를 줄 것이다.	강력한 R&D 및 신제품 개발, 충분한 자금
거친 물결	긍정적: 당신의 자원이 훌륭하지 않다면, 빠른 인-아웃 전략이 여기에서 의미가 있을 수 있다.	매우 부정적: 당신이 수영을 잘한다고 해도 장기적으로 성공할 가능성은 거의 없다. 이러한 조건은 최악이다.	대규모 마케팅, 유통 및 생산, 강력한 R&D (전부 동시에)

출처:《하버드 비즈니스 리뷰》, 2005

회사 보유 자원 덕분에 성공할 확률은 시장과 기술을 얼마나 잘 이해하고 있는가에 달려 있다. 회사의 역량과 자원을 회사가 처한 상황에 맞춰볼 때 위 표를 사용하면 된다.

● 퍼스트 무버에서 오리지널 무버로

기업이 기술우위를 확보하고 시장 장악력을 가지려면 소비자 현존감을 이해하는 능력이 있어야 한다. 여전히 애플은 퍼스트 무버로, 삼성은 패스트 팔로어로 인식되는 이유가 무엇일까? 애플의 전 CEO 스티브 잡스는 다음과 같이 말했다.

"기술만으로는 충분치 않습니다. 이것은 애플의 DNA에 있습니다. 기술과 인문학이 결합하면 우리의 마음이 노래합니다."

애플 신화의 비결은 인문학人文學이라는 사람 중심 사고에 있는 것이다. 고객이 어떠한 종류의 현존감과 감동을 원하는지 이해해야 한다. 이제는 기업이 단순한 미메시스에서 벗어나 비즈니스의 본질인 '이데아'를 고민할 때다.

기업이 퍼스트 무버가 될 때 그 기업은 시장진입 순서를 떠나 오리지널 무버Original mover로서 존재할 수 있게 될 것이다. 여기서 무버Mover라는 말에는 시장을 움직이는 주체로서의 적극성뿐 아니라, 소비자에게 감동Movement을 제공한다는 의미도 포함될 수 있다.

오리지널 무버가 되려면 이데아에 대한 고민뿐 아니라, 소비자 현존감을 이해하기 위한 쌍방향 소통방식인 무버십Movership을 발휘할 필요가 있다.

● 플라톤 다시 읽기

플라톤의 미메시스는 예술가에 대한 비판에서 시작되었다. 플라톤은 미메시스를 '모방'으로 정의하고 배척했지만, 이후 미메시스는 다양한 의미로 확장되고 해석되었다. 아리스토텔레스는 『시학』에서 인간은 모방을 통해 배움과 즐거움을 얻을 수 있다고 보았다. 플라톤에서 출발했던 의미와 달리 미메시스가 이론적 지식에 대립하는 실천적 지식으로서 여겨지게 된 것이다.

이후 발터 벤야민은 미메시스를 인간의 직관, 오성^{悟性: 인간의 인식 능력}, 상상력 등이 광범위하게 작용하는 능력으로 보았다. 벤야민은 미메시스를 "주체적 시각과 해석을 담아 서술과 표현이 가능한 능력"이라고 보았다(최성만, 1995).

이와 같이 미학경영에서는 기업가가 예술가로서 제품/서비스를 창조해야 한다고 주장한다. 물론 미메시스는 고차원의 자기표현을 위해 필수적으로 거쳐야 하는 단계다. 하지만 충분한 숙련 기간이 지난 기업은 정체성에 대한 고민 끝에 자기표현을 정립해야 한다. 그렇지 않으면 본질은 없이 모방뿐이라는 비판을 피할 수 없다.

플라톤이 제시하는 이데아는 이성의 영역에 있지만, 미학경영에서 제시하는 이데아는 감성의 영역에 가깝다. 플라톤의 이데아처럼 고객이 느끼는 현존감은 초월적인 세계에 존재하는 추상적인 실체나 원리 또는 힘이 아니다. 미학경영이 도달하고자 하는 실존주의적 관점에서의 현존감은 '존재한다'는 술어가 나타내고 있는 존재 자체여야 한다.

화이트헤드의 과정철학^{Process philosophy}에서와 같이 실재^{Reality}란 "과정^{Process}에서 존재가 유기적으로 영향을 주고받으며 완전을 향해 가는 것"이다. 화이트헤드는 고정불변하는 실재는 이 세상에 존재하지 않으며, 이데아만으로 이해되는 우주는 진정한 우주가 아니라고 본다.

종합하면, 고객의 현존감은 실재하는 세계 속에서 존재 자체가 영향을 주고받으며 '있음'을 느끼는 것이다. 기업은 고객감동을 창조하는 예술작품으로서 제품/서비스를 구현해야 한다. 이를 위해서는 감성이라는 영역을 새롭게 조명해야 한다. 미학경영이라는 관점에서 현존감에 접근할 필요가 있다.

| 생산자의 미학적 전략 관련 명제 |

2-2

테크네, 근로자의 뇌와 손의
무한 암묵지는 예술행위

기업이 근로자에게 자신만의 철학과 가치를 지닌

예술가가 될 수 있다는 비전을 심어준다면?

그때 근로자는 더 이상 노동력을 제공하는 존재가 아니다.

능동적인 창작자로서 현존감을 드러내게 될 것이다.

기술중심 예술화사회에서는 '미학적 공학'이 등장할 수 있다.

기술 진화와 근로자의 노동 가치

1867년 칼 마르크스^{Karl Marx, 1818~1883}는 다음과 같이 주장한다.

"베틀을 짜는 영국의 직공들이 서서히 자취를 감춘 현상보다 끔찍한 비극은 역사상 없었다. 기계의 급격하고 지속적인 발전으로 인간이 설 자리를 잃어가는 광경을 도처에서 목격했다."

그로부터 150여 년이 지난 지금은 어떠한가? 4차 산업혁명과 디지털 트랜스포메이션이 새로운 산업 패러다임이 되었다. 사물인터넷, AI가 급속도로 발전하고 있다. 이러한 시대에 인간 노동력의 가치, 노동자가 보유한 기술의 가치는 과연 어떻게 평가되고 있을까?

현재의 빠른 기술혁신 속도하에서 표준화된 기술과 기능이 더 이상 효용성을 발휘하지 못한다고 할 때, 기업은 이익을 극대화할 기술에만 투자하는 것이 아닌가? 노동력을 줄이는 기술에 과도한 투자를 하고 있지는 않은가?

특히나 코로나 팬데믹 시대에 글로벌 경제는 올스톱 상황을 경험했다. 글로벌 규모의 가치사슬 붕괴를 경험한 세계 각국은 갈수록 자국 중심적으로 바뀌고 있다. 이러한 글로벌 가치사슬의 파괴와 변화, 그 밖에 무역전쟁, 기후변화 이슈에 대응해야 하는 기업들은, 오히려 첨단과학기술 관련 인재의 기술력을 극대화하는 데 집중할 필요가 있지 않은가?

저자는 이러한 시기에 더욱 미학경영이 필요하다고 본다. 제품/서비스를 생산하는 근로자의 뇌와 손이, AI가 절대 대체할 수 없는, 소비자에게 감동을 선사할 예술작품을 창조할 수 있다면 어떨까?

근로자의 뇌와 손에 있는 무한조건의 방법지를 예술행위의 관점으로 바라본다면? 테크네Techne는 '기술'의 어원으로서 '암묵적 방법지'를 제시한다. 고대의 수선공은 테크네 중 하나였다. 기술Practice은 예술의 모방에 해당한다.

무한조건의 방법지가 아니라 어떠한 상황에서든 현실화할 수 있는 기술로서 접근해본다면 어떨까? 근로자의 '손 기술'과 '머리 기술'이라고 했을 때, 현대 기업경영의 생산과정은 어떻게 접근해볼 수 있을까? 근로자들 역시 자신이 기억되고 높이 평가받기Appreciate를 원한다. 그렇다면 경영을 감히 아트Art에 견줄 수 있지 않을까?

◉ 고대 그리스 시대의 테크네에서, 기술중심 예술화사회의 테크네로

영어의 '아트Art'에 해당하는 그리스어 '테크네Techne'는 보다 넓은 의미가 있다. 고대 그리스인들에게 테크네는 건축가뿐 아니라 목수와 직조공의 작업까지 숙련된 모든 제작을 의미했다. 그리스인들은 예술은 목수와 직조공의 예술을 포함하여 기술이 가장 우선이라고 여겼다.

여기서 발전된 예술 개념에는 건축, 회화, 조각뿐 아니라 목공과 직조 작업까지 포함되었다. 즉, 순수예술과 기능예술을 구분하지 않았다. 어떠한 분야든 기능인데미우르고스, Demiourgos: 제작자라는 뜻의 그리스어이 완벽에 도달하면 장인아르키케톤, Archiketon: 영어로는 Master Builder이 될 수 있다고 보았다. 즉, 기술과 기능에 더 많은 가치를 부여했다.

고대 그리스의 후기 철학자 플로티노스Plotinos, 205~270는 예술가에 대해 다음과 같이 말했다.

"예술가는 마치 신이 만드는 것처럼 형상을 조형한다.
예술가에게는 감각적, 우연적인 것도
이념 아닌 다른 것으로 생각되지 않는다."

플로티노스는 '근본미'를 중요시했다. 그에 따르면, 예술가는 근본미에 대한 정신적 직관을 가지고 있다. 그는 다음과 같이 설명한다.

"예술가의 정신 속에 깃든 예술적 직관과
그것을 외적인 감각계에 끌어낸 생산품,
즉 예술작품 간에는 광대한 거리가 존재한다."

플로티노스는 저서 『엔네아데스Enneades』에서 다음과 같이 표현했다.

"태양처럼 밝아지지 않은 어떠한 눈도 태양을 볼 수 없다. 아름답게 되지 않은 심혼心魂 역시 아름다운 것을 볼 수 없는 것이다. 그러므로 신과 미를 직관하려고 하는 사람은 우선 신과 같은 존재가 되어 아름다운 것이 되어야 한다."

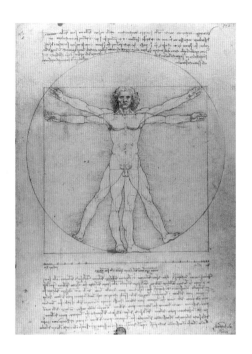

레오나르도 다빈치, 〈비트루비우스적 인간 Vitruvian Man**〉, 제작년도 1480년대 추정**

"자연이 낸 인체의 중심은 배꼽이다. 등을 대고 누워서 팔다리를 뻗은 다음 컴퍼스 중심을 배꼽에 맞추고 원을 돌리면 두 팔의 손가락 끝과 두 발의 발가락 끝이 원에 붙는다. (중략) 정사각형으로도 된다. 사람 키를 발바닥에서 정수리까지 잰 길이는 두 팔을 가로로 벌린 너비와 같기 때문이다." – 레오나르도 다빈치

정리하자면, 기술중심 예술화사회 테크네의 본질은 다음 세 가지의 결합이라고 볼 수 있다.

① 형상의 상상(AI가 할 수 없는 인간의 뇌)

② 무한조건 방법지(4차 산업혁명의 기술혁신)

③ 이를 접목시키는 힘(근로자의 뇌와 손)

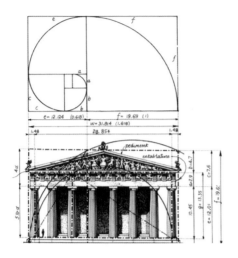

그리스 신전의 황금비율

고대 그리스 건축은 표준율과 기하학적 원리를 중요시했다. 그 안에서도 예술과 시각적 요구들이 탄생했다.

　　지금까지 없던 물건을 세상에 태어나게 하고 싶다. 이것이 아트 욕구의 핵심이다. 만약 공대생이 작곡을 한다거나 창작활동을 한다면? 그러한 활동을 통해 답답함을 해소하고자 할 뿐 아니라, 예컨대 조형미술을 한다면 그 작업을 통해 기능적 물건에 자신의 가치와 특성을 담고 싶은 욕구가 일어날 수도 있을 것이다.

　　근로자가 예술적 직관과 감각 지각을 활용해 제품/서비스를 창출해낸다면? 기업이 근로자에게 자신만의 철학과 가치를 지닌 예술가가 될 수 있다는 비전을 심어준다면?

　　그때 근로자는 더 이상 노동력을 제공하는 존재가 아니다. 능동적인 창작자로서 현존감을 드러내게 될 것이다. 기술중심 예술화사회에서는 '미학적 공학Aesthetic Engineering'이 등장할 수 있다. 미학적 공학은 테크네의 무한조건 방법지가 될 뿐 아니라, 세상에 없던 제품/서비스를 창출할 수 있는, 새로운 것을 상상하고 창조해내고 투영해내는 힘이 될 것이다. 미학적 공학이야말로 한국 기업의 미래를 열 수 있는 마스터피스 전략의 핵심Key이 될 것이다.

| 생산자의 미학적 전략 관련 명제 |

2-3

가다머의 예술인식을 넘어
비즈니스의 예술경험으로

새롭고 영향력 있는 비즈니스는 즐거움을 유지시키는 것을 넘어

고객의 기대수준을 충족시키다 못해 아예 초월한다.

기술중심 예술화사회에서 기업은

궁극적으로 소비자의 기대수준을 뛰어넘는

카타르시스와 아우라 경험을 제공해야 한다.

예술작품은 어떻게 만들어지는가? 생산능력을 갖춘 생산자가 있다. 그 생산자가 감상자의 주문을 받는다. 이 감상자는 자기에게 필요한 것이 무엇인지 잘 알고 있다. 이처럼 예술작품은 생산자와 감상자를 중개하는 역할을 한다.

마찬가지로 기업은 소비자의 기호를 파악해 제품/서비스를 만들어낸다. 프로비스Provice는 제품Product과 서비스Service를 합친 말이다. 기능적이며 존재론적인 유형의 오브젝트에 더하여 경험자극의 원천인 무형의 서비스를 포괄한다. 이는 단순한 결합을 뜻하는 것이 아니다. 제조가 서비스를 품어야 한다는 의미다. 이처럼 기업이 제품, 서비스, 지원 등을 통합하여 이를 고객에게 제공하는 것을 서비타이제이션Servitization: 제조업의 서비스화이라 한다.

서비타이제이션 과정에서 기업은 부가가치를 창출하여 경쟁력을 강화할 수 있다. 미국의 컴퓨터 장비업체 HP는 "Selling Products에서 Selling Services 기업으로 변화하겠다"고 선언했다. 더 이상 유형의 제품을 제공하는 데만 머무르지 않겠다는 의지의 표명이다.

기술중심 예술화사회에서 제품/서비스는 소비자를 감동시키는 경험자극 없이는 가치를 갖지 못한다. 고유한 사용경험을 제공할 수 있는 기능과 특징을 필요로 한다. 이를 위해서는 제품/서비스가 '경영의 미학화Aestheticization'라는 목표를 만족시킬 수 있도록 설계되어야 한다.

● 생각, 감정, 행동이 이끄는 구성작업

경험자극이 중요하긴 하지만, 그 이면의 인간의식을 들여다볼 필요가 있다. 가다머가 제시하는 해석학적 동일성은 "일체의 경험적 요소가 제거되고, 인간의식 속에 존재하여 더 이상 제거할 수 없는 마지막 요소"를 의미한다.

작품을 마주할 때 작품을 보는 사람마다 다양한 해석학적 동일성이 구성된다. 그 대상은 예술작품이든 실용적 물건이든 모두가 포함될 수 있다. 해석학적 동일성은 개방성을 부여한다. 그럼으로써 모든 경험적 물건이 예술작품이 되도록 만드는 가능성을 가지고 있다.

예술작품은 수용자의 외재적 요소와 내재적 요소에 의해 다양하게 읽힌다. 이를 경영에 대입해본다면 소비자의 가치관, 성장배경뿐 아니라 심리상태도 영향을 미친다.

심리학의 인지행동이론Cognitive Behavioral Theory에서는 생각, 감정, 행동이 서로 영향을 미치며 대상을 인지한다. 생각, 감정, 행동 중 무엇이 중심이 되느냐에 따라 다음의 세 가지 방향성을 가질 수 있다.

① 주체의 생각이 어떻게 행동하고 느끼는지를 결정한다.
② 주체가 어떻게 느끼는지가 생각과 행동을 결정한다.
③ 주체가 무엇을 하는지가 생각과 감정을 결정한다.

이렇게 예술작품을 읽는 행위를 '자신의 구성작업'이라고 부른다. 수용자는 예술가가 되어 작품 속에 자신의 의미를 구성하여 집어

넣는다. 미학경영에서 소비자를 팬슈머, 나아가 아트슈머라고 정의하는 이유다.

● 선입견이 나쁘기만 할까

선입견은 '실제로 대상을 경험하기에 앞서 가지는 주관적 가치 판단'을 의미한다. 선입견은 때로는 무비판적이거나 감정적인 태도로 표출되기 때문에 지양해야 할 판단과정으로 언급되기도 한다.

하지만 가다머는 선입견에 '이해작용'이라는 긍정적 의미를 부여한다. 가다머에 따르면, 선입견은 경험으로 인해 형성된 합리적 인식이다. 제품/서비스를 이용할 때 우리에게는 그 브랜드에 대해 기대하는 수준이 있다. 이러한 기대수준은 사용경험이나 마케팅활동 등으로 형성된 소비자의 과거 경험에 토대를 둔 것이다. 기업은 소비자의 이러한 기대수준을 넘어서야 카타르시스와 아우라 체험을 제공할 수 있다.

가다머는 헤겔을 따라 "경험이란 본질적으로 기대에 대한 부정의 경험"이라고 말한다. 이는 "새로운 경험에 대한 의식의 개방성"을 의미한다. 경험은 대상을 인식하고, 배우고, 파악하는 일련의 과정이다. 이러한 경험의 과정을 통해 대상의 내용과 본질을 이해할 수 있게 된다.

만약 제품/서비스가 새로운 카타르시스나 아우라를 제공하지 못하더라도, 즐거움이 지속되는 기간 동안에는 소비자의 팬 활동이 이루어진다. 가다머에 따르면, 하나의 공통성은 나와 상대방의 공통분모와 같은 것으로 의사소통을 가능하게 만드는 계기가 된다. 브랜드의 팬덤을 형성하는 이유가 소속감 때문이라고 앞서 언급한 적이 있다.

하지만 새롭고 영향력 있는 비즈니스는 즐거움을 유지시키는 것을 넘어 고객의 기대수준을 충족시키다 못해 아예 초월한다. 기술 중심 예술화사회에서 기업은 궁극적으로 소비자의 기대수준을 뛰어넘는 카타르시스와 아우라 경험을 제공해야 한다.

● 서비스 품질의 측정과 전략

서비스 품질을 측정하기 위해 서브퀄SERVQUAL 모델이 널리 사용된다.

서비스에 대한 고객의 기대치와 실제 제공받은 서비스의 인지도 간의 차이를 평가하는 22가지 문항으로 구성한 측정도구로서, 다섯 가지 핵심영역으로 구성되어 있다. 기업과 업종을 초월해 유형성, 신뢰성, 대응성, 보장성, 공감성 다섯 가지 핵심영역에 대해 서비스의 강점과 약점을 측정한다.

① 유형성Tangibles
- 물리적 시설, 장비, 인력 등 외관적 요소
- 미학적, 관능적, 기능적 요소

마스터피스 **전략**

② **신뢰성**Reliability

- 약속된 서비스를 신뢰할 수 있고 정확하게 수행할 수 있는 능력
- 기능성과 도덕성을 연결하는 평가기준

③ **대응성**Responsiveness

- 고객을 돕고 신속한 서비스를 제공하려는 의지
- 아이덴티티의 철학과 가치

④ **보장성**Assurance

- 직원의 지식, 예우, 신뢰, 자신감을 고취할 수 있는 능력
- 아이덴티티와 밀접한 요인

⑤ **공감성**Empathy

- 기업이 고객에게 제공하는 관리 수준 및 개별화된 관심
- 감동의 4단계 요인인 소비자 현존감보다는 하위 개념, 1단계 기능에 대한 약속이기 때문에 상위 단계로서의 공감 필요

기업은 서브퀄SERVQUAL의 인식 점수(높음, 중간, 낮음)를 기준으로 고객을 세분화할 수 있다. 보다 면밀한 분석을 위해 인구통계학적, 행동학적, 심리학적, 지리적 요소를 활용할 수 있다.

정기적 서브퀄 조사는 고객의 기대치와 인식수준을 추적하여 서비스를 개선하는 데 유용하다. 다만 온라인 서비스 환경이나 다른

과학경영과 미학경영

구분	과학경영	미학경영
유형성 Tangibles	물리적 시설, 장비, 인력 등 외관적 요소	제품/서비스의 기능적, 관능적 요소
신뢰성 Reliability	약속된 서비스를 신뢰할 수 있고 정확하게 수행할 수 있는 능력	기능성과 도덕성을 포괄하는 판단능력
대응성 Responsiveness	고객을 돕고 신속한 서비스를 제공하려는 의지	기업의 철학과 가치
보장성 Assurance	직원의 지식, 예우, 신뢰, 자신감을 고취할 수 있는 능력	기업의 철학과 가치
공감성 Empathy	회사가 고객에게 제공하는 관리 수준 및 개별화된 관심	고객 현존감

문화적 맥락에 적용하는 데는 한계가 있을 수 있음을 인식할 필요가 있다(Ladhari, 2009). 기업은 고객의 일반적인 기대수준과 실제로 제공하는 서비스 수준에 대한 고객의 인식에 차이가 있는지 살펴보고 각 품질차원에서 불일치를 해결하기 위한 전략을 구상해야 한다.

서브퀄SERVQUAL은 오랫동안 기업의 품질 측정방법으로 많은 역할을 해왔다. 하지만 미학경영에서는 과학적 경영에서의 평가기준보다 확장된 개념이 필요하다. 저자는 이를 미학적 서브퀄Aesthetic SERVQUAL로 명명하고자 한다. 미학경영의 미학적 서브퀄에서는 다섯 가지 핵심영역에 대해 다음을 평가할 수 있어야 한다.

① **유형성**Tangibles

제품/서비스의 기능적, 관능적 요소가 외적으로 어떻게 구현되었는가를 평가할 수 있어야 한다.

② **신뢰성**Reliability

고객과의 약속을 수행하는 기능적인 면에 더하여 감동 위계 피라미드의 기본적인 바탕이 되는 도덕성을 포괄할 수 있어야 한다.

③ **대응성**Responsiveness

기업이 어떠한 철학과 가치를 갖고 있으며, 그것이 서비스 제공과 직원 정체성에 어떻게 영향을 미치는지 살필 수 있어야 한다.

④ **보장성**Assurance

기업이 어떠한 철학과 가치를 갖고 있으며, 그것이 서비스 제공과 직원 정체성에 어떻게 영향을 미치는지 살필 수 있어야 한다. (대응성의 경우와 동일함)

⑤ **공감성**Empathy

기능적인 수행에 대한 낮은 단계의 고객공감이 아니라, 더 높은 단계의 고객 현존감을 제공하는지 측정할 수 있어야 한다. 궁극적으로는 생산자 정체성, 소비자 현존감, 고객감동을 중요한 지표로 추가해야 한다.

● 두 스타벅스 CEO의 다른 고객경험 설계, 누가 이길까

스타벅스의 제품/서비스에 대한 고객의 해석은 모두 다르다. 하지만 브랜드에 대한 기대수준은 유사하다. 미학과 철학으로 돌아가면, 감상자마다 다양한 해석학적 동일성이 있음에도 공통적인 브랜드 인식이 존재하는 것이다.

'커피가 아니라 공간을 판다'고 할 만큼 스타벅스는 공간마케팅의 성공사례로 알려져 있다. 스타벅스의 창립자 하워드 슐츠는 이러한 공간마케팅의 연장선상에서 리저브Reserve 또는 로스터리Roastery라고 불리는 고급매장을 1,000개까지 확대하겠다는 비전을 내세웠다.

스타벅스의 뉴욕 로스터리 매장
500평이 넘는 뉴욕의 로스터리 매장에서는 최신 커피 기술, 칵테일 바, 이탈리안 베이킹, 장인정신이 담긴 커피빈, 인더스트리얼 인테리어를 경험할 수 있다.
사진제공: RICHARD B. LEVINE/ZUMA PRESS

마스터피스 **전략**

온라인 쇼핑이 지배적인 현재 소비트렌드에서 고급매장만이 고객이 집에서 나와 오프라인 매장으로 방문할 동기를 준다는 것이다.

500평이 넘는 뉴욕의 로스터리 매장에는 최신 커피 기술, 칵테일 바, 이탈리안 베이킹, 장인정신이 담긴 커피빈, 인더스트리얼 인테리어Industrial interior: 낡은 공장 같은 느낌을 주는 인테리어를 경험할 수 있다. 하지만 스타벅스는 2016년부터 매출목표를 달성하지 못했다. 낮은 수익률은 기업의 지속가능경영에 큰 문제가 된다.

2017년 슐츠가 회장직에서 물러나고 케빈 존슨Kevin Johnson이 취임한 뒤 스타벅스의 전략은 바뀌었다. 고급매장 전략보다, 수익률을 높이고 고객서비스를 개선하는 데 초점을 맞춘 것이다. 이제 스타벅스는 새 메뉴를 개발하고 중국에서 매장을 확대하고 있다.

고객서비스 차원에서는 비대면 모바일 주문 서비스 '사이렌오더'를 도입해 고객의 부정적 경험을 없애고 인식을 바꾸는 성과를 냈다. 이를 위해 매장에 들어서기 전의 '기대' 단계부터 매장을 나간 이후 '인식' 단계까지 고객의 동선을 분석했다. 이 중에서 스타벅스는 초반부의 고객의 '기대'와 매장으로의 '입장' 단계에서 발생하는 부정적 경험을 제거하고자 했다. 고객이 매장에 들어서지 않으면 구매도 일어나지 않기 때문이다.

예를 들어, 지나치게 붐비는 탓에 주문과 결제, 대기에 많은 시간이 소요되는 것은 고객에게 부정적인 인상을 주었다. 이를 해결하기 위해 매장에 도착하기 전에 모바일로 미리 주문해두면 음료를 바로 받아갈 수 있는 사이렌오더를 고안했다. 덕분에 고객의 부정적 경

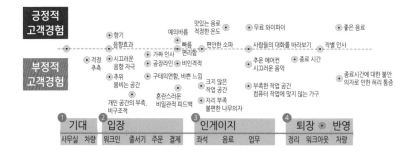

스타벅스 사이렌 오더에서의 고객경험

스타벅스는 고객이 느끼는 미학적 경험들을 세분화했으며, 사이렌오더를 도입하여 입장
초반부에 발생하는 부정적 경험을 없애고 인식을 바꾸었다.

험을 제거했을 뿐 아니라, 데이터를 활용해 더욱 맞춤화된 마케팅을
하여 긍정적 경험까지 선물할 수 있게 되었다.

하지만 이러한 모바일 주문과 배달 서비스가 스타벅스의 강점
이었던 '공간'의 힘을 약화시킬 수 있다. 고객이 커피를 마시며 가지는
휴식의 경험이 편리함으로 대체될 수 있기 때문이다.

스타벅스의 두 명의 CEO는 고객경험에 대한 접근이 서로 달랐
다. 이는 기업에서 미학경영을 적용할 때 고려해야 할 것들에 대해 다
음과 같은 시사점을 준다.

첫째, 경영의 미학화를 지향하는 과정에서 수익률을 충족시키
지 못하는 경우 전략은 지속될 수 없다. 아름다운 변화는 현실에 발을
붙이고 있어야 한다. 기업의 우선적 목표는 수익창출이다.

둘째, 기능적 혁신은 표면적 성과에 불과하다. 미학적 혁신만이
고객에게 감동을 줄 수 있다. 진정한 고객경험 설계는 브랜드의 정체

성을 담아낸 것이어야 한다. 정체성을 잃어버린 서비스 개선은 장기적으로 보면 혁신보다 후퇴에 가까운 결정이 될 수도 있다. 고객처럼 생각하고 느끼고 행동하며 고객경험을 설계할 때에 카타르시스와 아우라를 제공하는 미학기업이 될 수 있다.

| 생산자의 미학적 전략 관련 명제 |

2-4

키르케고르, 기업의 실존 유형

이제는 마케팅의 차원을 넘어 제품/서비스를 감상하고,

그에 감동하고, 그것을 통해 삶의 현존화를 하는

고객의 관점에서 브랜드 가치 평가에

새로운 지표가 필요한 시대다.

매년 《포브스Forbes》에서는 세계 브랜드 가치The World's Most Valuable Brand 순위를 매긴다. 미국에서 주목할 만한 200개 글로벌 브랜드를 대상으로 해당 브랜드가 얼마나 수익을 올렸는지 평가하는 것이다. 2020년 기준 최상위 브랜드는 2019년과 동일하게 애플, 구글, 마이크로소프트, 아마존, 페이스북이 차지했다. 국내 기업인 삼성은 8위, 현대차그룹은 81위를 기록했다. 그런데 수익성이 과연 브랜드 가치를 평가하는 기준이 될까?

베스트 글로벌 브랜드Best Global Brands를 선정하는 세계 최대 브랜드 컨설팅 그룹 인터브랜드Interbrand 역시 브랜드 선정 조건으로 매출을 내걸고 있다. 또한 적어도 30%의 매출은 브랜드의 본고장 이외의 지역에서 나와야 한다. 전 세계에 걸친 브랜드 입지와 공개적인 재무성과 데이터가 필요하다. 장기적인 경제적 이익과 브랜드 자본원가 이상의 수익을 기대할 수 있어야 한다.

인터브랜드는 《포브스》와 유사한 기준을 제시하고 있지만, 접근 방식을 다변화함으로써 재무적 기준의 한계를 보완하고자 한다. 인터브랜드는 브랜드의 역할Role of Brand과 브랜드 강점Brand Strengths도 다음과 같이 함께 평가한다. (인터브랜드의 2021년 베스트 글로벌 브랜드 순위를 보면 1위 애플, 2위 아마존, 3위 마이크로소프트, 4위 구글, 5위 삼성이었다.)

• **브랜드의 역할**Role of Brand

브랜드에 귀속되는 가격, 편의성, 제품 특징 같은 구매결정 요소 중

브랜드 자체가 수익창출에 기여하는 기여분을 측정한다.

- 브랜드 강점Brand Strengths

충성도를 창출할 수 있는 브랜드의 능력을 측정하여 미래에도 지속 가능한 수요와 수익을 낼 수 있는지 평가한다. 브랜드 강점 평가는 크게 내부요인 네 가지(명확성Clarity, 헌신Commitment, 보호Protection, 대응성Responsiveness)와 외부요인 여섯 가지(진정성Authenticity, 적절성Relevance, 차별성Differentiation, 일관성Consistency, 가시성Presence, 이해 Understanding)의 정성 지표로 구성되어 있다. 10가지 지표에 대해 각 지표당 10점 만점으로 평가하여 총점 100점 만점의 브랜드 강점 점수를 낸다. 브랜드 강점에는 리더십, 인게이지먼트, 사회관련성 등 다양한 영역이 포함된다.

마스터피스 전략에서는 기업의 브랜드 가치를 평가할 때 수익성을 포함하되, '실존 단계'의 관점에서 접근할 필요가 있다. 현존감의 총합은 화폐로 계산할 수 없으나 엄청난 가치를 지니고 있다. 숫자는 '왜 소비자들이 열광하는가'를 설명할 수 없기 때문에 결과론적이다.

이와 달리 마스터피스 전략에서는 소비자가 브랜드를 개인의 정체성을 대변하는 실존의 대상으로서 인식한다고 본다. 즉, 해당 브랜드가 소비자의 현존재적 삶을 어떻게 긍정적으로 바꾸는가 설명할 수 있다.

이제는 마케팅의 차원을 넘어 제품/서비스를 감상하고, 그에 감동하고, 그것을 통해 삶의 현존화를 하는 고객의 관점에서 브랜드 가치 평가에 새로운 지표가 필요한 시대다.

● 실존의 3단계: 미적-윤리적-종교적 단계

키르케고르는 실존을 세 가지 단계로 제시했다. 미적 단계, 윤리적 단계, 종교적 단계의 순서다.

첫째, 미적 단계는 육체적 쾌락과 아름다운 대상을 즐기며 만족을 추구한다. 하지만 쾌락이라는 것은 영원할 수 없고, 인간은 만족을 모르는 존재라 결국 더 많은 자극과 불안, 절망을 느낀다.

둘째, 윤리적 단계는 원칙에 따라 삶을 살면서 자신을 인격적이며 이상적인 존재로 발전시킨다. 이전 단계인 미적 단계에서의 본인의 만족에서 나아가 타인과의 관계를 고려하게 된다. 하지만 인간은 완벽하게 윤리적일 수는 없는 존재다. 이로 인해 양심의 가책과 같은 윤리적 감수성은 죄의식을 지닌 인간을 절망으로 이끌 수 있다.

셋째, 마지막으로 종교적 단계는 신 앞에 홀로 선 채 자신의 진정한 모습을 찾는 것이다. 이전의 윤리적 단계의 인간은 타인과의 관계 속에서 자신을 정립한다. 이때에 인간은 대중 가운데 한 명에 지나지 않기 때문에 완전히 주체적으로 삶을 살아가기란 불가능하다. 하지만 신앙은 윤리적인 합리성을 버리고 비현실적인 부조리를 받아들일 수 있게 한다. 신 앞에 순종하고 자신의 삶을 살아갈 때에 실존은 인간에게 최고의 정열이 된다. 절대자 앞에서 인간은 '단독자'로서 무한한 가능성을 얻는다.

● 그러나, 미적 단계는 고차원적이다

키르케고르는 미적 단계를 단순한 쾌락의 상태로 정의했다. 이는 이성을 중시하는 많은 철학자들의 관점과 유사하다. 하지만 지금까지 논의한 것처럼 저자가 이야기하고자 하는 미美의 가치는 그렇게 단순하지 않다.

아름다움은 개인의 정체성을 대표하며, 이를 추구함으로써 현존감을 느낄 수 있도록 한다. 그 과정에는 가치관에 대한 다양한 시도와 탐구가 녹아 있다. 자신을 표현하는 미적대상은 순간의 쾌락을 충족하고자 하는 수단이 아니다. 오히려 개인이 끊임없이 정제해온 삶의 정수이자 결정체라고 보아도 좋을 것이다.

따라서 키르케고르의 미적 단계는 물리적 또는 생리적 실존으로 단계를 낮추어 재정의하는 것이 맞겠다. 또한 저자가 바라보는 미적실존은 윤리성을 포함한 전 영역의 가치관을 포함하고 있기 때문에 윤리적 실존보다 더 높은 단계에 위치한다.

이를 종합하여, 키르케고르가 주장한 실존의 3단계인 미적 단계, 윤리적 단계, 종교적 단계를 새로이 쓰고자 한다. 저자는 기술중심 예술화사회에 적합한 실존의 단계를 4단계로서 물리적(생리적) 단계, 윤리적 단계, 미적 단계, 종교적 단계로 재정의한다.

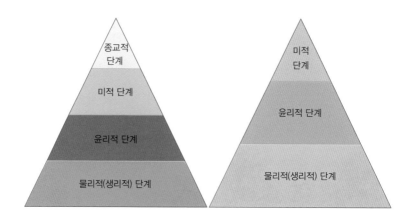

기술중심 예술화사회의 실존 4단계 피라미드 　　키르케고르의 실존 3단계

기업은 종교적 존재가 될 수 있을까

　　모든 기업은 소비자에게 종교적인 대상이 되기를 바랄 것이다. 기업의 비전에 온전히 공감하고, 브랜드에 무한한 믿음을 보내는 소비자를 상상해보라. 신제품을 내놓으면 선뜻 구매하고, 제품/서비스를 이용하며 현존감을 느낀다. 이들은 브랜드를 개인 정체성의 일부로 여기며, 주변 사람들에게도 적극 홍보한다. 사실상 종교적 실존 단계에 오른 몇몇 기업을 떠올려볼 수 있을 것이다.

　　물론 기업은 제품/서비스를 판매하는 주체이기 때문에 종교와 같이 소비자에게 비현실적인 부조리를 받아들이고 무한하게 순종하라는 정책을 펼 수는 없다. 소비자는 구매에 대한 선택권이 있으며, 이들의 선호도는 빠르게 변화하기 때문이다.

　　그럼에도 종교적 실존 단계에서 주목할 만한 점이 있다. 기업이 소비자가 진정한 모습을 찾아나가도록 돕는 존재가 될 수 있다는 것이다. 소비자는 단순히 고객집단의 일부로 여겨지는 것이 아니라, 주체적인 개인으로서 제품/서비스를 누릴 수 있어야 한다.

예를 들어, 유튜브나 넷플릭스 같은 콘텐츠 공룡들은 취향에 맞추는 큐레이션의 중요성을 일찍부터 깨달았다. 그들은 자신들이 설계한 알고리즘에 따라 사용자 개인의 시청기록에 기반한 콘텐츠를 추천한다. 그래서 아무리 가까운 가족이라도 사용자는 누군가와 자신의 계정을 공유하는 것을 꺼린다. 행여나 타인의 취향이 나의 시청기록에 끼어들기 시작하면 큐레이션에 대한 만족도가 떨어지기 때문이다. 자신의 계정을 홀로 사용해야 자기 취향에 맞게 완성된 서비스를 누릴 수 있는 것이다.

이와 같은 '개인 취향의 완성'은 많은 기업이 하드웨어에서 소프트웨어와 콘텐츠로 비즈니스 모델을 바꾸어가는 이유이기도 하다. 제조업체 가운데 종교적 실존의 대표 격인 애플은 전략적으로 수익모델을 변화시키고 있다.

6년간(2015~2020년) 애플의 매출액 구성을 보면, 아이폰이 66%에서 50%로 16% 감소했다. 대신 앱스토어, 애플케어 등 서비스 부문이 9%에서 23%로 15% 증가했다. 제조업에서 감소한 매출이 그대로 서비스 부문으로 옮겨간 것이다. 수익적인 측면을 보자. 제품 판매 시 매출총이익률은 30%이지만, 서비스 판매의 경우 65%에 달한다. 이러한 추세를 볼 때 애플은 앞으로 제조업 회사가 아니라 자신들만의 '생태계'를 보유한 신과 같은 서비스 기업이 될 것이다. 실존 단계 중

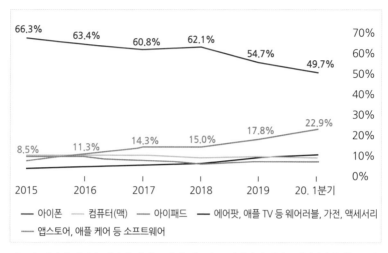

애플의 연도별 매출액 구성요소 변화

애플은 개인의 취향을 반영한 서비스 판매 비중을 높여가면서 자신들만의 '생태계'를 구축
해가고 있다.   출처: Sec.gov

종교적 단계에서 인간은 절대자 앞에 '단독자'가 되듯이, 종교적 단계
에 오른 기업 앞에 소비자는 '단독자'로서 나만을 위한 제품/서비스를
제공받을 수 있다.

　　마스터피스를 창조하는 마스터 기업은 소비자의 팬덤을 기반으
로 종교적 실존 단계를 유지하는 것을 목표로 삼아야 한다. 이를 위해
서는 종교적 단계보다 하위에 위치하고 있는 물리적(생리적) 단계, 윤
리적 단계, 미적 단계는 기본적으로 충족이 되어야 한다. 해당 브랜드
의 제품/서비스가 기능적으로 제 역할을 하지 못하거나, 비윤리적이
거나, 미적 즐거움을 주지 못한다면 종교적 단계로 올라설 수 없다. 하
위 단계들이 모두 소비자의 기대를 만족시킬 때 비로소 종교적 단계

로 나아가는 것을 시도해볼 수 있다.

종교의 3요소는 교조, 교리, 교단이다. 교조는 브랜드를 만드는 기업이고, 교단은 브랜드를 소비하는 소비자가 된다. 그 중간을 연결하는 것이 가르침과 행동규범을 의미하는 교리다. 교리를 비즈니스에 적용한다면 기업의 비전, 미션, 성장스토리 등으로 해석해볼 수 있을 것이다. 비전, 미션, 성장스토리에는 기계에는 없는 인간의 철학과 신념이 담겨 있다.

앞으로의 시대는 실존이 더욱더 중요해지므로 사람만이 지닌 능력에 집중할 때 성공할 수 있다는 것이 마스터피스 전략의 핵심이다.

| 생산자의 미학적 전략 관련 명제 |

2-5

실러의 유희본능과 미적교육

인공지능이 대체할 수 없는 영역을

깊고도 넓게 들여다보자는 것이다.

바로 인간의 유희본능과 미적교육이

기술이 생성해낼 수 없는 상상력과 창조성을

발휘하게 하지 않겠는가?

마스터피스 전략으로서 생산자가 추구해야 할 미학적 전략 관련 명제를 앞에서 살펴보았다. 그렇다면 기술진화 및 스마트공장 시대에 생산자가 지향해야 할 것은 무엇인가? 자동화공장은 만들 수 없는 마스터피스를 창출해내려면 기업은 어떠한 특단의 대책을 마련해야 하는가? 저자는 이를 위해 실러의 미적교육에 주목해본다.

● 스마트공장 시대, 생산자의 아트본능을 깨워라

완전 자동화된 지멘스의 암베르크 공장이나 아디다스의 스피드 팩토리처럼 스마트공장Smart Factory이 발전하고 있다. 스마트공장이란 무엇인가?

"스마트공장은 고객의 다양한 요구를 만족시킬 수 있는 제품을 즉시 생산, 유통하는 사람 중심의 첨단 지능형 공장이다. CPS가상물리시스템와 IoT사물인터넷를 이용한 수평적, 수직적 통합을 구현한다. 원자재부터 최종 제품까지 가치사슬망 전체에 대해 SNS를 통한 초연결을 지향한다."

2011년 1월, 독일은 인더스트리 4.0Industry 4.0을 발의했는데, 독일 국가과학위원회Germany's National Academy of Science and Engineering는 인더스트리 4.0을 통해 산업생산성이 30% 향상될 것으로 전망했다.

인더스트리 4.0은 제조업과 같은 전통 산업에 IT시스템을 결합해 생산시설들을 네트워크화하고 지능형 생산시스템을 갖춘 스마트공장으로 진화하자는 의미를 담고 있다.

스마트공장은 사물인터넷으로 연결되어 기계에 부착된 센서를 통해 지속적으로 데이터 수집이 이루어지고, 인공지능이 빅데이터 분석을 한다. 이러한 스마트공장에서도 인공지능이 인간을 대신할 수 없는 영역이 있다. 창조적 업무다. 그 때문에 아이러니하게도 근로자들은 스마트공장 시대에 더 창조적인 업무를 하도록 도전받고 있다. 그렇다면 인간 고유의 창조본능에서 그 길을 찾아보면 어떨까?

미와 쾌락을 추구하는 인간은 고대부터 시, 미술, 음악, 조각, 건축으로 예술적 본능을 발휘하고 유희를 해왔다. 그런데 인간의 수많은 본능 중 생계수단과 별도로 인간의 삶의 목적지향성 및 창조에 대한 열망을 지닌 본능이 있다. 현시대의 기업이 이러한 본능을 발현하고 싶은 생산자의 욕구를 반영한다면 어떨까?

"인간은 전혀 물질도 아니고 또한 전적으로 정신도 아니다. 미는 인간의 인간성이 완비된 것이기 때문에 전적으로 단일한 생활일 수도, 전혀 단일한 형태일 수도 없다. 미는 예술본능과 유희본능, 두 가지 본능에 다 같이 공통하는 객체다. 즉, 유희본능의 객체다."

"인간은 인간이라는 말이 뜻하는 충분한 의미로 인간일 때에만 유희한다. 그리고 또한 인간은 유희할 때에만 전적으로 인간이다."

위와 같이 독일의 미학자 실러는 인간의 미적본능을 '유희본능'이라고 명명했다. 실러는 미를 추구하는 유희본능을 통해 궁극적으로 개개인을 교육에 참여시키게 되었고, 국가의 상황을 개선하고 국가의 정신에 영향을 주게 되었다고 보았다. 실러는 또한 다음과 같이 진술한다.

"아름다운 심혼은 그것이 존재하는 것 이외에 어떠한 공적도 갖지 않는다."

"감성은 생명을 목표로 하고, 형식본능은 형체를 목표로 한다. 하지만 유희본능에서는 이와는 반대다. 유희본능에서는 생동하는 형체가 성장한다. 미는 생육한다. 본능이야말로 감각세계에 있어 유일한 능동적 힘이다."

실러가 그리는 인간은 미적 인간이며 동시에 완전한 도덕적 인간이다. "인간은 아름다움을 통해 자유에 이른다"는 실러의 말은 정치적 자유를 의미함과 동시에, 사회를 개선하고 국가체제를 민주적으로 변화시킨다는 뜻이 담겨 있다. 실러는 "미적인 국가는 모든 섬세한 영혼에 존재한다"고 했다. 실러에 따르면, 섬세한 영혼이란 "미적교육을 제대로 내면화한 상태"라고 상상할 수 있다. 실러는 말한다.

"정치 영역에서의 모든 개선은 품성을 고귀하게 만드는 일에서 출발해야 하고, 품성을 고귀하게 만들어줄 도구는 바로 아름다운 예술이다."

프리드리히 실러Friedrich Schiller, 1759~1805
미적교육으로 사회, 공동체, 국가의 변혁을 꿈꿨던 미학자

실러Schiller, 1759~1805가 살던 당시 독일은 어떠했나? 독일이 처한 역사적 상황하에서는 프랑스혁명 같은 시민혁명이 불가능했다. 독일의 지식인들은 자유, 평등, 박애를 기치로 내걸고 시작된 프랑스혁명이 정치적 혼란과 공포정치로 진행되는 것을 지켜보면서 혁명의 이념과 현실 사이의 괴리를 논의했다. 칸트는 이를 '도덕적 테러리즘'이라 명명했다.

그래서 실러는 미적교육이라는 '우회로'를 택했다. 프랑스혁명에서 나타난 정치의 폭력성, 사회 분화와 경제적 분업으로 인한 삶의 소외 등의 문제에서 실러는 '품성의 고귀함'을 강조했다. 미적교육을 통해 고귀해진 각 개인이 결국 정치 변화와 개혁을 가져올 수 있다고 믿었다.

그로부터 200여 년이 지난 오늘날은 어떤가? 과학기술 문명이 급속도로 발전하고, 인간 노동력을 대체할 인공지능과 디지털 트랜스포메이션 중심의 기술혁신이 지배하는 현대의 기업 상황을 보자. 그럼에도 인간이 유희본능과 미적교육을 추구하는 것은 실러 당시 독일 혁명 시대와 크게 달라지지 않았다.

실러는 오늘날 과학과 기술로 모든 것을 판단하고 문제를 해결하려고 하는 큰 흐름 때문에 우리가 미학적으로 판단하는 것에 어려움을 느끼는 것처럼, 과거 독일에서 인간에 내재한 미적본능을 억압하고 퇴화시키는 큰 사회적 힘이 작용했다고 보았다.

특히 실러는 독일의 정치 시스템을 지배하던 특정 이념 때문에 프랑스처럼 개인의 자유와 인권을 생각하지 못하고 있다고 진단하고 미적교육을 통해 자유의 획득과 선진사회로의 진화가 가능하다고 꿈꾸었던 것이다.

현대의 과학문명 역시 완벽한 효율성과 기능성을 중심으로 사유가 발전되어왔다. 그러나 그 안에서 인간이 '감동받으며 소비'하는 문화는 소외될 수밖에 없었다.

그리하여 저자는 과학 중심의 문명에서 전환점을 제시하고자 하는 것이다. 큰 패러다임과 이데올로기 안에 있을 때는 구조적인 문제점이 보이지 않을 수 있다. 과학적 실증주의 방식에 함몰되어 있는 상황에서 새로운 시각, 새로운 관점으로 전환해야 한다. 이는 동양사상에서 논어와 맹자의 통합적 사유의 세계로 진화하는 여정이 될 수도 있겠다.

인공지능이 대체할 수 없는 영역을 깊고도 넓게 들여다보자는 것이다. 바로 인간의 유희본능과 미적교육이, 기술이 생성해낼 수 없는 상상력과 창조성을 발휘하게 하지 않겠는가? 200여 년 전 미학자의 선견지명은 기술중심 예술화사회에서 미학경영이 추구할 가치 지향점을 제시해준다.

덴마크의 혁신학교 카오스필로츠Kaospilots를 보자. 카오스필로츠는 1991년 혁신학교로 설립되었는데, 전 세계 젊은 기업가와 프로젝트 리더들을 위한 창의적이고 실험적인 프로그램으로 유명하다. 30~35명 소수의 청년을 선발해 '3년 동안 세상 바꾸기' 프로젝트를 진행하는데, 학생들은 형식을 깨고 자유롭게 사고하고 창의력을 발휘하는 가치와 문화를 배워 간다. 카오스필로츠 설립자 우베 엘베크 대표는 말한다.

"기계가 거의 인간을 능가할 정도로
끊임없이 변화하는 세상에서
어느 때보다 창의력이 필요하다."

카오스필로츠는 창의적 전문가 양성에 주력하며, 칼스버그Carlsberg, 레고, 애플, 투보르그Tuborg 등 세계적 기업에 컨설팅 서비스를 제공했다. 이후 덴마크의 유수 기업과 협업해 유럽 전역에 유제품을 공급하는 알라푸드Arla Food의 신제품을 론칭했다. 덴마크 최대 통신회사인 TD에는 소통 및 지식공유 아이디어를 제공했다. 그래픽디

자인 회사인 크로그앤컴퍼니Krogh&Co와는 성공적 비즈니스 구현을
위한 플랜 및 전략 수립 프로젝트를 수행했다.

엘페크는 '교육이 얼마나 흥미롭고 즐거운 것이어야 하는가'에
주목했다고 한다. 그는 정치적, 교육적, 문화적 관점을 모두 보고자 했
고, 사람들이 자신의 소질을 발휘할 수 있는 공간을 만들고 싶었다고
한다. 머리, 심장, 손이 역동적으로 상호작용하는 교육, 그리고 자신만
의 철학을 갖고 자아성찰과 동시에 전문성을 가질 수 있는 교육을 고
민하면서 학교를 설립했다.

엘페크는 의미역량Meaning Competence, 관계역량Relational Compe-
tence, 변화역량Change Competence, 실행역량Action Competence 네 가지를
강조했다. 그가 한겨레신문사가 주최한 '2017 아시아 청년 사회혁신
가 국제포럼ANYSE' 강연에서 한 다음의 말은 우리 기업에 뼈아프면서
절실한 이야기다.

"한국은 성과를 너무 중요시한다. 나는 호기심과 정직성을 중요
하게 여긴다. 학습이라는 것은 재밌는 것이다. 그리고 미래지향적인
기업가들도 똑같이 생각한다. 어떻게 하면 깨어 있는 교육을 할 수 있
을지 생각해보길 바란다."

카오스필로츠의 교육 프로그램이 추구하는 여섯 가지 기본적인
가치와 태도는 다음과 같다.

① 동기부여가 되고 창의적이며 건설적이어야 한다.

② 학생과 스태프들은 현장에서 진짜 문제들, 진짜 사람들, 진짜 분쟁 속에서 일해야 한다.

③ 학교는 절대로 우리 사회에서 일어나는 일들과 괴리되어서는 안 된다.

④ 프로그램과 스태프들은 용감해지려는 용기를 지녀야 하며, 위험을 감수해야 한다.

⑤ 학교는 몸과 마음, 형식과 내용, 또한 적어도 인간과 시간, 그리고 경제적 자원 사이에서 바르면서도 다이내믹한 균형을 유지하기 위해 애써야 한다.

⑥ 인간에 대한 헌신과 사회적 책임감은 이 학교의 특징이자 보증수표다.

카오스필로츠는 이 여섯 가지를 학교의 독특하고도 필수적인 중심가치로 삼아왔다. 카오스필로츠가 미적교육을 직접적으로 표현하지는 않았지만, 이 학교의 교육이념, 철학, 정체성에서 저자는 그들이 유희본능과 미적교육의 가치를 중시하고 있음을 엿보게 된다.

2010년 한국문화예술교육진흥원에서는 미적체험교육Aesthetic Education을 소개하면서 통합예술교육 차원에서 그 정의를 다음과 같이 내렸다(일부 편집했음).

"미적체험교육은 학습자들이 파악해야 할 것들을 스스로 파악할 수 있는 능력을 배양해준다. 예술작품을 빌려와 그들의 삶에 여러 가지 의미를 부여하는 대상이 되게 한다. 이를 통해 예술을 감상하고 숙고하며, 예술에 대해 문학적, 참여적 관계를 세울 수 있도록 계획된 의도적 작업이다.

예술작품을 창작하고, 예술작품에 대해 질문하고 숙고하고, 관련 정보를 살펴보거나 연구함으로써 학습자의 인식을 심화시킨다. 예술작품에 대한 이해력과 감수성, 그리고 예술적 경험에 대한 숙고 능력을 발달시키기 위해 탐구과정을 갖도록 한다. 예술품에 대한 효과적이고 흥미 있는 탐구가 이루어지도록 연극, 무용, 음악, 미술, 문학, 미디어 등 예술장르를 통합한 다양한 교육적 접근방법을 활용한다."

보다 창조적인 경영혁신의 일환으로 이러한 미적체험교육을 현재 기업현장의 생산자들에게 제공한다면 어떨까?

미적체험교육의 한 예로, 한국문화예술교육진흥원에서는 다양한 예술교육지원사업을 진행하고 있는데 직장인을 대상으로 한 '직장인 문화예술교육 지원사업'도 펼치고 있다. 일과 삶의 균형을 추구하는 흐름에 맞추어 개인의 여가·문화적 측면에 주목하고, 나아가 개인의 개별 욕구 충족을 넘어 사회적 의미(시민성, 포용, 다양성에 대한 태도 등)로 확장하기 위한 직장인 대상 문화예술교육 프로그램을 기획, 운영한다.

이제 기업 입장에서는 이러한 미적체험교육처럼 마스터피스를 생산해낼 전문교육이 필요하지 않겠는가? "심미적 판단력 형성을 위한 기업예술교육 연구"(유영만·남윤후, 2015)는 기업의 예술교육에 대해 다음과 같이 밝힌다(일부 편집했음).

"기업예술교육은 구성원들에게 더 큰 세상을 느끼게 한다. 이를 통해 마음의 중심부를 크게 만든다. 미적행위와 자율적 의지를 바탕으로 자신의 일에서 꼭 필요한 것 이상의 것을 지향하도록 한다. 이러한 기업예술교육은 가치창조의 근간이 되는 심미적 판단력을 형성하는 과정으로서 그 의미가 있다."

"경영은 과학이 아니라
통찰력과 비전, 경험에 의존하는 예술에 가깝다."
- Nonaka·Toyama·Hirata(2010)

2017년 이화여대 경영예술연구센터에서는 실질적으로 기업현장에 적용할 수 있는 경영예술 방법론으로 다음을 제시했다.

• Pre-Stage. 예술가 마인드 심기
경영예술가로서의 마음가짐을 다지기 위한 사전 준비 단계

• Stage I. Identity
사업예술가로서의 정체성 정립

- Stage Ⅱ. Sense & Insight

  통찰을 향한 전존재적 감지

- Stage Ⅲ. Imagine

  극한의 상상을 현실화

이제 기업은 기능성(1단계)과 감각적 관능성(2단계)을 넘어 창작자의 정체성(3단계)과 감상자 현존성(4단계)으로 도약해야 할 시점이다. 즉, '생산자 아트본능의 발현(마스터피스 창조), 기업의 아트밸류 플랫폼화'로 방향을 전환해야 한다.

생산자들이 자신에게 잠재되어 있는 고유의 아트본능을 깨워내고, 현존성을 극대화하면서 제품/서비스를 디자인한다면? 소비자는 '감상자의 현존성'에 자극받아 진정성 넘치는 감동에 이르게 된다.

기술중심 예술화사회는 기업에만 해당하는 패러다임이 아니다. 이제 막 도래한 기술중심 예술화사회는 사회 유기체적으로 미적교육을 제공하고, 미적상태를 공유하며, 미적가치를 추구한다. 앞으로 이러한 양상이 본격화할 것이다. 기업, 사회, 국가, 나아가 인류 공동체를 위한 가치공유 플랫폼이 탄생하는 시대가 된 것이다. 우리는 이를 '아트밸류 플랫폼Art Value Platform'이라 부른다.

현재 국내 기업에서 창의력 교육, 융합 교육, 미적교육에 대한 방법론을 기반으로 한 체계적인 기업교육 사례를 찾아보기는 힘들다. 그러나 넓게 보면 예술을 포함한 인간의 문화활동 자체를 놀이Play로 볼 수 있다.

　　네덜란드의 문화사학자 요한 하위징아Johan Huizinga, 1872~1945는
『호모 루덴스Homo Ludens, 유희하는 인간』(1938)에서 놀이라는 개념을 인
간 문명, 문화라는 광대한 분야에 걸친 특성이자 요소로 정의 내렸다.
놀이를 문화에 통합시킨 것이다. 그는 모든 문화가 놀이에서 발생한
만큼 놀이는 삶의 총체적 현상이라고 주장했다. 하위징아에 따르면,
놀이는 인간 본연의 욕구이자 성취다.

　　즐거움과 재미를 추구하는 소비자들을 겨냥해 기업들은 유희적
인 마케팅을 많이 시도해왔다. 그뿐 아니다. 이미 10여 년 전부터 기업
들은 기업문화에 '놀이'와 '놀이본능'을 본격 도입했다. 창조기업으로
대표되는 구글과 아이데오IDEO, 애플, 3M에서 업무환경을 놀이터나
게임장으로 바꾸었다. 마이크로소프트는 아예 회사를 캠퍼스라 명명
하고 대학과 같은 공간배치를 했다.

　　"흡연하실 분은 우측 비상구로 나가셔서 항공기 날개 위에서 담
배를 피우시면 됩니다. 흡연 중에 감상하실 영화는 〈바람과 함께 사라
지다〉입니다." 이러한 기내방송으로 승객을 웃기는 사우스웨스트항
공은 놀이문화를 통한 창조경영의 성공사례로 잘 알려져 있다.

　　구글이 2006년에 선보인 '구글 이미지 레이블러Google Image
Labeler: 지금은 없는 서비스'는 일종의 게임 사이트인데, 단순한 게임을 이용
해서 네티즌이 자발적으로 구글의 업무를 돕도록 한 것이다. 게임 방
식은 다음과 같다. 온라인에서 두 명의 플레이어를 임의로 묶고 1분
30초 동안 모니터에 뜬 사진에 대한 설명을 입력하게 했다. 두 사람이

동일한 단어를 입력하면 점수를 얻는다. 플레이어가 높은 점수를 얻으려면 다른 사람도 이 사진을 보고 공감할 만한 적절한 단어를 떠올려야 한다.

수많은 과정이 반복되면서 이미지에 정확한 태그가 붙는 방식이다. 2006년 7월 기준 7만 5,000명의 플레이어가 참여해 무려 15억 장의 사진에 태그 단어를 자발적으로 달았다. 창의적 아이디어로 만든 이 간단한 놀이로 구글의 이미지 검색 서비스는 효과적으로 개선되었다. 구글은 일을 놀이처럼 하면서 재무비용을 절감하고 단시간 내에 검색 품질을 향상시킨 것이다. 이를 한마디로 표현하면 이렇다.

'사람은 놀고, 기업은 이를 통해 생산성을 높인다.'

구글 직원들이 인터넷에 있는 모든 사진에 직접 태그를 붙일 수는 없다는 생각에서 창안된 구글 이미지 레이블러는 '일과 놀이 매트릭스'에서 '멋진 신세계'에 해당한다. 일과 놀이의 경계가 허물어지고, 오히려 일과 놀이가 합일되어 재미와 성과를 동시에 이끌어내는 그야말로 멋진 신세계가 아닐 수 없다.

실제로 예술가들에게는 '일 따로, 놀이 따로'가 아니다. 그들에게 일과 놀이는 분리되지 않는다. 구분되기는커녕 오히려 둘은 하나다. 일과 놀이가 같은 이들이야말로 자신만의 예술작품 창작활동에 온전하게 몰입하며 현존성을 극대화하여 창조적 혁신을 이루어내는 사람들이다.

구글 이미지 래블러 게임
이미지에 태그를 지정하여 구글이 구글 이미지 검색을 개선하는 데 도움을 주었다.

일과 놀이 매트릭스

	재미	
행위의동기	"멋진 신세계"	B 취미, 오락
	A 전통적 업무	C 프로게이머
의무/생계유지		

일 ← 행위의 결과 → 놀이

프로게이머로 그려본 일과 놀이 매트릭스. 놀이처럼 일할 수 있는 프로게이머, 가수, 댄서, 운동선수뿐 아니라 기업의 조직구성원에게도 '멋진 신세계'는 일과 삶에서 추구할 지향점이다.

출처:《동아비즈니스리뷰》19호(2008년 10월)

10년 전 기업들이 '놀이본능'을
생산성 향상을 위해 도입하고자 했다면,
지금 기술중심 예술화사회의 미학경영기업은
'아트본능'으로써 일이 곧 예술이 되는 세상을 열어야 한다.

미학경영은 유희본능의 극대화, 일상의 유희화를 추구한다. 일 자체가 유희의 대상인 것이다. 따라서 미학경영이 기업들에 전하고픈 분명한 메시지는 바로 이것이다.

"기업이여! 먹고 살아가는 행위도 놀이하듯,
예술작품을 창조하듯 하라."

실러가 주창한 '인간의 자유로운 상태'. 이러한 경지에 이른 조직구성원이 한 팀이 되어 프로젝트를 수행한다. 이들이 몰입하며 일하고 있을 때 그 자유로움을 상상해보라. 어떠한 모습이 떠오르는가? 그리고 여러분 기업의 현재 모습은 어떠한가?

더 이상 생계유지 따위의 의무감으로 일하는 것이 아니다. 일과 놀이 사이에는 더 이상 벽이 없다. 분리 불가능이다. 일터의 삶도, 일상의 삶도 유희이자 예술이다. 이렇게 아트본능이 표출될 때 생산자의 현존감이 발현된다.

그 결과는? 세상에 단 하나밖에 없는, 발군의 창조력에 빛나는 제품/서비스가 탄생한다. 기업이 이러한 제품/서비스를 소비자에게 제공한다면? '와우!'를 넘어선다. 이때의 감동은 경이와 감탄이다. 기업은 마케팅 비용을 절감하고, 감동받은 고객들은 구매율이 높아지면 기업의 생산성 역시 높아지는 것은 당연한 일 아니겠는가? 이렇게 된다면 기업은 지속가능성을 확보할 수 있지 않겠는가?

예술작품에 감동받은 감상자가 재구매와 반복구매를 하고, 홍보대사로서 주변에 적극 추천을 해서 팬덤이 형성되듯이, 팬덤경영을 하는 생산자와 소비자가 만나는 교차지점으로서 아트밸류 플랫폼이 형성되어야 할 것이다. 아트밸류 플랫폼은 생산자에게는 마스터피스를 창조할 영감을 불러일으켜 창의성을 발현하고 '미적체험'을 하도록 하며, 소비자와는 '미적가치'를 공유하는 플랫폼이다. 아트밸류 플랫폼을 통해 실러의 미적교육이 제공하는 가치처럼 마스터피스 전략을 통한 창조적 혁신을 시도해볼 수 있다.

지금 당장 조직구성원들에게 아트본능을 일깨우고 아트밸류 플랫폼을 제공할 교육을 하고 싶지 않은가? 아트밸류 플랫폼은 마스터피스 전략의 베이스캠프다.

고대부터 근대에 이르는 미학자들의 명제는 지금 이 순간 기업현장에서도 활용할 수 있다. 이 미학의 명제들이 제품/서비스에 녹아들면 소비자를 감동시킬 수 있는 마스터피스가 창조될 수 있다는 걸 충분히 이해했을 것이다.

6

미학
경영이란

팬슈머를 탄생시키는
고객감동 서비스

아트워커의
EX(현존경험) 디자인

"시장의 변화는 개인의 진정한 참여로 이루어진다.
'현존감'이라는 존재론적인 경험은
생산과 소비에서 가장 중요한 기준이며,
대체 불가능한 것이다"

| 경영철학, 경영목표와 사명의 진화 |

1-1

미학경영의 경제주체

자신이 공유하고 있는 부족의 가치관이

훼손될 위기에 처했을 때

부족사회의 직원들은 좌시하지 않는다.

이들에게 기업은 하나의 가치 공동체이자

생존 동반자이기 때문이다.

기술중심 예술화사회에서 기업, 조직구성원, 소비자는 존재론적으로 지금까지와는 다르게 정의되어야 한다. 기업은 조직구성원과 소비자가 아티스트로서 생산과 소비를 할 수 있도록 시장환경을 조성하는 인큐베이터가 된다. 조직구성원은 단순히 기계부품처럼 생산프로세스의 일부만 담당하는 것이 아니라, 아트듀서로서 놀이처럼 창작활동을 하는 존재다.

소비자 역시 만들어진 제품들 가운데서 수동적으로 소비선택을 하는 것이 아니라, 아트슈머로서 제품에 자신의 정체성을 접목하는 인풋Input 소비를 한다. 기술중심 예술화사회의 경제주체들이 살아가는 사회는 과연 어떠한 모습일까?

● 사막 위에 세워진 일주일짜리 도시

실리콘밸리의 기업가들이 1년 내내 손꼽아 기다리는 예술축제가 있다. 바로 버닝맨Burning Man 페스티벌이다.

1986년 시작된 버닝맨 페스티벌은 매년 8월 마지막 주에 미국 네바다 주 블랙 록 사막 한가운데서 일주일간 형성되었다가 사라지는 도시인 블랙 록 시티Black Rock City에서 벌이는 예술축제다. 구글의 래리 페이지, 자포스의 토니 쉐이, 테슬라의 일론 머스크 등이 참여한 바 있다.

단 일주일이라는 시간 동안 사람들은 '자기표현'을 위해 사막마을에 모인다. 버닝맨에서는 예술을 통한 상호작용을 중요시하며 창의적인 활동을 장려한다. 매해 정해진 주제에 맞게 대형구조물과 테마 캠프를 만들기도 하고 의상, 선물 등을 가져올 수도 있다.

자신이 공동체에 어떻게 기여할지 스스로 정한다. 만약 어느 가게에서 칵테일을 사고 싶다면 꼭 돈과 교환하지 않아도 된다. 예를 들면, 대신 바텐더에게 웃음을 주어야 한다. 누군가를 감동시키거나 고무시키는 것이 버닝맨의 가장 큰 가치다.

예술가들이 사막 위에 세운 아름다운 예술작품은 공동체에 커다란 즐거움을 선사한다. 이곳에서는 예술작품이 무엇보다 가장 대우를 받는다. 버닝맨 페스티벌은 즉흥적인 소모임으로 시작했는데 어느새 4만 8천 명이 넘는 공동체가 참여할 정도로 큰 규모의 축제가 되었다.

● 버닝맨의 원칙

사막마을 공동체에서 일주일 동안 자신을 표현하며 생존하기 위해서는 그들이 세운 10대 원칙을 따라야 한다. 기술중심 예술화사회에 원칙이 있다면 아마 이와 유사하지 않을까? 아래에서 여러분 자신과 여러분 조직에 적용할 수 있는 조항들을 살펴보라.

버닝맨 프로젝트 10대 원칙

① **근본적 포괄**Radical Inclusion

누구나 버닝맨 축제의 일원이 될 수 있습니다. 우리는 언제나 새로운 분들을 환영합니다. 축제에 참여하기 위한 어떠한 전제조

⟨The Space Whale⟩
출처: http://spacewhale.me/

버닝맨 페스티벌에서 전시된 ⟨The Space Whale⟩

버닝맨 기간이 종료되면 작품은 무無로 돌아가지만, 예술가들은 그 안에서
예술사회를 이루며 자기실현을 충실히 한다.

건도 없습니다.

② 선물 주기Gifting

버닝맨은 선물에 의미를 둡니다. 선물의 가치에는 조건이 없습니다. 선물이라는 것은 어떠한 대가를 생각해서 하는 게 아닙니다. (모두는 자신이 가진 것을 조건 없이 제공합니다. 수백인분의 요리를 만들어 제공하는 요리캠프, 의사들이 모여 무료 의료상담과 서비스를 제공하는 의료캠프처럼 다양한 기부문화가 펼쳐집니다. 화폐도 사용할 수 없어 필요한 물건은 물물교환으로 해결합니다.)

③ 비상업화Decommodification

선물의 의미를 확립하고자 우리는 상업적 협찬, 거래 또는 광고에 영향 받지 않는 모임을 만들고자 합니다. 우리는 이와 같은 부적절한 행위로부터 우리 문화를 보호하고 지켜내고자 하는 바입니다. 우리는 참여문화를 소비문화로 대체하는 것을 반대합니다. (이에 버닝맨 기간 동안 의식주에 필요한 모든 물품은 개인이 챙겨 와야 합니다. 전기와 물은 공급되지 않습니다. 주최 측에서는 오로지 공중화장실과 커피와 얼음, 레몬만을 제공합니다.)

④ 근본적인 자립Radical Self-reliance

버닝맨 축제는 개개인이 자신만의 창의성과 능력을 바탕으로 개척하고 실현하는 것을 권장합니다.

⑤ **근본적 자기표현**Radical Self-expression

근본적 자기표현은 개인 고유의 재능으로 이루어집니다. 그 표현에 대해서는 제작자 또는 제작단체를 제외한 그 누구도 결정할 수 없습니다. 순전히 기부의 의미로 만들어진 것입니다. 이러한 의미에서 제작자는 수령인들의 권리와 자유를 존중해야 할 것입니다.

⑥ **공동의 노력**Communal Effort

우리 단체는 협력과 공동작업을 중시합니다. 이러한 협력을 돕는 소셜 네트워크, 공공 공간, 작품, 그리고 소통수단들을 개발, 촉진, 보호하고 있습니다.

⑦ **시민의 책임의식**Civic Responsibility

우리는 성숙한 시민사회를 원합니다. 행사를 준비하는 단체 일원들은 공공의 행복을 염두에 두어야 하며 다른 참가자들도 성숙한 시민이 될 수 있도록 노력해야 할 것입니다. 또한 지역, 주, 연방의 법을 준수하며 행사를 개최해야 할 것입니다.

⑧ **흔적 남기지 않기**Leaving No Trace

우리 단체는 환경을 존중합니다. 우리가 어디에 모이든 흔적을 남기지 않기 위해 최선을 다합니다. 뒷정리는 확실하게, 그리고 가능하다면 언제든 모이기 전보다 더 나은 상태로 환경을 개선하고자 노력합니다.

⑨ 참여Participation

우리 단체는 근본적 참가윤리를 추구합니다. 우리는 개인 또는 사회의 변화가 개인의 진정한 참여로 이루어진다고 믿습니다. 우리는 실천을 통해 실현을 합니다. 이 변화에 모두를 초대합니다. 이 놀이에 모두를 초대합니다. 우리는 마음을 여는 실천을 통해 세계를 구현합니다.

⑩ 즉각적 경험Immediacy

즉각적 경험은 여러 방면에 있어 우리 문화에 가장 중요한 기준입니다. 우리는 우리와 우리가 인지하는 우리 내면의 모습, 우리를 둘러싸고 있는 현실, 사회 내 참여, 그리고 사람의 힘으로 범접할 수 없는 대자연과의 접촉 사이에 있는 벽을 허물고자 합니다. 어떠한 아이디어도 이러한 경험을 대체할 수 없습니다.

예술가들의 도시인 버닝맨은 기술중심 예술화사회에도 적용 가능한 원칙들을 사막 위에서 실현하고 있다.

기술중심 예술화사회에서 조직구성원과 소비자는 모두 아티스트가 될 수 있다. 이들은 개개인의 창의성과 능력을 존중받으며 생산과 소비를 통해 이를 개척하고 실현한다. 생산과 소비의 과정은 근본적인 자기표현으로 여겨진다. 이를 위해서는 모두가 협력하여 예술작품과도 같은 제품/서비스를 만들어낼 수 있도록 환경을 조성할 필요가 있다.

시장의 변화는 개인의 진정한 참여로 이루어진다.
'현존감'이라는 존재론적인 경험은
생산과 소비에서 가장 중요한 기준이며, 대체 불가능한 것이다.

● **도시는 사라져도 가치는 영원하다**

버닝맨 마지막 밤. 거대한 사람 모형의 구조물이 불태워진다. 마을은 흔적도 없이 사라진다. 이처럼 참가자들은 사라질 것들을 위해 모이고 흩어진다. 무엇이 사람들을 아무것도 없는 사막에 모여들게 만들었을까? 버닝맨에서는 자기표현을 위해 무엇이든 실험적으로 추구하고 도전할 수 있기 때문이다. 버닝맨의 슬로건은 다음과 같다.

사막 위의 도시
가능성의 문화
몽상가들과 행동가들의 네트워크
(A city in the desert
A culture of possibility
A network of dreamers and doers)

이 슬로건을 보면 왜 실리콘밸리의 기업가들이 그토록 버닝맨에 열광하는지 알 수 있을 것이다. 실리콘밸리의 정체성과 버닝맨의 슬로건은 뿌리 깊게 맞닿아 있다. 구글의 설립자 세르게이 브린과 래리 페이지가 전문경영인을 채용하기 위해 18개월간 74명의 후보를 인터뷰하고, 마침내 에릭 슈밋을 영입했다. 그 이유는 그가 후보자들 가운데 유일한 버닝맨 참가자였기 때문이다. 버닝맨의 가치와 정신을 이해하는 사람이라면 구글과 함께해도 괜찮겠다고 판단했다는 것이다.

이처럼 실리콘밸리의 기업가들은 버닝맨에서 얻은 영감을 가지고 회사로 돌아가 제품/서비스, 나아가 기업문화에 담아내고자 한다. 아무것도 없는 사막에서 세계를 바꿀 혁신의 불씨를 찾은 것이다.

현시대는 기술발전으로 아름다운 구조물과 같은 가상세계를 구축하기도 하고, 소비자에게 이전에는 없었던 몰입형 경험들을 제공하기도 한다. 실리콘밸리의 몽상가들과 행동가들은 협업을 통해 제품/서비스의 가능성을 실험하고 시장에 도전한다. 이들은 일을 예술활동, 창작활동으로 생각하기 때문에 그들이 하는 일의 모든 과정은 자기실현을 향한다.

● 버닝맨을 이끄는 사람들과 프로그램

버닝맨을 구성하는 인원으로는 창립자 여섯 명, 이사회 멤버들, 직원들이 있으며, 버닝맨의 행사와 문화에 상당한 기여를 한 저명한 인사들은 명예멤버로 지정한다. 버닝맨은 지역사회가 자신들의 10대

원칙을 적용할 수 있도록 인프라 도구와 프레임워크를 지원한다. 버닝맨 홈페이지burningman.org에 따르면 예술, 시민참여, 문화, 교육, 철학센터, 사회적기업 등 여섯 개 분야의 프로그램을 제공한다. 각 분야별 프로그램의 자세한 내용은 다음과 같다.

① 예술 프로그램

예술 프로그램의 목적은 예술의 패러다임을 상품화된 사물에서 창의적 표현의 대화형, 참여형, 공유형 체험으로 바꾸는 것이다. 예술 프로그램 활동을 보면, 사람들이 상호작용하고 협업하여 예술을 개인의 일상이나 공공생활과 통합할 수 있도록 장려한다. 사회건축을 홍보하며, 이동수단·웨어러블 아트를 만들고 전시할 기회를 제공하여 창의적 자기표현을 촉진한다.

버닝맨 프로젝트는 미술 보조금, 미술 전시회, 미술 축제, 공공미술 배치, 미술·예술가의 디렉토리와 카탈로그, 그 밖의 수단을 통해 이를 달성한다.

② 시민참여 프로그램

시민참여 프로그램은 시민사회를 위한 시민의 책임의식을 고양하고 봉사활동을 장려한다. 이를 위해 버닝맨 10대 원칙에 부합하는 쌍방향 협력의 방식으로 프로그램을 제공한다. 도시와 농촌, 가상세계에서의 네트워크를 통한 커뮤니티 축하, 퍼레이드, 축제, 기타 이벤트 조직 등의 활동이 있다.

버닝맨 프로젝트는 이러한 행사를 마련하고 공공예술 작품과 창조적 자기표현물을 전시할 수 있도록 시, 주, 연방기관과 협력해 폭넓은 참여를 장려한다. 문화지구 개발을 지원하고, 오랫동안 침체된 도시지대로 다시 활기를 불어넣는다. 저소득층과 중산층을 위한 중요 서비스와 편의시설을 제공해 근린경제 자급자족에 기여한다.

③ 문화 프로그램

문화 프로그램은 도시·농촌 문화센터를 육성한다. 협업, 상호예술, 문화·공동체 참여를 장려하며 전시공간을 구축, 운영한다. 버닝맨 프로젝트의 문화센터는 영구적일 수도 있고 임시적일 수도 있다. 또한 물리적 공간일 수도 있고 가상공간일 수도 있다.

문화를 창출, 보존하는 활동으로는 다음과 같은 것들이 있다. 샌프란시스코의 협업모임 및 갤러리 공간, 교실, 워크숍, 도서관, 자료실, 추모와 의식을 위한 장소, 여러 커뮤니티 기반의 비영리단체를 위한 공유사무실 공간, 궁극적으로는 카페와 카페 설립 등이 있다. 향후 장기적으로 농촌 수련원, 예술가 거주지, 캠핑장 등 자연환경에서 대화형 협업 커뮤니티와 문화를 만들어갈 기회를 제공할 것이다.

④ 교육 프로그램

교육 프로그램의 임무는 전 세계 버닝맨 문화와 경험의 철학과 원리, 실천을 가르치는 것이다. 스킬 교육에는 대화형 예술 만들기, 불꽃 효과 만들기, 의상 만들기, 자원봉사자 모집 및 유지, 마을회의 촉진, 정부기관과의 효과적인 참여, 프로젝트 관리, 기금 모금, 예술 보조금 작성, 비영리단체 설립, 이벤트 제작, 기념비적인 공공예술 설치 등이 포함된다.

버닝맨 프로젝트는 협업 커뮤니케이션, 적극적인 청취, 비상 관리, 분쟁 해결, 협업 리더십, 재난 대비 및 구호, 그 밖의 무수한 주제에 대해 가르칠 수 있다. 직원, 컨설턴트, 자원봉사 교사들은 버닝맨 커뮤니티를 넘어 즉석 세션부터 정식 수업에 이르기까지 모든 분야에 걸쳐 버닝맨 문화를 교육할 것이다.

⑤ 철학센터 프로그램

철학센터는 학술연구를 할 수 있는 싱크탱크 역할을 한다. 이 프로그램의 활동은 학문적·문학적 탐구, 학문적 사고와 상호작용, 협력적 행동을 강조하는 프로젝트, 버닝맨 문화, 일반 대중을 위한 실용적 콘텐츠를 제공한다. 철학센터는 예술, 과학, 놀이, 선물, 상호작용, 협업, 관련 경제 및 정책 이슈에 대한 연구와 혁신을 추진할 예정이다. 이에 대한 출판물은 기사, 책, 비디오, 영화, 사례연구, '방법' 설명서, 정책, 절차, 스트리밍 미디어 및 기타 수단과 같은 무제한의 형태와 미디어로 이루어질 것이다. 철학센터는 대화를 장려하고 버닝맨웨이의 자기반성적인 '살아 있는' 기록 보관소와 문학 탐구를 만들 예정이다.

⑥ 사회적기업 프로그램

사회적기업 프로그램은 인증, 사회적·연결 네트워크, 재정후원,

공유지원 서비스, 멘토링 등을 제공하여 공익 협업을 희망하는 선교동 맹 단체 및 프로젝트와 협업한다. 긴밀한 임무 제휴 및 재정후원 프로 젝트나 비영리단체에 인적자원, 자원봉사 조정, 부기, 재무관리, 기술 지원, 국제운영, 우수한 비영리 거버넌스, 위험관리, 비상대응, 법적 공 동지원 서비스를 제공한다. 장기적으로 본 프로젝트는 10대 원칙을 운 영에 구현하고자 하는 초기 단계 기업 및 비영리 기업의 성공적인 발 전을 가속화하기 위한 문화기업 육성 프로그램을 만들 수 있다.

기업의 CEO라면 누구나 조직구성원들이 마스터가 되기를 바 랄 것이다. 이에 대해 고민하는 CEO에게 버닝맨은 자기표현과 자기 창조 프로그램 운영방식에 힌트를 준다. CEO 스스로 이러한 프로그 램을 경험하고, 이를 조직에 적용할 수 있는 프로세스와 제도를 만들 필요가 있다. 직원들이 스스로 예술적이라고 느껴야만 소비자들에게 도 예술적인 느낌이 전해지기 때문이다. 이제는 조직이 버닝맨을 닮 아가야 한다. 그래야 비로소 예술적 조직으로서 마스터피스 전략을 펼칠 수 있을 것이다.

● 부족사회의 부활

3장 "미학경영, 미래경영의 뉴 패러다임"에서 미래학자 롤프 옌 센의『미래 경영의 지배자들Dream Society』의 핵심 내용을 소개했다. 옌 센은 또한 이 책에서 시대의 흐름에 따른 기업 형태의 변화를 다음과 같이 간단명료하게 설명한다.

- 산업사회의 기업: 기계
- 정보사회의 기업: 컴퓨터
- 드림 소사이어티의 기업: 부족

정보사회 이후 조직구성원은 부족의 일원으로 가치체계와 규칙을 공유하고 협력하여 생존한다. 10만 년의 인류 역사를 통틀어 보면 인간은 부족 집단체제를 가장 오랫동안 유지해왔다. 그리고 첨단기술을 갖고 다시 인류는 부족의 형태로 되돌아가고 있다.

그렇다면 기업의 근로주체들의 존재론은 어떻게 변화할까? 산업사회에서 정해진 가격에 따라 고용된 노동자들은 기계 속 톱니바퀴처럼 교체될 수 있는 상품과도 같았다. 정해진 크기와 위치, 역할에 따라 맞물려 돌아가기만 하면 되는 존재였다.

정보사회의 직원들은 컴퓨터 내부에 연결된 선들과 같이, 조직의 수직적 구조에서 벗어나더라도 유연하게 서로 연결되어 소통하고 지식을 전달하는 것이 중요한 과제였다.

이제 부족사회의 형태를 띠는 기업에서 가장 중요한 것은 가치체계의 공유와 이에 따른 빠른 적응이다. 기업은 하나의 사업에 국한되는 대신, 가치관에 따라 여러 가지 사업으로 확장할 것임을 옌센은 예견했다.

부족이 기존의 먹잇감이 사라지면 새로운 먹이를 찾아 생존했듯, 현대의 기업과 그 구성원들은 유기적인 부족의 형태로 역동적으로 변화하며 혁신을 이룬다. 다양한 분야에서 기술개발에 투자하고, 끊임없이 새로운 비즈니스 모델을 만들어내며, 조직구성원들은 거시적인 부족의 가치를 위해 강한 적응력으로 활동한다.

● Google, Don't Be Evil

오늘날 부족사회화된 기업은 직원들에게 단순히 월급을 받기 위한 활동공간이 아니다. 가치를 공유하는 부족이기 때문에 자신이 동의할 수 있는 의미와 철학을 기업이 유지하는 것이 구성원들에게도 매우 중요한 요소가 된다. 그 때문에 기업 내부의 직원들이 기업의 가치 보호를 위해 적극적으로 행동하며 기업에 가치추구를 요구하는 문화가 시작되었다.

이는 혁신의 선두에 서서 전 세계인들에게 선망의 대상이 되고 있는 구글과 그 부족을 이루는 인재들에게서 확인할 수 있다. 2018년 구글 직원들의 대규모 시위는 전 세계적으로 큰 파장을 일으켰다.

시위는 고위임원의 성추문 사건에 대한 구글의 대처에 직원들이 반발하면서 시작되었다. 안드로이드의 아버지라고 불리는 앤디 루빈의 성희롱 사건에 대해 회사가 사건을 은폐하고 오히려 가해자 측에 거액의 퇴직금을 지급하기로 한 데 대해 직원들이 집단행동에 나선 것이다. 단 하루 만에 전 세계 50여 개 사업장과 2만여 명의 직원들

기업 가치 보호를 위한 구글 직원들의 집단행동

고위직 임원의 성범죄에 대한 구글의 소극적 대처에서 비롯된 구글 직원들의 시위. 직장이
단순한 경제활동의 수단이 아니라 가치와 철학을 공유하는 공동체임을 보여주었다.

출처:《조선일보》

이 동참했고, 결국 구글은 중재를 금지하고 피해자 보호를 강화하며
사건이 마무리되었다.

한편, 2017년 미 국방부 프로젝트에 구글이 인공지능 기술을 제
공하여 감시자료를 분석한 것에 직원들은 분노했다. 직원들은 자사의
AI기술이 군사적 목적으로 사용된다는 사실에 크게 반발했고 5,000
여 건에 달하는 반대서명이 진행되었다. 그 결과, 구글은 AI기술 핵심
담당자들을 내보내고 해당 프로젝트가 군사적 목적과 무관하다고 해
명했으며, 향후 재계약이 없을 것임을 선언했다.

이러한 구글 직원들의 행동주의. 그 배경은 무엇일까? 그것은

바로 Don't Be Evil(사악해지지 말자: 나쁜 짓을 하지 않고도 돈을 벌 수 있다는 걸 보여주자You can make money without doing evil라는 의미를 담고 있음)' 이라는 구글의 경영 행동강령을 지키기 위한 정신이다.

자신이 공유하고 있는 부족의 가치관이 훼손될 위기에 처했을 때 부족사회의 직원들은 좌시하지 않는다. 이들에게 기업은 하나의 가치 공동체이자 생존 동반자이기 때문이다. 자신의 가치관에 따라, 장기적으로 부족의 존속에 위험이 되는 움직임을 경계하고 감시하는 것이다.

구글 역시 이러한 메커니즘을 이해하기 때문에 구성원들의 목소리를 쉽사리 묵살하지 못했다. 정보사회 이후의 새로운 사회에서 최고의 인재들을 부족원들로 영입하고 성공적인 부족으로 생존하기 위해 기업 역시 진실성 있게 가치와 철학을 지켜야만 하는 것이다.

| 경영철학, 경영목표와 사명의 진화 |

1-2

미학경영 제3의 목표, 행복경영

생산자는 소비자가 제품을 사용하면서

기뻐하는 모습을 상상하면서 제품을 만든다.

제품/서비스와 관련된 모든 직원, 협력업체, 사회 구성원들이

환경적, 사회적, 정치적 차원에서 미덕을 실천한다.

결국, 모두가 행복해진다.

기업인들은 아래 질문에 대한 답을 해보기 바란다.

- 2020년을 기점으로 전 세계 글로벌 기업환경에서 도전받고 있는 ESG에 대해 어떠한 철학과 전략을 갖고 있는가?
- 현재 지속가능한 경영을 위해 무엇에 초점을 맞추고 있는가?
- 소비자 만족을 극대화하여 진정성 넘치는 팬덤을 형성함으로써 새로운 수익모델을 창조하며 지속가능한 발전을 이어가고 있는가?
- 조직구성원은 자신의 작품활동처럼 제품/서비스 생산에 얼마나 혼신의 노력을 기울이고 있는가?
- 직원 만족도와 소비자 만족도를 조사하는 HR 부서와 마케팅 부서에서는 경영의 목표 안에서 조직구성원과 소비자의 행복에 얼마나 관심을 갖고 있는가?

당신은 위 질문에 답을 해보면서 어떠한 점을 인식하게 되었는가? 세계적으로 성공한 기업들은 구성원의 만족을 중요하게 여긴다. 구글은 최고의 인재를 뽑아 최고의 대우를 한다고 알려져 있다. 구글의 조직문화를 대변하는 키워드는 '미션과 비전, 신뢰, 목소리'다.

데이터분석 소프트웨어 회사 새스 인스티튜트SAS Institute 공동 창립자이자 CEO 짐 굿나잇Jim Goodnight은 성과창출을 위해서는 직원이 행복해야 한다며 다음과 같이 빗대어 말했다.

"행복한 젖소가 건강한 우유를 만든다."

SAS는 《포춘》이 발표한 일하기 좋은 100대 기업 중 1위를 차지한 바 있다. 짐 굿나잇은 또한 다음과 같이 말했다.

"구성원들을 회사를 이끌어가는 주역으로 대우해주면
그들은 회사를 위해 자신이 할 수 있는
모든 역량을 발휘한다고 믿는다."

넷플릭스 창업자이자 CEO 리드 헤이스팅스Reed Hastings는 최고의 직장의 조건은 "멋진 동료Stunning Colleague와 일하는 것"이라고 말했다. 넷플릭스의 조직문화는 '자유와 책임F&R, Freedom and Responsibility'이다. 모든 경영의 초점이 이에 맞추어져 있다. F&R을 위해 능력 있는 직원들을 확보하여 인재밀도Talent indensity를 높이고, 피드백을 많이 하도록 독려해서 솔직한 문화를 만들며, 휴가·출장·경비 규정 같은 통제를 없앤다. '규칙 없음이 규칙'이라는 넷플릭스의 이러한 모든 경영 방식은 자유를 주어야 책임을 지며, 그래야 세상에서 가장 빠르고 유연한 기업이 된다는 철학에서 비롯된 것이다.

SAS든 넷플릭스든 결국 그들의 조직문화는 한마디로 '신뢰의 문화'라 할 수 있다. 회사는 직원을, 직원은 회사를 믿는다는 전제하에서 창의하고 소통하며 업무하는 것이다. 이는 궁극적으로 조직구성원의 행복으로 귀결된다.

행복에 대한 철학적 연구는 쾌락주의적 입장과 자기실현적 입장으로 구분되어 접근되어왔다. 쾌락주의 입장의 고대 철학자 아리스티포스^{Aristippos, BC 435추정~B.C 355추정}는 다음과 같이 말했다.

"행복을 성취하는 방법은 즐거움을 극대화하고 고통을 최소화하는 것이다."

자기실현적 입장으로 대표되는 고대 철학자 아리스토텔레스^{Aristotle, BC 384~BC 322}는 다음과 같이 말했다.

"행복을 이루는 방법은 최선의 모습에 도달하도록 영혼을 인도하고, 적절하게 중용에 맞게 행동하며 미덕을 실천하는 것이다."

이를 미학경영의 관점에서 보자. 아리스티포스의 쾌락과 아리스토텔레스의 행복(중용과 미덕이 함의된)은 모두 기술중심 예술화사회 미학경영의 뿌리가 된다.

저자가 이끄는 이화여대 경영예술연구센터 연구원들은 지난 2015년에 직장인의 행복도에 영향을 끼치는 요인에 관해 연구한 결과, '직장환경', '직장 내 인간관계', '직장의 의미' 등이 중요한 요인임을 밝혀냈다. 연구의 결론은 직장인이 행복하다고 인식하기 위해서는 스스로 자신이 바람직한 삶을 살고 있으며 회사생활을 통해 삶의 의미와 가치가 잘 발현된다고 여기는 자아실현감 인식이 중요하다는 것이다. 또한 직장생활로 인해 발생하는 다양한 물리적, 생리적 고통(예를 들어, 출퇴근 시간 등)의 최소화, 직장 내 인간관계가 원만하다는 조건 등 총체적인 행복 요인을 지적한 바 있다.

2022년 4월 29일 기준, 구글 검색창에 '직원 행복'을 키워드로 넣으니 약 1,770만 개의 검색결과가 나왔다. 그만큼 많은 사람이 직원의 행복에 관심을 가지고 있다는 것이다.

전사적자원관리ERP 솔루션 회사인 SAP는 직원의 행복이 실적으로 이어진다는 것을 수치로(정량적으로) 증명했다. SAP는 글로벌 전 직원을 대상으로 회사생활 만족도 설문조사를 매년 실시한다. 소속감, 리더십에 대한 만족도, 권한이양, 상사와의 관계, 보상, 일과 삶의 균형, 건강 등의 설문 결과를 종합해 점수로 BHCIBusiness Health Culture Index 점수를 측정한다.

SAP는 평균 BHCI 점수가 1점 올라갈 때마다 9,000만~1억 유로의 영업 이익이 증가한다는 것을 '수치적으로' 증명했다. 그들은 회사 차원에서 BHCI가 비재무적 지표 중 가장 중요한 KPIKey Performance Indicator, 핵심성과지표라고 강조한다. SAP 코리아에서도 이 공식은 그대로 적용된다.

여기서 다시 질문하게 된다. 행복은 수단인가, 목적인가? 이제 직원(생산자), 소비자, 사회구성원 모두를 자원Resource이 아닌 행복추구권을 가진 존재Existence로 인식하도록 관점을 전환해야 하지 않겠는가? 일과 삶의 균형을 의미하는 워라밸Work-life balance 역시 궁극적으로는 이러한 관점으로 나아가야 할 것이다.

국내에서 직원행복경영을 추구하는 기업을 보면, 롯데그룹은 '직원행복 창조'를, SK그룹은 '이해관계자 행복'을 중요한 가치로 삼고 있다. 이 밖에도 워라밸을 기치로 많은 기업이 다양한 제도를 도입하고 있는데, 이것은 한국의 기업문화가 변화를 맞이했음을 보여준다. 다만, 워라밸을 실현하는 과정에서 의지와 현실이 괴리되거나 본

테마	기업	내용	기업	내용
유연한 근무	삼성 전자	2009년 자율근무제 가장 먼저 도입 2012년 자율 출퇴근제 실시	롯데그룹	퇴근 시간이면 전 계열사 컴퓨터 자동 로그아웃
	현대 자동차	매주 수요일 조기 퇴근	GS그룹	직원들의 야근 없애기 위한 집중 근무 제도 운용
	SK 텔레콤	2주 80시간 내에서 근무시간 자유롭게 설계	금호 아시아나	금요일이면 오후 5시 정시 퇴근 독려
	LG화학	탄력근무제 '플렉스타임' 사무직 전체에 확대 적용		
육아 및 난임치료 지원	SK텔레콤	육아휴직 2년, 직원 성별 관계없이 90일 자녀돌봄휴직	한화 그룹	첫 돌 될 때까지 여직원에게 야근 금지
	LG전자	여직원, 육아 위해 최대 1년간 주 15~30시간 근무 가능	포스코	둘째에게 500만 원 출산장려금 지급
	롯데그룹	전 계열사에 남성 육아휴직(1개월) 의무화 제도 도입	에쓰오일	주요 사업장에 수유실 설치
	롯데 백화점	수능 앞둔 자녀 둔 직원, 최대 100일 휴직 가능	삼성전자	난임휴가 3일 남성 직원에 출산휴가 10일
근무 및 휴양환경 개선	SK 이노베이션	2주간 휴가 가는 '빅 브레이크' 독려	LS그룹	여름휴가와 별도로 5~10일간 연속 휴가 보장
	LG 디스플레이	휴식 전용 시설인 힐링센터 건립	에쓰오일	연중 자유롭게 2주간 휴가 사용
	두산 그룹	여름 2주일, 겨울 1주일 집중휴가제 권장	한화그룹	과장 이상 승진자에게 한 달간 휴가
	포스코	직원 정신건강 위한 심리상담실 운영	GS홈쇼핑	다이어트 프로그램 등 사내 체육시설 운영

마스터피스 **전략**

질은 변치 않고 형식만 좇는다거나 하는 부작용은 조직구성원들의 목소리를 충분히 반영하여 지속적으로 개선해나가야 할 것이다.

생산자는 소비자가 제품을 사용하면서 기뻐하는 모습을 상상하면서 제품을 만든다. 제품/서비스와 관련된 모든 직원, 협력업체, 사회구성원들이 환경적, 사회적, 정치적 차원에서 미덕을 실천한다. 결국, 모두가 행복해진다. 미학경영이 궁극적으로 추구하는 바다. 그러나 현재 기업 상황을 보면 ESG가 주주로부터 투자를 받을 수 있는 기준이 되어 어쩔 수 없이 해야 하는 당위적 수준에 머물러 있다.

● 효과성과 효율성을 넘어 효정성效情性이 발현되어야 하는 시대

이제 구성원의 행복이라는 제3의 기준이 필수조건Must으로 들어가야 하는 시대다. 경영의 목표 안에 인간의 행복이라는 가치가 들어가야 한다. 앞서 말했듯이 직원(생산자), 소비자, 사회구성원 모두에 대해 존재론적 관점으로 전환해야 한다. 이것이 기술중심 예술화사회의 행복경영이 추구하는 목표다. 이를 위해 우리가 끊임없이 던져야 하는 질문은 다음과 같다.

기업의 경영활동과 관련된 사람들,
즉 주주, 이해관계자, 조직구성원의 감정을 반영할 수 있고
그 존재들의 영역을 펼칠 수 있게 하는가?

저자는 이를 효정성效情性이라고 명명해본다. 이제 기업의 효과성, 효율성 외에 제3의 기준인 효정성이 경영에 들어와야 한다. 이를 통해 조직이 변해야 한다.

조직의 행위목표를 통해
구성원들에게 얼마나 감동이 전해지는가?
조직구성원들은 행복한가?

산업화와 정보화, 기술화로 인류문명은 전례 없는 풍요와 편리를 누리고 있지만, 그 대가는 무엇이었나? 인간성 결핍, 존재의 상실이다. 이러한 '풍요로운 결핍'의 시대에 효정성效情性이라는 새로운 가치기준이 제시되어야 한다.

● **미학경영의 궁극적 방향성, 행복경영**

행복경영의 주체는 기업의 구성원, 소비자, 사회구성원 모두가 된다. 행복경영은 미학경영을 통해 도달하고자 하는 궁극적인 방향성이며, 다음 세 가지를 목표로 한다.

① 제품/서비스를 생산하고 공급하는 기업 구성원의 희열감과 충만감
② 제품/서비스를 사용하고 향유하며 감동을 받는 소비자의 희열

감과 충만감

③ 이로 인해 사회구성원 모두가 행복을 느끼는 것

행복경영의 개념은 그동안 조직구성원들이 일터에서 어떻게 하면 더 높은 업무 만족도와 전반적인 삶의 만족도를 높이고, 그로 인해 개인의 업무성과와 창의성, 그리고 궁극적으로 조직의 경영성과를 높일 수 있는가라는 맥락에서 논의되어왔다.

그런데 직장인 행복도에 큰 영향을 끼치는 근원적 기제는 무엇인가? 저자는 앞서 버닝맨 프로젝트에서 논의한 것처럼, 직장인이 가지고 있는 주요 경영 관련 존재자(예: 직장에서의 개인, 일, 기업, 제품, 고객 등)에 대한 철학적 관점의 변화가 가장 강력하고 비용효과적이라는 명제를 제시하고자 했다.

즉, 직장인이 스스로를 더 이상 고통을 감내하는 '근로의무자'가 아니고 '제품예술가' 혹은 '기업예술가'라고 존재론을 바꿀 수 있다. 직장에서의 '일'이 더 이상 힘겨운 의무노동이 아니라 '작품창조 활동'이 되며, '제품'은 더 이상 돈을 벌기 위한 대상이 아니라 자신의 철학과 가치가 담긴 '작품'이 된다는 것이다. 또한 '고객' 역시 돈을 지불하는 단순 '소비자'가 아니라, 내가 만든 '작품'을 감상하며 스스로의 삶을 새롭게 만들어가는 또 다른 '삶의 예술가'가 된다는 점이다.

이렇게 직장인 존재론의 혁명적 변화가 일어나면, 각 개인의 행복도와 삶의 의미에 대한 만족도가 크게 높아질 수 있다. 즉, 기업활동의 모든 프로세스에서 제3의 기준인 '효정성效情性'이 높아짐으로써 행복경영의 목표달성이 가능해진다. 결론적으로 미학경영의 관점은 궁극적으로 행복경영을 지향하고 있다. 누가 먼저 인식하고 실천하는가의 문제만 남아 있다.

Impression × Fandom

| 기업전략(Big 전략 + 기능 전략)의 변화 |

2-1

팬덤 생애주기에 따른 감동우위 경영전략

기술중심 예술화사회의 기업은 아티스트처럼

팬덤을 보유하는 것이 궁극적인 목표다.

팬은 브랜드를 자신의 일부로 여기며,

자신과 비슷한 사람들로 이루어진 집단의

영향력을 키워나가고 싶어하기 때문이다.

감동이 돈이 되는 시대에 기업은 시장에서 '감동우위'를 차지하기 위한 경영전략을 펼쳐야 한다. 앞서 감동경영을 위한 기업의 감정지능 Emotional Intelligence에 대해 언급한 바 있다. 감정지능은 경험적 능력과 전략적 능력으로 구분되는데, 여기서는 전략적 능력, 즉 고객의 감정을 이해하고 관리하는 능력을 자세히 살펴보기로 한다.

기술중심 예술화사회의 기업은 아티스트처럼 팬덤을 보유하는 것이 궁극적인 목표다. 팬은 브랜드를 자신의 일부로 여기며, 자신과 비슷한 사람들로 이루어진 집단의 영향력을 키워나가고 싶어하기 때문이다. 이에 저자는 팬덤 생애주기에 따른 감동우위 경영전략을 고안했다. 미학기업은 미학적 제품을 통해 팬덤을 생성하는 것에서 나아가 팬덤을 유지, 관리할 수 있는 능력을 갖추는 것도 중요하다.

● 팬덤 생애주기에 따른 감동우위 경영전략

팬덤은 범위/지속시간에 따라 네 개의 영역으로 구분할 수 있는데, 인간의 생애주기와 같은 명칭을 부여해 다음과 같이 정의를 내렸다.

① 영유아기: 팬덤의 범위가 좁으며 지속기간이 짧은 그룹

② 청소년기: 팬덤의 범위는 넓지만 지속기간은 짧은 그룹

③ 청년기: 팬덤의 범위가 넓으며 지속시간이 긴 그룹

④ 성인기: 팬덤의 범위가 좁으며 지속시간이 긴 그룹

팬덤의 범위와 지속기간에 따른 분류

범위/지속기간	낮은 로열티 (짧은 지속기간)	높은 로열티 (긴 지속기간)
좁은 범위	① 영유아기	④ 성인기
넓은 범위	② 청소년기	③ 청년기

네 가지 팬덤 생애주기의 특징을 살펴보자.

① 영유아기 팬덤

이제 막 팬덤이 형성되기 시작한 단계다. 이 시기에는 정보가 상대적으로 부족해 브랜드 진입장벽이 높을 수 있다. 따라서 초창기의 팬 활동에는 진입장벽을 낮추고 다른 팬들의 조언 없이도 재미를 느낄 수 있는 요소가 있어야 한다. 이를 위해 다양한 방식의 참여활동을 제공할 필요가 있다. 이때 팬덤을 성장시키려면 자체적으로 팬 활동을 유지할 수 있는 최소 인원수를 확보해야 한다.

② 청소년기 팬덤

창발적創發的 행동Emergent behaviour: 남이 모르거나 하지 않았던 것을 처음으로 또는 새롭게 하는 것을 의미함이 일어나며 팬덤이 급속하게 확산되는 단계다. 자기표현의 수단이자 사회적 소속감의 상징으로서 브랜드가 광범위하게 소비된다. 하지만 많은 개인이 소비하기 때문에 자칫 개성 없는 브랜드로 인식될 수 있다. 따라서 너무 포괄적이어서 정보를 주지 않는 브랜드가 되지 않도록 브랜드 정체성을 정제해나갈 필요가 있다. 기업은 명확한 타기팅을 통해 브랜드와 오랜 기간 관계를 구축할 수 있는 충성고객을 확보해야 한다.

③ 청년기 팬덤

어느 정도 시간이 지나 넓은 팬덤이 계속해서 유지되는 안정적 단계다. 충성고객을 중심으로 팬덤활동이 체계적이며 활발하게 이루어진다. 팬덤 내부에서 자체적인 활동이 이루어지기 때문에 기업은 지속적인 모니터링을 통해 마케팅 포인트를 확보할 필요가 있다. 하지만 기업이 팬덤활동에 주도적으로 개입하는 것은 금물이다. 최소한의 관리만을 유지하며 팬덤활동을 위한 소재를 제공하는 정도면 충분하다.

④ 성인기 팬덤

시간이 많이 흘러 소수의 팬덤이 견고하게 자리 잡은 단계다. 이들은 브랜드와 일체화된 마니아층 고객으로, 엄격한 구매 판단기준 없이도 무조건적으로 상품을 소비하며 브랜드를 종교적 실체로 인식하기도 한다. 이때는 니치마켓을 위한 고급화 전략을 써도 좋다. 가격을 높이 책정해 수익화 모델을 실현할 수도 있다. 감동이 절대적으로 중요해지는 단계로, 이탈이 없도록 고객을 세심하게 케어해야 한다.

● 감동우위 기업 사례: 에르메스와 샤오미

명품 중의 명품으로 불리는 에르메스Hermes는 7대에 걸쳐 브랜드 정체성을 지켜온 브랜드로 유명하다. 1837년에 설립되어 당대 최고의 마구용품을 취급하는 브랜드로 인지도를 얻은 뒤 가죽제품과 스카프, 향수로 영역을 넓혔다.

최근의 시도는 에르메스 뷰티라인 론칭이다. 에르메스의 립스틱은 금속을 사용하되 리필 부분만 플라스틱으로 제작했다. 일회적으로 사용하고 버려지는 용기가 아니라 지속가능성까지 생각한 패키징이다. 에르메스의 컬러풀한 바디는 검정색이나 흰색을 주로 사용하는 여타 코스메틱 브랜드의 용기와는 차별화된다. 이 때문에 언뜻 보아도 에르메스의 립스틱임을 알아챌 수 있다. 립스틱을 여닫을 때 들리는 마그네틱 소리는 청각적 즐거움을 준다. 에르메스는 6개월마다 리미티드 에디션을 계획하여 브랜드 희소성을 유지하도록 했다.

에르메스는 저렴한 가격대의 캔버스 도트백이 입소문을 통해 데일리 백으로 사용되자 브랜드 가치를 지키기 위해 생산과 판매를 엄격히 제어한 바 있다. 에르메스의 전 CEO 장 루이 뒤마 에르메스 Jean Louis Dumas Hermes, 1938~2010에 따르면, 에르메스는 과거의 전통을 존중하면서도 미래지향적으로 오래도록 간직될 아름다운 사물들을 창조해내고자 한다. 예술가들을 향한 형제애를 지니고 있는 에르메스는 명실상부한 '청년기 팬덤'의 대표 브랜드로서 오랜 기간에 걸쳐 감동적인 제품을 생산해내고 있다.

유의할 점은 브랜드 생애주기와 팬덤 생애주기는 엄연히 구별된다는 것이다. 브랜드 생애주기 역시 인간의 생애주기를 따라 이름 붙여졌다. 도입기-성장기-성숙기-쇠퇴기 순이다. 하지만 브랜드의

'에르메스'는 청년기 팬덤 브랜드로 오랜 사랑을 받고 있다.

'샤오미'는 청소년기 팬덤을 보유하고 있지만 고장과 가격 문제로 인한 쇠퇴의 리스크에 대비해야 한다.

브랜드 생애주기보다는 팬덤 생애주기를 지표로

기술중심 예술화사회의 기업은 아티스트처럼 팬덤을 보유하는 것이 궁극적인 목표다. 팬은 브랜드를 자신의 일부로 여기며, 자신과 비슷한 사람들로 이루어진 집단의 영향력을 키워나가고 싶어하기 때문이다. 미학기업은 미학적 제품을 통해 팬덤을 생성하는 것에서 나아가 팬덤을 유지, 관리할 수 있는 능력을 갖추는 것도 중요하다.

성숙도가 팬덤의 범위나 로열티를 결정짓지는 않는다.

에르메스의 경우 7대를 거쳐 오랜 시간 브랜드가 이어져온 만큼 브랜드 생애주기의 성숙기에 위치하고 있다. 하지만 계속해서 넓은 범위와 높은 로열티를 지닌 청년기 팬덤을 유지하는 브랜드다. 여기서 얻을 수 있는 시사점은 브랜드의 수명을 판단할 때 브랜드 생애주기보다는 팬덤 생애주기를 지표로 삼는 것이 더욱 정확할 수 있다는 것이다. (그러므로 더욱 정확한 브랜드 수명 예측을 위해 팬덤 생애주기에 관한 향후 연구가 필요하다.)

한편 저렴한 가격과 예쁜 디자인, 나쁘지 않은 성능으로 가성비의 대명사가 된 중국의 전자제품 기업 샤오미의 사훈은 '오직 팬들을 위하여!Only for Fans'이다. 샤오미는 팬덤을 형성하고 충성도를 유지하는 것을 중요시한다. 또한 고객 이전에 직원부터 자사의 열성팬으로 만드는 팬덤경영을 실천하고 있다. 직원이 팬이 된다면 제품에 대한 깊은 이해를 바탕으로 고객의 불만을 이해하고 해결할 수 있기 때문이다. 이러한 직원들에게 고객은 고객이기 이전에 같은 샤오미의 팬이기에 고객은 이제 왕이 아니다. 그들은 고객을 친구이자 개발자라 호칭한다. 고객이 제품개발에 참여하도록 하기 위해서다.

샤오미의 판매전략은 'SNS 등을 통한 홍보 → 자사 홈페이지의 예약 한정판매'로 설명할 수 있다. 방송광고는 하지 않으며, SNS 전담팀을 운영해 마케팅 역량을 온라인에 집중한다. 판매량의 80%는 자체 온라인 채널에서 발생한다. 처음에는 유통비용을 줄이기 위함이었지만 점차 고객데이터가 쌓이면서 시장공략이 더욱 용이해졌다.

샤오미는 자사 홈페이지 내에 사용자 커뮤니티를 품고 직접 운영한다. 중요한 것은 제조사가 자체적으로 운영 중인 이 사용자 커뮤니티가 기업들에서 유례를 찾아보기 힘들 정도로 활성화되었다는 사실이다. 2021년 기준 샤오미 미^{mi} 커뮤니티의 하루 방문자 수는 90만 명이 넘는다. 그들의 팬덤은 글로벌하기까지 한데, 샤오미 팬 세 명 중 한 명은 외국인이며, 2020년 기준 샤오미 홈페이지를 통해 전 세계에서 1억 명 이상의 팬들이 활동하고 있다.

샤오미의 경우 넓은 범위이지만 낮은 로열티의 청소년기 팬덤을 보유한 것으로 볼 수 있다. 샤오미에 대해 로열티가 낮은 이유는 다음과 같다. 저렴한 가격 대비 나쁘지 않은 성능을 가진 것으로 브랜드가 유명해졌지만, 제품 고장이 잦고 가격이 점차 높아지는 등 기존의 브랜드 정체성에 변화가 생기기 시작한 것이다.

샤오미의 경우 넓은 범위이지만 높은 로열티를 유지하는 청년기 팬덤을 확보하려면 소비자의 기대에 맞는 성능과 가격을 제공할 필요가 있다. 고장이 잦더라도 현재의 낮은 가격을 유지하는 경우 소비자는 단기간 사용하는 것을 가정하고 있기 때문에 크게 문제가 되지 않는다.

또는 점차 높아지는 제품 가격에 따라 성능을 개선하는 방법도 있다. 이때는 기존의 가성비 포지셔닝에서 벗어나 삼성, 애플이 위치한 고가격 고사양의 제품영역으로 이동해가게 된다.

두 가지 방법 모두 청년기 팬덤으로 갈 수 있는 전략이지만, 분명한 사실은 높아지는 가격에 비해 성능이 뒷받침되지 못한다면 현재 형성된 샤오미의 팬덤이 언제든 쇠퇴할 수 있다는 것이다.

● 팬덤의 쇠퇴

팬덤의 쇠퇴는 어느 단계에서나 발생할 수 있다. 예를 들어, 성인기 팬은 브랜드를 종교적인 실체로 바라보기 때문에 그에 합당한 높은 기준을 요구한다. 만약 하위 실존 단계에 해당하는 기능적, 윤리적 측면에 문제가 생기는 사건이 발생한다면, 브랜드에 대한 믿음은 흔들릴 수밖에 없다. 이때 팬덤의 인원수나 팬 활동의 시간이 임계점에서 내려가기 시작하여 집단이 와해될 수도 있다.

팬덤의 많은 부분이 사회적인 활동에 기반하고 있기 때문에 자신과 많은 부분을 공유하고 있는 다른 팬들의 의견에 영향을 받기 쉽다. 팬덤을 형성하기까지는 많은 시간과 노력이 필요하지만, 팬덤이 무너지는 것은 한순간임을 염두에 두어야 한다. 따라서 팬덤의 형성 또는 유지를 위해서는 가장 기본적인 단계가 충족되어야 한다.

윤리적인 이슈로 세계적인 브랜드의 팬덤이 쇠퇴하고 브랜드 가치를 상실한 사례가 있다. 대만계 미국 디자이너 알렉산더 왕Alexander Wang은 미니멀한 스트릿 패션으로 큰 주목을 받았다. H&M과의 컬래버레이션 아이템은 소비자들이 제품을 사기 위해 매장 앞에서 밤을 새우는 풍경을 연출하기도 했다.

그러나 2020년 12월 알렉산더 왕의 모델로 활동했던 오웬 무니Owen Mooney는 그에게 성추행 피해를 당했다는 사실을 SNS에 게시했다. 지난 몇 년간 클럽과 파티에서 술에 마약을 타 모델들에게 먹인 뒤 성추행을 일삼은 것으로 알려졌는데, 피해자는 수십 명에 이른다. 이로 인해 해당 브랜드를 보이콧하자는 움직임이 일어났고, 그

ALEXANDER WANG × H&M

알렉산더 왕은 성추행으로
브랜드 보이콧 위기를 겪었다.

코치(COACH)는 '접근하기 쉬운
럭셔리'에 그쳐 매스 브랜드로 전락했다.

팬덤의 쇠퇴

팬덤을 형성하기까지는 많은 시간과 노력이 필요하지만, 팬덤이 무너지는 것
은 한순간임을 염두에 두어야 한다. 따라서 팬덤의 형성 또는 유지를 위해 기
능적, 윤리적 측면뿐만 아니라 정체성 면에서도 지속적인 관리가 필요하다.

를 적극적으로 패션계에서 퇴출해야 한다는 목소리가 커지고 있다.

특히 디자이너의 이름을 건 브랜드는 디자이너와 떼려야 뗄 수 없는 관계로 이어져 있다. 따라서 디자이너는 디자인 능력을 갖추어야 할 뿐 아니라 윤리적 기준을 지키는 것도 중요하다. 알렉산더 왕의 사례는 개인이 곧 브랜드가 되는 아트워커에게도 시사점을 제공한다.

현존감의 조건인 정체성과 관련해 미학적인 힘을 상실했을 때 브랜드가 쇠퇴하는 경우도 있다. 1941년 남성 액세서리 브랜드로 시작한 코치COACH는 한때 '접근하기 쉬운 럭셔리'로서 소비자의 지지를 얻었다. 코치는 소비자들에게 명품에 친숙하게 접근하게 해주었지만, 진입 브랜드 이상의 역할을 하는 데는 실패했다. 모두가 맬 수 있는 흔하고 값싼 가방의 대명사가 되면서 매스 브랜드로 전락한 것이다.

코치는 북미 시장에서 눈을 돌려 중국과 같은 아시아에서 성장 중인 국가들을 새롭게 타기팅하고 있다. 하지만 중국의 경제가 점차 성장하여 소비자들이 저렴한 가격보다 정체성을 찾는다면 코치는 시장성숙으로 반복적 위기를 맞을 수밖에 없다. 소비자가 원하는 럭셔리는 나에게 특별한 정체성을 부여할 수 있는 것이어야 한다. 이러한 욕구는 한때 로고로서 대변되었지만, 이제는 브랜드가 가진 철학과 스토리로 중심이 옮겨가고 있다. 따라서 미학적인 힘을 가진 브랜드가 되기 위해서는 소비자의 현존감을 높일 수 있는 정체성을 갖추어야 한다.

● 팬덤 생애주기에 따른 수익성 예측

팬덤의 유아기-청소년기-청년기-성인기-쇠퇴기에 따라 기업의 수익성을 예측해볼 수 있다. 브랜드의 수익성은 팬덤의 영향력과 비례하며, 이는 범위와 로열티라는 요소에 의해 결정된다. 팬덤 생애주기별로 살펴보면 다음과 같다.

① 유아기

팬덤의 범위가 작고 시간이 오래되지 않은 유아기에는 기업의 수익성을 기대하기 어렵다.

② 청소년기

팬덤이 커지기 시작하는 청소년기에는 어느 때보다 가파른 속도로 수익이 증가한다.

③ 청년기

청년기 때는 보다 안정적이며 완만한 속도로 수익이 성장한다.

④ 성인기

성인기로 접어들면 비록 팬덤의 크기는 줄어들지만 기업은 이들에게 절대적인 판매 영향력을 보유하고 있다. 그러므로 청년기 때보다는 약간 감소하더라도 청소년기 때보다 높은 수준의 수익성을 획득할 수 있다. 하지만 쇠퇴기에는 급격하게 수익성

마스터피스 **전략**

이 감소할 것으로 예상해볼 수 있다.

이를 정리하면 아래와 같은 공식을 도출할 수 있다. (본 공식은 예측에 기반한 것으로 추후 실증적인 연구를 통한 증명이 필요하다.)

팬덤 생애주기에 따른 기업의 수익성 그래프(예측)

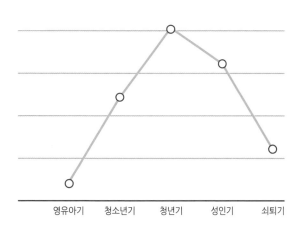

브랜드 수익성 ∝ 팬덤 영향력
팬덤 영향력 = 팬덤 범위 × 팬덤 로열티
팬덤 로열티 ∝ 팬 활동 소요시간 ∝ 인당 구매금액 ∝ 1/마케팅 비용

본래는 마케팅 비용을 많이 지출할수록 소비자의 로열티가 높아지고 인당 구매금액이 상승한다는 것이 보편적이었다. 하지만 팬덤이 잘 형성된 브랜드의 경우 마케팅 비용을 많이 들이지 않더라도 높은 로열티와 높은 인당 구매금액을 달성할 수 있다. 따라서 지속적인 수익창출을 위해서 기업은 팬덤활동이 꾸준히 이루어질 수 있도록 지원을 아끼지 말아야 한다. 기존의 시장은 기업이 소비자에게 콘텐츠를 공급하는 일방적인 성격을 띠었다면, 미학경영이 이루어지는 시장은 기업-소비자가 쌍방향으로 콘텐츠를 생산하고 소비하며 영향을 주고받는다.

K-팝이 10년간 웹 기반의 공식 팬카페를 통해 성장했다면, 요즘은 어플이 그 자리를 대신하고 있다. 각 엔터테인먼트 회사들은 자체 팬 플랫폼을 운영 중이다. 하이브(전 빅히트엔터테인먼트)의 위버스Weverse, SM엔터테인먼트의 리슨Lysn 등이 있으며, 2022년에는 비스테이지bstage.in라는 크리에이터를 위한 팬플랫폼도 소개되었다. 팬플랫폼은 여러 곳에 흩어져 있는 콘텐츠를 하나의 어플에 모아 '덕질'이 용이하도록 한다. 아티스트가 직접 댓글을 달거나, 이곳을 통해 온라인 콘서트나 팬미팅을 열기도 한다. 방송, 공연 스케줄을 팬들에게 알림으로 푸시해주기도 한다.

팬들은 엔터테인먼트 회사에서 제공하는 정보를 참고하여 팬활동을 하고, 커뮤니티를 통해 적극적으로 콘텐츠를 재생산한다. 회사에서는 팬 활동에서 소스를 얻어 아티스트의 정체성을 형성하고 앞으로의 콘텐츠 제작에 참고한다. 이처럼 엔터테인먼트 회사들은 팬덤의 동력을 만들고 상승작용을 이끌어내기 위해 팬 플랫폼에 투자를 아끼지 않고 있다.

미학기업들은 엔터테인먼트 기업들의 전략을 참고해 쌍방향 콘텐츠를 위한 팬 플랫폼을 준비할 필요가 있다.

Movement by Beauty

| 기업전략(Big 전략 + 기능 전략)의 변화 |

2-2

제품과 서비스의 아름다움과 감동

마스터피스는 특징 & 속성과 소비맥락의 기반에서

최상의 기능성, 정체성, 관능성을 갖추어

소비자의 현존감까지 어루만져 감동을 자아낸다.

특히 현존감은 개별 소비자의 마음을 울리고

감정적 유대를 만드는 결정적인 요소가 된다.

● **감동 위계 피라미드**

　저자는 전작『경영예술』에서 아름다움과 감동을 느끼는 상황을
네 단계로 분석하여 감동 위계 피라미드로 소개한 바 있다. 감동 위계
피라미드는 다음과 같이 구성된다.

　① 1단계: 필요 기능성Function

　② 2단계: 감각적 관능성Beauty

　③ 3단계: 창작자 정체성Identity

　④ 4단계: 감상자 현존성Being

　『경영예술』에서는 상위 단계를 포함할수록 높은 수준의 감동을
구현할 수 있음을 제시한 바 있다. 그에 이은 연구로 보다 정교한 감동
위계 피라미드를 완성하게 되어 본서에서 간략히 소개한다.

감동 위계 피라미드

마스터피스 **전략**

피라미드의 꼭대기에는 우리의 지향점, 현존감이 위치한다. 소비자들이 제품/서비스를 통해 자신의 존재와 삶에 대한 감동적인 경험을 하는 지점이다. 이러한 현존감의 경지는 기능성과 관능성에 이어 정체성이 상호작용하여 구현한다. 그리고 그 세 요소와 동전의 양면처럼 작용하는 것은 제품/서비스의 특징 & 속성, 소비맥락이다.

● 감동 위계 피라미드의 하부: 감동의 기반

감동 위계 피라미드 하부의 두 층 특징 & 속성Attribute & Feature과 소비맥락Context은 감동 위계 피라미드 상부의 건설을 가능케 하는 전제조건이 된다. 상부의 세 요소가 형이상학적 요소라면 하부의 두 요소는 그와 동전의 양면과 같은 형이하학적 요소라고 할 수 있다.

가령, 스마트폰의 소리 단자 위치, 버튼의 크기는 특징이 되며, 외장의 질감, 라이트의 밝기 등은 속성으로 분류할 수 있다. 이러한 요소들이 어떻게 배합, 구성되느냐에 따라 만족스러운 기능성과 관능성, 나아가 정체성까지 담아낼 수 있는 가치가 생성된다.

예를 들어, 단순함과 직관성이라는 애플이 추구하는 가치가, 기기의 하드웨어적 디자인에 적용될 뿐 아니라 소프트웨어의 인터페이스에까지 연결되는 정체성이 되는 것이다. 안팎으로 애플의 정체성을 그대로 구현한 기기에 애플은 사과 로고를 찍어 정체성을 재차 보증한다. 이와 함께 소비맥락Context은 소비자가 제품/서비스를 소비할 때의 시간, 공간, 목적, 상황 등이다. 소비맥락은 기능성, 정체성, 관능성을 느끼는 정도를 좌우하게 되고 현존감에까지 이르는 데 영향을 미친다.

특징 & 속성이 기능성과 관능성을 넘어 정체성까지 효과적으로 구현한 사례로 업사이클링 패션기업 프라이탁Freitag을 들 수 있다.

1993년 스위스의 프라이탁 형제들의 작은 방에서 시작된 브랜드 프라이탁은 젊은 층에 꾸준히 인기를 끌고 있다. 프라이탁은 트럭의 방수천을 비롯해 자동차의 안전벨트, 폐자전거의 고무튜브 등 폐기물로 버려질 소재들을 재활용해 가방을 제작한다.

프라이탁의 아이디어는 트럭이 집앞 거리에 버리고 간 방수천을 발견한 것에서 시작되었다. 버려질 운명의, 그러나 튼튼하고 두꺼운 방수천에서 형제는 방수가 되는 기능성 높은 가방을 만들겠다는 목표를 갖게 되었다. 두껍고 튼튼한 방수천이라는 소재의 특징이 프라이탁의 내구성과 실용성이라는 기능성을 만들어낸다.

가방의 생산을 위해 양산된 재료가 아닌, 재활용되는 트럭의 방수천이라는 소재는 프라이탁의 모든 가방이 단 하나뿐인 디자인을 갖게 되는 관능성으로 이어진다. 제품 도면은 같으나, 각기 다르게 선택된 소재의 색과 프린트 모양은 고유한 스타일의 속성을 갖게 된다. 이에 새로운 디자인의 프라이탁 가방이 업로드되면, 단 수초 만에 경쟁적으로 전 세계로 팔려 나간다.

버려질 폐기물을 재활용해서 만든 가방이라는 스토리는 환경친화성과 지속가능성, 개성을 중시하는 오늘의 MZ세대 소비자들의 소비맥락과 어우러져 더욱 큰 가치를 구현한다. 재활용 소재라는 특징

마스터피스 **전략**

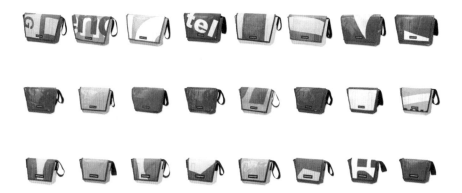

프라이탁 제품군

버려진 트럭 방수천을 이용하여 만드는 프라이탁의 제품은 기능성(방수), 관능성(다양한 색깔과 디자인)뿐만 아니라 정체성(환경보호)까지 구현한다.

출처: www.freitag.ch

애플 아이폰

아이폰이 가진 감각적 관능성은 출시 때마다 전 세계 소비자의 관심을 집중시키는 요인이 된다.

출처: www.apple.com

과 속성 자체가 기업의 의식 있는 정체성을 표상한다. 위와 같은 소비 맥락을 가진 소비자는 프라이탁 가방을 사용함으로써 자신이 중시하는 가치를 지키고 환경보호를 이행한다는 현존성까지 누릴 수 있게 된다.

● 감동 위계 피라미드의 상부: 감동의 4단계

이어서 감동 위계 피라미드 상부의 구성요소들에 대한 이해를 돕기 위해 각 요소를 간단한 제품/서비스 사례와 함께 살펴보겠다. 네 단계의 감동을 충족한 사례로는 애플사의 제품과 카카오의 금융플랫폼을 선정했다.

① 1단계: 필요 기능성Function

필요 기능성은 제품/서비스의 기초적인 기능을 성공적으로 충족하는 것이다. 이는 제품/서비스로서 가장 기본적이고 우선적으로 만족시켜야 하는 것으로, 또한 상위의 감동 단계들을 구현하기 위한 필수적인 전제조건이다.

예를 들면, 스마트폰이 스마트폰으로서의 기능을 하는 것, 온라인뱅킹 서비스가 온라인으로 은행업무를 처리해주는 것이 필요 기능성이다. 한마디로 제품/서비스의 존재론적 출발로 볼 수 있다. 과거 제조업에서는 필요 기능성의 충족만이 제품의 가치를 결정지었다면, 오늘날 필요 기능성은 감동 경쟁을 위한 예선전 티켓이 될 것이다.

② 2단계: 감각적 관능성^{Beauty}

감각적 관능성의 단계는 오감을 통해 심리적인 만족감을 느끼는 기준이 된다. 심미적인 아름다움으로 이해해도 좋을 것이다. 사람들은 제품/서비스를 선택하는 데 있어 단순한 기능뿐 아니라 감각적인 재미와 자극을 고려하여 판단한다. 감각적 관능성이 제품의 기능과 무관함에도 호감을 갖게 되며 감동을 느낀다.

애플의 아이폰은 미니멀한 디자인으로 전 세계인의 시선을 사로잡았다. 외관의 치밀한 대칭적 구조는 안정감과 편안함을 준다. 직선과 원, 직각과 45도의 기본 도형 요소만으로 이루어진 디자인은 간결함 속에 사용자의 심미적 쾌감을 극대화했다. 매년 새로운 아이폰이 출시될 때마다 그 디자인은 전 세계 소비자들의 초미의 관심사다.

카카오의 온라인뱅킹 서비스인 카카오뱅크에는 화면편집이라는 흥미로운 기능이 있다. 카카오의 미니멀한 디자인과 상통하는 홈

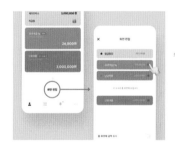

카카오뱅크 모바일뱅킹의 화면 편집 기능(왼쪽)과 카카오카드(오른쪽)
카카오뱅크는 은행 기능과 카드에 심미성을 더하며 국내 소비자들의 만족을 이끌어내고 있다.

출처: www.kakaobank.com

화면에는 각 계좌가 카드 형식으로 배치되는데, 사용자는 카드의 색상을 선택하고 카드의 배열을 변경할 수 있다. 직관적인 인터페이스 디자인이 주는 감각적 관능성에 더해, 취향에 따라 카드의 색상을 고르고 옮기는 장치는 사소하지만 신선한 미적 쾌감을 준다.

카카오뱅크의 체크카드 역시 젊은 세대의 심미적인 취향을 충족시키며 선풍적인 인기를 끌어 출시와 동시에 가입자를 끌어 모은 성공 유인으로 회자되고 있다. 카카오뱅크의 체크카드를 필두로 국내 카드사의 디자인 경쟁이 시작되기도 했다. 기능성 이후의 감각적 관능성이 갖는 힘을 보여주는 대목이다.

③ 3단계: 창작자 정체성Identity

세 번째 기준인 창작자 정체성은 창작자가 본인의 정체성과 의미를 효과적으로 표현하는 것으로, 감상자의 공감을 이끌어낼 수 있는 조건이다. 정체성은 뚜렷하고 일관될수록 신뢰도가 커진다.

애플의 철학은 '혁신을 통해 더 나은 인류의 삶을 추구하는 것'이다. 애플은 스마트폰의 새로운 개념을 인류에 소개했을 뿐 아니라, 아날로그적인 경험에 익숙했던 인류를 디지털 사용자로 이끌어냈다. 애플은 순차적인 단계를 통해 인류가 새로운 디지털 경험에 능숙해질 수 있도록 도왔다. 사용자들도 미처 알아차리지 못한 사이에 말이다.

일례로, 초기 아이폰의 iOS는 스큐어모피즘Skeuomorphism을 표방했다. 스큐어모피즘은 대상을 실제와 유사하게 디테일하게 표현하는 디자인 기법이다. 스큐어모피즘은 터치스크린이나 앱의 개념조차 생

계산기와 아이폰 계산기 애플리케이션
애플은 스큐어모피즘을 활용해 감상자의 공감을 이끌어내 아날로그에 익숙한 소비자가 직관적으로 디지털에 적용할 수 있도록 했다.

출처: uxdesign.cc

소했던 사용자들이 직관적으로 스마트폰의 기능과 사용법을 이해하도록 도왔다. 이후 애플은 단계적인 혁신으로 인류의 디지털화를 성공적으로 이루어냈다. 오늘날에도 애플의 제품이 가장 세련되고 혁신적인 것으로 받아들여지는 이유다. 이러한 정체성으로 인해 팬들은 애플의 제품에 열광하는 것을 넘어 애플이라는 브랜드를 추종하게 되는 것이다.

'같지만 다른 은행'이 슬로건인 카카오뱅크는 '일상에서 더 쉽게, 더 자주 만나는 은행'이라는 정체성을 추구한다. 이는 카카오 플랫폼과 시너지를 내며 모바일 금융시장의 선두로 자리 잡게 되었다. 기존의 인터넷뱅킹 경험과 차별화되는 카카오 금융서비스들의 정체성에 대해서는 다음에 논할 감상자 현존성에서 다루겠다.

④ 4단계: 감상자 현존성^{Being}

마지막 단계인 감상자 현존성은 감상자가 자신의 경험을 인식하고 제품/서비스로부터 자신의 존재를 인지하는 감동을 선사한다. 감상자는 창작자의 메시지에 대한 공감을 넘어, 제품/서비스에서 물아일체를 경험함으로써 지속적인 팬이 된다. 이는 제품/서비스가 사용자의 삶에 잘 녹아들어 흠 없이 완벽한 경험을 선사하는 것과도 연결된다. 사용자에 대한 깊은 이해와 진정성 있는 관심이 수반되어야만 실현가능한 감동이다.

애플이 구축한 생태계는 감상자 현존성을 극대화한다. 스마트폰에서 태블릿PC, 노트북, 스마트워치와 이어폰에 이르기까지 애플은 각 제품의 경험을 연결하여 사용자의 삶의 경험을 조형한다. 결점

다양한 애플 제품군

애플은 각 제품에서 사용자가 하게 되는 경험들을 서로 연결하여 애플이 제공하는 서비스 안에서 물아일체를 이루는 즐거움을 느낄 수 있도록 한다.

출처: techjourneyman.com

마스터피스 **전략**

없는 호환성과 연결성은 사용자의 편의를 높이는 것에 그치지 않고, 사용자 몸의 일부가 되는 것을 목표로 한다. 사용자의 행동과 생활에 자연스럽게 일체가 되어 삶의 매 순간에 기대 이상의 만족과 쾌감을 주는 것이다.

카카오의 금융서비스들 역시 기존의 은행들과는 차별화된 감상자 현존성으로 사용자의 현존감을 극대화한다. 카카오뱅크의 ISP 페이북 서비스는 카드결제를 위해 카드번호와 비밀번호 등을 비롯한 3~4단계로 이루어졌던 절차를 한 번의 번호 입력으로 단축시킴으로써 사용자들의 불편을 해소했다. 인증서와 OTP가 필요한 까다로운 절차를 생략한 것은 기본이다.

나아가 카카오페이는 카카오톡과 연결된 손쉬운 송금과 정산 서비스로 사용자들의 생활습관까지 변화시키고 있다. 카카오페이는 더치페이를 위해 따로 결제를 하거나 개별 정산을 해야 하는 일상 속 불편함을 한 번의 터치로 대체했다. 또한 일정 시간이 지나면 자동적으로 정산 알림을 재차 보내주는 서비스로 상대방에게 금전적 재촉을 할 때의 부담스러운 감정을 해소시켜주었다. 사용자의 물리적, 감정적 불쾌함을 미연에 방지하고, 사용자의 삶 자체를 변화시키면서 그 삶의 일부로 녹아들고 있는 것이다.

이와 같이 명작Masterpiece은 특징 & 속성과 소비맥락의 기반에서 최상의 기능성, 정체성, 관능성을 갖추어 소비자의 현존감까지 어루만짐으로써 감동을 자아낸다. 특히 현존감은 개별 소비자의 마음을 울리고 감정적 유대를 만드는 결정적인 요소가 된다.

| 기업전략(Big 전략 + 기능 전략)의 변화 |

2-3

현존감이 깃든 생산품질 전략

현재 경영의 추세를 보면 인공지능, 빅데이터, 그리고

프로세스의 기계적 자동화에 무게중심이 많이 가 있다.

향후 마스터피스 전략을 수행하기 위해서는

커스터마이징에 현존감을 맞추는

생산품질 설계의 비중이 높아져야 한다.

앞에서 팬덤 생애주기에 따른 감동우위 경영전략에 대해 살펴보았다. 이번에는 마스터피스를 품질 차원의 전략이 아닌 미학경영적 관점에서 본질적으로 어떻게 접근할 수 있는가 다루어보고자 한다.

● 전통적인 생산운영관리와 품질경영

현재 기업에서 이루어지는 생산운영관리는 제품을 생산하고 서비스를 산출하는 책임을 갖고 있으며, 모든 기업의 핵심 기능이라고 할 수 있다. 제품은 기업이 생산하는 물리적 실체이며, 서비스는 시간, 장소, 형태, 심리적 가치들의 조합을 제공하는 행위다. 공급사슬은 투입 원자재로부터 시작해서 최종 고객에 이르는 생산자, 공급자, 소비자의 연쇄적인 사슬에 해당한다.

전통적인 생산운영관리는 제품/서비스 설계, 생산용량 계획, 프

핵심 의사결정에 대한 질문

무엇을	어떠한 자원이 얼마만큼 필요한가?
언제	각각의 자원은 언제 필요한가? 업무를 언제로 예정해야 하는가? 원자재와 기타 소모품을 언제 주문해야 하는가? 언제 조정해야 하는가?
어디서	어디에서 업무를 할 것인가?
주요 질문	제품/서비스를 어떻게 디자인할 것인가? 업무는 어떻게 할 것인가? (조직, 방법, 장비) 자원을 어떻게 배분할 것인가?
누가	누가 그 업무를 할 것인가?

로세스 선정, 입지 선정, 작업관리, 재고·공급관리, 생산계획, 품질보증, 일정계획과 프로젝트 관리에 중점을 두며 발전해왔다. 또한 일정, 원가, 품질 목표를 달성하기 위한 공급사슬관리를 중시해왔다. CEO들은 기업에 영향을 주는 핵심 의사결정을 위해 그동안 앞의 표에서와 같은 질문을 해왔을 것이다.

기술중심 예술화사회 미학경영 CEO라면 앞으로 어떠한 의사결정을 하게 될까?

● 전통적 품질경영과 소비자 현존감

전통적인 품질경영의 제품품질은 아래 표의 아홉 가지 품질 차

소비자 감동 위계에서 바라본 제품 품질

제품 품질	내용	소비자 감동 위계 피라미드
① 성능Performance	제품의 주요 특성	특징&속성, 기능성, 현존감
② 심미성Aesthetics	외관, 느낌, 냄새, 맛	특징&속성, 관능성, 현존감
③ 장치 특성Features	추가된 장치의 특성	특징&속성, 기능성, 현존감
④ 적합성Conformance	제품이 설계사양에 부합하는 정도	특징&속성, 기능성, 현존감
⑤ 신뢰성Reliability	성능의 지속성	특징&속성, 기능성, 정체성, 현존감
⑥ 내구성Durability	제품의 수명	특징&속성, 기능성, 현존감
⑦ 인지품질Perceived quality	품질에 대한 간접적 평가	소비맥락, 특징&속성, 기능성, 정체성, 현존감
⑧ 서비스 능력Serviceability	불만이나 수리의 처리	소비맥락, 기능성, 현존감
⑨ 일관성Consistency	품질 불변성	특징&속성, 기능성, 정체성, 현존감

출처: W. J. Stevenson, Operations Management, 13th edition, McGrawhill

마스터피스 **전략**

원에서 판단해왔다. 여기에 앞에서 살펴본 소비자가 느끼는 현존감의 원리와 특징, 그리고 제품/서비스에서 느끼는 아름다움과 소비자의 감동 위계 피라미드를 토대로 어떻게 영향요인을 살펴볼 수 있을까? 기업이 제품/서비스를 생산하는 단계부터 소비가 이루어지는 맥락을 이해하고, 어떠한 특징과 속성이 기능성, 관능성, 생산자의 정체성에 영향을 주어 최종적으로 소비자의 현존감에 어떠한 요소로 감동을 줄 수 있는가? 이 요소를 고려하는 것이 향후 기술중심 예술화사회에 기업의 생산품질 측면에 있어 중요한 전략이 될 것이다.

● 현존감이 깃든 생산품질 전략

1920년대 미국에서 창안된 품질관리 제도는 현재까지 영향을 미치고 있다. 종합적 품질경영Total Quality Management, TQM은 조직 내 모든 구성원이 품질개선과 고객만족의 달성을 위해 지속적으로 참여해야 한다는 철학을 갖고 있다. TQM의 지향점은 크게 세 가지로 나누어 볼 수 있다.

① 지속적 개선
② 조직 내 모든 구성원의 참여
③ 고객만족이라는 목표

TQM은 최종 제품/서비스의 품질뿐 아니라, 모든 프로세스 측면에서의 품질을 중요시했다. 그러나 연구 결과, TQM이 잘 정착되지 못하는 장애요인으로 다음과 같은 것들이 있었다.

① 품질에 대한 전사적 합의 노력 부족

② 변화를 위한 전략적 계획 부족

③ 고객 중심 사고 부족

④ 빈약한 조직 내 의사소통

⑤ 조직구성원에 대한 권한부여 부족

⑥ 품질개선을 응급조치로 보는 관점

⑦ 단기적 재무성과 강조

⑧ 내부정치, 영역 문제

⑨ 강한 동기부여 부족

⑩ 품질관리에 헌신할 시간 부족

⑪ 리더십 부족

한편, TQM이 갖고 있는 한계를 살펴보면 다음과 같다.

- 톱다운Top-down 방식의 접근으로, 조직 내 대다수 구성원이 TQM 사고를 받아들이지 않으면 실현되지 못하는 위험을 안고 있다.
- 고객만족이 고객의 충성도를 항상 보장해주지는 않는다.

따라서 소비자 현존감을 민감하게 고려하면서 품질경영에 반영하는 전략이 필요하다. 다음 표를 통해 전통조직과 TQM을 비교한 표에서 한 걸음 더 나아간 '현존감이 깃든 생산품질 전략'을 제시해보고자 한 것이다.

전통조직/TQM/현존감이 깃든 생산품질 전략

비교대상	전통조직	TQM	현존감이 깃든 생산품질 전략
전체 목표	투자수익률 최대화	고객기대 만족 또는 초과	• 고객감동 • 소비자 현존감 극대화
목적	단기성과 강조	장단기 성과 균형	지속가능한 경영
경영	항상 개방적인 것은 아님: 일관성 없음	개방적: 종업원 강조, 일관된 목적	주주, 이해관계자, 조직구성원, 소비자 존중/행복
관리자의 역할	명령지시: 강요	지도: 장벽 제거, 신뢰 형성	커넥터: 소통, 협업, 협력
고객 요구사항	우선순위가 높지 않음: 불명확할 수 있음	높은 우선순위: 고객 요구사항 파악 및 이해 중요	• 고객경험 최우선: 디지털 기술 기반 H2H • 고객의 현존경험과 감동
문제	책임할당: 처벌	파악: 해결	상생
문제해결	비체계적: 개인적	체계적: 팀 접근법	공진화
개선	불규칙	지속적	지속가능
공급자	적대관계	파트너	예술창작자
과업	편협, 전문화: 개인 노력 중시	광범위, 좀더 일반적, 팀 노력 중시	유기체적 연결성
중심	제품 지향	프로세스 지향	• IT 기반 사람 중심 지향 • 미학적 사고와 혁신 프로세스

출처: W. J. Stevenson, Operations Management, 13th edition, McGrawhill

한국 기업은 그동안 물리적^{Physical} 품질경영을 해왔다. 그러나 마스터피스를 생산하려면 미학적 감동을 주는 정신적^{Mental} 품질경영으로 발전해야 한다. 생산자의 정체성이 반영되고 소비자의 현존감을 불러일으키는 생산품질 전략이 필요하다. 기술중심 예술화사회의 미학경영 생산품질관리는 소비맥락 및 구조를 이해해야 하며, 전 구성원의 합의를 전제조건으로 한다.

미학경영 생산품질의 방향을 열 가지로 정리하면 다음과 같다.

① 혁신 모델링 전략 수립

② 소비자 현존감을 극대화하기 위한 소비맥락, 특징 & 속성, 메시지 이해, 고객경험 확대, 인터뷰 및 AI 패턴분석

③ 싸이아트씽킹을 통한 혁신방법론 워크숍 모델링

④ 생산자(창작자), 팀, 기업 조직의 정체성 찾기

⑤ 창조적이고 숭고한 예술작품으로 바라보는 관점

⑥ 지속가능, 윤리경영 강조, ESG를 넘어선 미학경영

⑦ 주주, 이해관계자, 조직구성원 존중, 행복경영 지향

⑧ 아트본능, 창작자 정체성 깨우기

⑨ 생산자의 창작품에 대한 몰입 극대화

⑩ 아트듀서의 관점, 무버십 확대

현재 경영의 추세를 보면 인공지능, 빅데이터, 그리고 프로세스의 기계적 자동화에 무게중심이 많이 가 있다. 향후 마스터피스 전략

을 수행하기 위해서는 커스터마이징에 현존감을 맞추는 생산품질 설계의 비중이 높아져야 한다.

Global Masterpiece Index(MQI)

평가 항목	세부 항목
자부심	가치 / 솜씨 / 신뢰성 / 경쟁성 / 최상위
품질	지속성 / 정교함 / 기능성 / 독특성 / 세련됨
행복감	통일성 / 배려 / 만족 / 우월성 / 소유
브랜드	인지 / 위엄 / 평판 / 전통 / 리더십

출처: 신완선, 안선웅, 박상호(2014), 글로벌 명품지수와 명품 평가 방법의 개발.
The Korean Society for Quality Management, Vol 42, p. 191

명품 럭셔리 제품을 중심으로 한 "글로벌 명품지수와 명품 평가 방법의 개발"(신완선, 안선웅, 박상호, 2014) 연구는 명품 평가방법으로 글로벌 명품지수를 제시하고 있는데, 위 표와 같이 자부심/품질/행복감/브랜드라는 평가항목에 대한 세부항목을 도출했다.

기술중심 예술화사회 미학경영의 관점에서도 평가척도에 주목해볼 필요가 있다. 마스터피스 전략 차원에서 미학경영의 품질평가항목 개발이 필요한데, 현재 경영예술연구센터에서 연구를 진행 중이다. 마스터피스 품질평가항목을 넘어 총체적인 미학경영 차원에서 평가항목이 제시되어야 할 것이다.

| 기업전략(Big 전략 + 기능 전략)의 변화 |

2-4

팬슈머를 탄생시키는 고객감동 서비스

기업은 고객과 쌍방향으로 소통하며

감동을 새롭게 창조해나가야만 한다.

단순히 결핍된 상황을 메우기 위하여

기능적 또는 심미적으로 고객을 만족시키려는 것은

기업의 일방적인 리더십에 불과하다.

고객 CS는 고객을 직접 응대하며 영업 프로세스의 최전선에서 기업의 서비스를 제공한다. 그동안 고객 CS는 다음과 같은 다양한 단계를 거치며 진화해왔다.

① 1단계: 고객서비스Customer Service

1단계는 고객에게 다양한 서비스를 제공하는 고객 서비스Customer Service이다. 고객이 호텔에 방문했을 때 호텔에서 제공하는 서비스의 폭에 따라 고객이 누리는 편리함이 달라진다. 룸서비스로 음식을 주문할 수도 있고, 빨래를 대신해달라거나 신발을 닦아달라고 요청할 수도 있다. 고객이 원할 수 있는 대다수의 상황에 대비하여 다양한 서비스가 준비되어 있다.

② 2단계: 고객만족Customer Satisfaction

이 단계에서는 기본적으로 제공되는 서비스 이외에도 추가적으로 제공되는 서비스가 있다. 호텔에서 체크인을 기다릴 때 예상보다 대기시간이 길어진다면 고객은 점차 참을성을 잃어갈 것이다. 고객만족을 아는 직원이라면 이들이 기다리는 동안 대화를 나누며 휴식을 취할 수 있도록 따뜻한 차를 제공할 것이다. 불만족의 요소는 만족의 요소로 대체되어 고객은 호텔을 긍정적으로 인식하게 된다.

③ 3단계: 고객감동Customer Surprise

호텔 객실 문을 열고 들어갔을 때 생일을 맞은 당신을 위해 케이크와 샴페인이 놓여 있는 경우다. 호텔 측에 생일임을 별도로 언급하지 않았지만, 고객정보를 확인하고 세심하게 배려한 것이다. 고객이 생각지도 못했던 곳에서 감동을 선사한다.

하지만 기술중심 예술화사회에서는 3단계의 고객감동이 Customer Surprise가 아닌, Customer Movement가 되어야 한다. 대부분의 깜짝 놀라는 감정은 강렬할지 몰라도 짧은 시간 내에 쉽게 사라진다. 반면에 가슴 깊은 곳에서 일어난 감동은 특별한 이야기로 남아 오래도록 기억된다.

이를 위해서는 현존감을 부여하고 스스로 움직일 수 있도록 고객에게도 무버십Movership을 부여할 필요가 있다. 기업은 고객과 쌍방향으로 소통하며 감동을 새롭게 창조해나가야만 한다. 단순히 결핍된 상황을 메우기 위하여 기능적 또는 심미적으로 고객을 만족시키려는 것은 기업의 일방적인 리더십에 불과하다.

● 고객 관계 관리CRM에서 고객 현존감 관리CEM로

고객 관계 관리CRM, Customer Relationship Management는 고객과 지속적으로 관계를 맺으며 이를 장기적으로 유지해나가는 경영방식을 반영한 용어다. CRM에는 크게 네 가지 측면이 있다.

① 로열티를 얻기 위한 마케팅 행위
② 고객의 개별적인 특성에 따른 일대일 서비스

③ 데이터베이스를 활용한 고객정보 관리

④ 전사적 차원에서의 관리

이는 지금도 계속 적용되고 있으며, 이에 대해서는 큰 이견이 없다. CRM의 기본 요소는 지식Know, 목표Target, 판매Sell, 서비스Service로 정의할 수 있다. 하지만 이러한 기본 요소들이 담고 있는 내용은 시대가 변화함에 따라 수정할 필요성이 있다. 네 요소의 시대적 변화를 살펴보자.

① 지식Know

지식Know은 시장과 고객에 대한 의미를 말한다. 전통적으로는 수익성에 따라 고객을 분류하고, 고객 데이터를 통해 이들을 관리해왔다.

하지만 기술중심 예술화사회에서는 수익성과 더불어 정체성에 따라 고객을 분류해야 한다. 자신의 정체성을 표현하고자 하는 동기가 곧 브랜드 소비로 이어지는 것임을 잊지 말아야 한다.

② 목표Target

목표Target는 최적의 서비스를 개발하는 것이다. 이전에는 어떠한 고객에게 어떠한 제품/서비스를 어떠한 채널을 통해 판매할 것인가를 고민했다. 변화된 기술중심 예술화사회에서는 '어떠한 고객에게 어떠한 경험을 어떠한 이야기를 통해 어떠한 채널로 전달할 것인가'에 대한 개별적 감동전략이 필요하다.

③ 판매Sell

판매Sell에서는 신규고객 창출이 중요하다. 기존의 고객들로는
수익성에 한계가 있기 때문에 전통적인 기업들은 영업자동화시
스템, 캠페인관리시스템을 사용하여 새로운 고객들을 설득해왔
다. 대다수의 사람들은 기계가 말하는 수많은 영업성 스팸전화
에 시달려본 경험이 있을 것이다.

하지만 새로운 기술중심 예술화사회에서는 팬덤 관리 시스템을
고안해야 한다. 그렇다고 해서 기업은 팬덤을 적극적으로 관리
해서는 안 된다. 이들이 자유롭게 활동하도록 내버려두되, 적당
한 시점에 최소한의 관리만 해야 한다. 팬들은 자발적으로 브랜
드를 홍보하며 기업이 신규고객을 확보하도록 해줄 것이다.

④ 서비스Service

서비스Service를 통해 기존 고객을 유지한다. 전통적인 기업들은
고객 로열티를 창출하고 유지하기 위해 고객 서비스를 제공해
왔다. 콜센터 안내데스크가 대표적이다.

조이 블래너, 에런 글레이저의 저서 『슈퍼팬덤』에 따르면, 기술
중심 예술화사회에서는 기업의 철학을 보여주는 고객 서비스가 요구
된다. 브랜드의 애호가들만 알 수 있는 힌트가 가득한 재미난 정책이

나, 장난스럽게 적대적인 태도를 취하는 기업들도 있다. 하지만 이것은 고객의 불만이나 질의를 모두 해결하고 난 후에 바이럴Viral 마케팅을 위해 취하는 행동이다. 만약 고객에게 만족스러운 서비스를 제공하지 못한 상태에서 섣불리 이를 따라한다면, 무례하다는 평가를 받는 동시에 SNS를 통한 비난, 불매운동, 나아가서는 법적 소송까지 이어질 수도 있는 리스크가 있다. 따라서 기업의 목소리와 기업의 철학을 혼동해서는 안 된다.

결론적으로 CRMCustomer Relationship Management은 과학적 경영이라는 올드 패러다임의 마지막 키워드다. 현시대에 적합한 패러다임을 위해서는 기존 개념의 한계를 벗어나 새로운 관점을 가질 필요가 있다. 저자는 단순히 고객과의 관계를 관리하는 CRM에서 고객의 현존감을 관리하는 CEMCustomer Existence Management으로 기술중심 예술화 사회의 경영방식을 정의하고자 한다. 미학적 개념으로의 변화가 요구되는 시점이다.

EX Existence eXperience **Design**

3-1

현존경험, EX 디자인의 변화

인간의 감각과 공간이

모두 디지털 제품/서비스와 연결되고

이들 간의 상호작용에 따라 작동하면서

인간의 몸과 제품/서비스는 불가분의 관계가 될 것이다.

최근 몇 년 사이 UX$^{\text{User eXperience}}$, 즉 사용자 경험이 산업환경의 중요한 화두로 부상했다. 디지털 서비스가 등장, 발달함에 따라 단순한 스펙표에 담길 수 있는 제품의 성능과 디자인을 개발하는 것을 넘어, 서비스를 사용하는 상황과 시간의 흐름에 따른 경험의 총체를 파악하여 이해하고 최적화하는 것이 중요해진 것이다.

그렇다면 다가오는 유비쿼터스 시대의 디자인은 어떻게 변화할까? 이제 스크린 인터페이스 중심의 디지털 경험을 넘어 모든 곳에 기계가 존재하고 총체적인 디지털 경험이 가능해지는 유비쿼터스 시대가 목전에 다가왔다. 이 새로운 시대에는 사용자의 서비스 사용 경험을 넘어 삶의 현존경험, 즉 EX$^{\text{Existence eXperience}}$를 디자인해야 할 것이다.

● UX의 아버지, 디자인 속 현존을 논하다

도널드 노먼$^{\text{Donald Norman, 1935~}}$ 교수는 1993년 처음으로 UX라는 용어를 창시했다. 그는 UX 디자인과 사용자 중심 디자인의 연구와 발달의 중심에 있으며, 애플사의 부사장으로 재직하기도 했다. 그가 30여 년 전 제안한 UX는 2021년이 되어서야 국내 기업들이 주목하는 개념이 되었다.

도널드 노먼은 2005년 출간한 저서『감성 디자인$^{\text{Emotional Design}}$』에서는 유용성과 기능성을 넘어 감정을 자극하는 디자인에 대한 이야기를 풀어낸다. 그는 이 책에서 다음과 같이 말하면서 '사람들을 행복하게 해줄 수 있는 디자인'의 중요성을 강조했다.

"디자인의 감성적 측면이 실용적 요소들보다

제품의 성공에 결정적인 영향을 미친다."

2009년 출연한 테드Ted 강연에서는 다음과 같이 이야기했다.

"새로운 나는 아름다운 것, 감정에 관한 것,

재미있는 것을 만드는 것에 모든 걸 집중한다."

지금껏 자신은 '따라하면 유용하지만 못생긴 제품을 만들게 될 이론'이라는 평가를 받았음을 우스갯소리로 덧붙이면서 말이다. 그렇다면 도널드 노먼이 새롭게 강조하며 디자인에 접목하고자 하는 인간의 감정과 행복은 무엇일까?

제품과 관련된 감정 경험을 자극하기 위해 디자이너들이 사용할 수 있는 인간 감정의 단계는 다음의 세 가지 층위로 분류된다.

감정 단계의 세 가지 층위

감성 디자인의 단계	제품상의 특징	인지
① 본능적Visceral	외관, 감각적 특징	무의식적Subconscious
② 행동적Behavioral	기능성, 유용성, 사용성, 효율성	무의식적
③ 사색적Reflective	자아상 투영, 자기 충족, 과거 추억, 미래 설계	의식적Conscious

① 본능적 디자인Visceral Design

첫 번째는 본능적 디자인으로, 제품의 외관을 고려한다. 아름다운 모양과 색채 등 감각적인 심미성으로 충족될 수 있는 감성이다. 이 책에서 강조하고 있는 아트본능과 일맥상통하는 요소이기도 하다.

② 행동적 디자인Behavioral Design

두 번째는 행동적 디자인으로, 제품 사용 과정에서의 기능성, 효율성, 사용성 등을 포함한다. 이러한 실용적 기대에 부합했을 때 만족하게 되는 감성이다.

③ 사색적 디자인Reflective Design

마지막은 사색적 디자인이다. 도널드 노먼은 이 단계를 제품의 의식화, 지성화 단계로 표현한다. 이어서 다음과 같이 설명한다.

"사색적 디자인 단계는 자신이 이 제품을 사용하면서 해당 제품만의 스토리를 이야기할 수 있는가, 나의 자아상을 표현할 수 있는가, 나의 자긍심에 부합하는가를 되묻는 것과 관련이 있다."

도널드 노먼은 제품은 단순한 물질적 소유의 의미가 아닌, 삶에 관한 것이라고 말한다. 제품이 우리의 삶에 어떠한 의미와 가치를 부여하느냐가 중요하다는 것이다. 그는 다음과 같이 덧붙여 말한다.

"사용자가 가장 사랑하는 제품은 그러한 삶의 상징으로,

우리의 내면에 긍정적인 기틀을 마련해주고,

행복한 기억을 불러일으켜주거나,

자신을 표현할 수 있는 것이다."

즉, 사용자의 현존감을 불러일으키는 제품이 사랑받는 제품이 되는 것이다. 현재 국내 대부분의 교육과 실무 현장은 어떤가? 사용자 현존감을 담아내는 디자인에 대한 인식이 부족한 실정이다. 단순히 당면한 문제의 기계적 해결, 기능의 기술적 적용이 우선되고 있다.

그러나 마스터피스를 디자인하기 위해서는 노먼이 강조한 생산자의 정체성, 철학, 상상이 제품에 반영되어야 한다. 제품 사용자가 감정적으로 깊이 공감하고 감동받을 수 있는 디자인이 필요하다. 소비자의 피드백을 반영해 기능적 필요를 채우는 것뿐 아니라, 사용자가 미처 생각하지 못한 제품의 요소까지 상상을 통해 선제적으로 제시해주는 디자이너의 관점이 더욱 중요해질 것이다.

노먼이 주창하는 감성 디자인으로의 새로운 선회는 기술미학이 이야기하고자 하는 EX 디자인에 중요한 시사점을 준다. 다가오는 유비쿼터스 시대에는 제품 자체의 의미나 가치를 논하는 것을 넘어, 제품이 우리 삶에 더할 현존감이 무엇인가를 상상하는 것이 중요해질 것이다.

제품/서비스가 분절된 자체의

기능과 경험으로 작동하는 것을 넘어,

총체적으로 우리의 삶을 정의하고
형성하는 시대가 될 것이기 때문이다.

인간의 감각과 공간이 모두 디지털 제품/서비스와 연결되고 이
들 간의 상호작용에 따라 작동하면서 인간의 몸과 제품/서비스는 불
가분의 관계가 될 것이다. 따라서 인간 존재의 가치와 철학, 인생과 비
전을 투영하고 실현할 수 있는 사색적 감성을 추구하는 '현존경험 디
자인'이 최우선의 과제가 될 것이다.

● 아이언맨 로봇 팔이 주는 현존경험

예로부터 많은 사람이 먼 미래에는 기계가 우리 몸의 일부가 되
는 시대가 올 것이라고 상상했다. 발전하는 사물인터넷IoT 기술과 그
에 따라 더욱더 촘촘해지는 연결성은, 인간의 생물학적 한계를 넘어
기계와 인간, 환경 모두가 하나로 연결되는 날이 다가오고 있음을 보
여준다.

그러나 이미 기계를 사용자의 신체로 만들고 사용자의 현존경
험을 더함으로써 이들의 삶을 바꾸어주는 기업이 있다. 바로 장애인
용 로봇의수를 만드는 기업 오픈 바이오닉스Open Bionics다. 오픈 바이
오닉스는 '장애를 초능력으로 바꿔준다Turning disability into superpowers'고
자신들을 소개한다. 이들은 합리적인 가격의 의료보조기구를 개발하
는 생체공학기업이다. 창업자이자 CEO인 조엘 기버드Joel Gibbard는

17세에 로봇 팔을 고치기 시작했다. 수백 번의 프로토타이핑과 여러 차례의 실패 끝에 2014년 그는 동업자와 함께 오픈 바이오닉스를 창립했다.

오픈 바이오닉스가 유명한 것은 그들이 디자인하는 히어로 암스Hero Arms 때문이다. 히어로 암스는 의수가 필요한 이들을 위해 제작되는 로봇 팔이다. 사용자의 신체에 맞추어 편안하게 제작되는데 직관적 사용성, 가벼운 무게, 우수한 성능을 자랑한다.

그러나 무엇보다 이들을 특별하게 만드는 것은 이들이 디자인으로 구현하는 사용자의 현존경험 때문이다. 히어로 암스는 아이들을 위해 이야기 속의 영웅들을 디자인에 반영하여 로봇 팔을 제작해준다. 아이들은 마블, 〈겨울왕국〉, 〈스타워즈〉 등 자신이 가장 좋아하는 영화나 만화 속 영웅을 닮은 팔을 선택할 수 있고, 원하는 대로 커버 디자인을 바꿔 새로운 영웅으로 변신할 수 있다.

장애를 아이들이 사랑하고 자랑할 수 있는 것으로 승화시키는 것이다. 이러한 기업의 뜻 깊은 시도를 이해한 디즈니사는 이례적으로 엄격한 저작권 제한을 풀고 이들에게 자사 캐릭터들을 디자인에 사용할 수 있도록 허용해주기까지 했다.

히어로 암스를 사용하는 아이들은 동경하는 멋진 영웅과 닮은 자신의 팔을 보며 자신감을 찾는다. 자신이 즐겁게 보았던 영화 속 주인공과 같은 멋진 팔을 갖게 되었기에 의수는 장애의 흔적을 추억으로 만들어준다.

왼손이 없이 태어난 잭은 아이언맨이 나오는 영화 개봉일에 맞

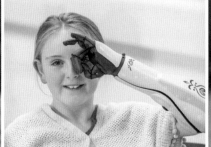

오픈 바이오닉스의 히어로 암스^{Hero Arms}

히어로 암스의 디자인은 단순히 기계형 의수의 기능을 넘어 어린아이들에게 현존경험을
선사하여 기술과 디자인으로 그들의 삶을 바꿀 수 있도록 한다.

출처: openbionics.com

추어 멋진 아이언맨 팔을 선물 받았다. 열세 살의 라이미는 히어로 암
스를 갖게 된 이후로 자신이 특별한 존재가 된 것같이 느낀다고 한다.
주위에서는 더 이상 팔에 대해 부정적인 반응을 보이는 대신, 순수한
관심과 놀라움, 심지어는 질투 어린 반응을 보이기까지 한단다. 이렇
듯 기술과 디자인은 현존경험으로 사용자의 삶을 바꿀 수 있는 지대
한 힘을 갖고 있다.

　　도널드 노먼의 감성디자인으로 선회하라는 제안을 살펴본 후에
남는 질문은 이것이리라.

　　"그래서 어떻게 하라고?"

　　노먼 역시 자신의 저서 『감성 디자인』의 한계가 바로 방법론의
부재임을 시인한다. 전 세계적으로 받아들여져 활발히 활용되고 있는
UX 방법론과 달리, 감정을 움직이는, 즉 감동을 주는 디자인을 탄생

시키는 데 대한 과학적 설명은 아직 발견하지 못했다는 것이다.

감성디자인이 담지 못한 열쇠는 바로 '디자인의 예술화'다. 아직도 많은 기업은 과거의 프로세스 디자인에 심미적 요소를 첨가하는 것만으로 변화를 따라가고 있다고 오판하고 있다. 디자인을 기능성과 심미성의 관점으로 바라보는 것에 그칠 뿐, 디자인에 기업의 철학, 제품의 스토리, 사용자의 인생을 담아야 함을 미처 인식하지 못하고 있다.

디자인도 예술의 가치로, 디자이너도 예술가의 마음으로 바라봐야 한다. 디자인 영역에서도 역시 마스터피스 전략은 활용될 수 있다. 이 책이 소개하는 미학경영 방법론을 따라 편의를 넘어 감동을 줄 수 있는 디자인과 개발을 해보자. 도널드 노먼 교수도 짚어내지 못한 감성디자인의 해법으로 감동을 주는 디자인이 가능해질 것이다.

| 생산 시스템의 변화 |

3-2

아트워커, 근로자의 변화

책임자가 미학적 능력을 갖추었는지

신중하게 살펴볼 필요가 있다.

심미안을 가진 리더는 모든 직원의 주관적 평가나 느낌을

전체적인 성과로 만들어내기 때문이다.

긱 이코노미의 시작, 재즈 클럽

긱 이코노미Gig Economy, 임시직 경제란 기업들이 정규직을 채용하는 대신에 필요할 때마다 근로자와 임시로 계약을 맺는 경제 형태를 의미한다. 긱Gig이란 용어는 1920년대 미국 재즈클럽 주변에서 하룻밤 계약으로 아티스트를 섭외해 공연에 투입한 데서 유래했다. 이러한 계약은 재즈클럽과 아티스트 모두에게 유리했다. 재즈클럽은 고정적으로 아티스트를 고용했을 때 드는 비용부담을 줄일 수 있었고, 아티스트는 재즈클럽이라는 공간에 한정되지 않고 어디든 자유롭게 돌아다니며 자신의 음악을 사람들에게 알릴 수 있었다.

긱 워커의 확대와 전문화

맥킨지 컨설팅에서는 긱Gig을 '디지털 장터에서 거래되는 기간제 근로'라고 정의한다. 다국적 회계 컨설팅 기업 PwC프라이스 워터하우스 쿠퍼스는 전 세계 긱 이코노미의 규모를 2014년 150달러에서 2025년 20배 성장한 3,350억 달러로 추산했다. 미국 노동청에서는 2017년 34%의 근로자들이 긱 워커라고 보고했다. 국내에서는 최근에야 노동연구원이 특수형태근로종사자 220만 9,000명(2018년 말 기준) 가운데 55만 명 정도를 긱 워커로 분류했다. 이들 대다수는 운전기사, 음식배달 등의 근로활동을 하고 있다.

긱 워커Gig worker는 '직접 고용이 아닌 파트너로서 자신이 원하는 시간에 자유롭게 일하는 사람'이라는 의미다. 하지만 업무의 내용을 보면 근로시간이 자유로운 '파트타이머'라고 봐도 무리가 없다.

예술화사회에서는 긱 워커를 다르게 정의할 필요가 있다. 이들은 누구나 할 수 있는 단순 업무를 하는 것이 아니라 짧은 시간을 일하더라도 대체할 수 없는 스킬셋Skill set을 보유하고 있어야 한다. 긱 워커 스스로 포트폴리오를 설계하고 관리해나가는 프로젝트별 고용을 기반으로 한다. 긱 워커는 전문성을 기반으로 근로방식에서 자유를 누리는 것으로 관점이 변화되어야 한다.

최근에는 긱 워커가 단순 노무뿐 아니라 전문적인 기술을 요하는 분야까지 진출했다. 상위 다섯 개 온라인 구직 플랫폼에 게시된 프로젝트 및 업무를 지수화했을 때 창작/멀티미디어, 전문 서비스, 마케팅, IT, 작문/번역 등의 분야에서 2년간 25~40%의 상승률을 보여주었다.

보스턴컨설팅그룹BCG에 따르면, 긱 워커를 부업이 아닌 본업으로 삼는 사람의 비중은 미국, 영국, 독일 등 선진국에서 1~4%에 불과

국내 특수형태 근로 종사자 현황(단위: 만 명)

신 특수고용 노동자
55

1인 자영업자에 가까운 특수고용 노동자
91.4

임금 근로자에 가까운 특수고용 노동자
74.5

통계청 발표 특수고용 노동자
50.6

자료: 통계청·노동연구원

하며, 이는 긱 워커는 고용의 질 악화로 인해 본업으로 삼기 어렵다는 것을 보여준다.

올바른 긱 이코노미의 정착을 위해서는 근로방식의 변화에 발맞춰 사회제도적인 준비가 필요하다.

● 르네상스 시대의 커리어

르네상스 시대에 사람들이 농사만 짓는 것이 아니라 특정 기술 조직에 들어가면 농민 신분을 벗어날 수 있다고 생각하면서 중산층 계급Middle class이 형성되기 시작했다.

견습공 제도 또는 도제 제도Apprenticeship 아래서는 마스터Maestro의 밑에서 견습공Apprentice이 어린 나이에 6년 동안 무상노동을 제공했다. 그 이후에는 다른 마스터에게 배울 수 있는 자격이 주어졌다. 이러한 자격을 가진 사람들을 여행을 한다는 의미로 저니맨Journeyman이라고 불렀다.

이후 마스터로 인정받게 되면 길드Guild 또는 아르떼Arte라고 불리는 전문가로 이루어진 조직에 소속될 수 있었다. 다만, 이 조직에 속하기 위해서는 기존의 마스터들과 경쟁관계에 있는 것이 아니라, 그들과는 다른 새로운 기술을 보유하고 있다는 것을 증명해야 했다. 그 증명의 결과물이 바로 마스터피스Masterpiece이다. 회원자격을 부여해도 좋을 만한 매우 높은 수준의 작품이어야만 했다. 현대에 적용해본다면, 마스터피스는 일종의 이력서이자 포트폴리오라고 보아도 좋을 것이다. 과거의 제품/서비스를 답습하는 것이 아니라, 본인만의 정체성을 담아 혁신적인 작품을 만들어낼 수 있다는 증명이다.

로저 니본Roger Kneebone의 저서 『일의 감각』에 따르면, 전문가는 도제-저니맨-고수 단계를 거쳐 성장한다. 초기의 도제 단계에서는 자신의 작업환경과 삶을 업무에 최적화하는 것이 주목적이다. 도제 단계가 공동체에 속해 보호받는 존재였다면, 저니맨은 자신의 작업과 작업물에 책임을 지는 독립의 단계를 지칭한다. 저니맨 단계에서는 자기만족을 넘어 타인을 만족시킬 수 있는 결과를 도출해야 한다. 고수 단계에서는 그간 성취한 전문성을 타인과 공유해 그들이 성장하도록 돕는다. 지식을 전달할 뿐 아니라 그들의 실수를 책임지는 멘토 역할까지 한다.

최근 젊은이들 사이에 각광받고 있는 사진관 브랜드 〈시현하다 Sihyunhada〉는 증명사진에 고객의 개성을 담아내는 스토리텔링의 관점으로 접근한다. 고객이 자신을 표현하는 형용사를 고르면, 작가는 분위기와 색에 대해 고객과 대화를 나누고 작업방향을 설정한다. 그렇게 배경색채, 의상, 표정, 포즈, 조명 등을 활용해 한 사람만을 위한 작품을 만들어낸다.

〈시현하다〉는 소속 작가들의 경력을 '서랍 칸'으로 등급화한다. 모든 칸을 올라갈 때는 내부 승급기준을 통과해야 한다. 첫 번째 칸은 정식 문하생 과정을 거친 신규데뷔 기록가 및 가맹점주에게 부여된다. 두 번째 칸은 1천명 이상 촬영한 경우에 주어진다. 세 번째 칸은 지점 대표 기록가이며, 5천명 이상을 촬영해야 한다. 네 번째 칸은 1만명 이

사진관 〈시현하다〉의 증명사진

〈시현하다〉의 사진작가는 배경색채, 의상, 표정, 포즈, 조명 등을 활용하여 고객 한 사람 한 사람을 위한 작품을 만들어낸다.　　　　　　　　　　　　　　출처: sihyunhada.com

상을 촬영해야 한다. 서랍의 가장 높은 곳에 위치한 다섯 번째 칸은 브랜드의 대표 기록가로서 소속작가에 대한 교육 진행이 가능해야 한다.

작가들은 각자의 이름을 걸고 포트폴리오를 전시하며 고객의 선택을 받는다. 예술화사회의 진정한 긱 워커인 것이다. 결론적으로 긱 워커는 '수년 이상의 학습과 경험을 보유하여 제품의 품질에 영향을 미칠 수 있는 숙련/전문 노동력'으로 정의되어야 한다.

● **예술화사회의 새로운 경제원리**

기업 분야의 경제적 지배구조에 대한 연구로 2009년 노벨경제학상을 수상한 거래비용 경제학Transaction Cost Economics의 대가, 올리버 윌리엄슨Oliver Williamson, 1932~2020은 시장과 조직이 서로를 대체할 수 있다고 주장한다. 동일한 경영활동에 대해 시장 메커니즘을 통해 조직 외부에서 수행할 수도 있고, 조직 메커니즘을 통해 조직 내부에서 수행할 수도 있다는 것이다. 이 중 어느 편을 택하는 것이 성과와 경쟁력 면에서 우월한지 결정하는 것이 효율적 조직 경계Efficient organizational boundary에 대한 고민이다.

효율적인 시장 메커니즘에서는 독립적인 전문가들이 높은 생산성과 효율성을 자랑한다. 하지만 서로 많은 이익을 원하기 때문에 다양한 종류의 거래비용이 발생된다. 반면에 조직 메커니즘에서는 안정

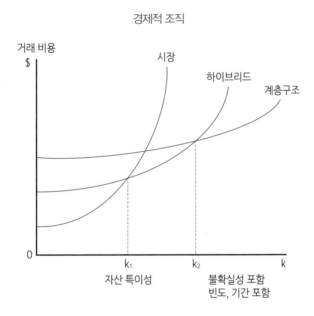

경제적 조직

출처: Transaction-cost economic analysis of institutional change toward design-build contracts for public transportation, Jan Whittington (Oliver Williamsons, 1996, as cited in David Dowall, 2008)

적인 공급이 가능하여 경영 리스크가 낮아진다. 조직 메커니즘에서는 시장 거래비용이 대폭 감소하지만, 경직된 의사결정으로 인한 관료적 비용Bureaucratic cost이 시장 거래비용보다 클 수도 있다.

긱 이코노미는 조직 메커니즘에 기반한 고용의 문제점과 한계가 발생하기 시작하면서 시장 메커니즘으로 중심이 이동해가는 과정이다. 과학적 경영의 문제점과 한계를 보완하기 위해 미학경영을 수용하는 것과 같다. 이전의 사회는 공급이 소비를 이끌었다면, 예술화사회에서는 소비가 공급을 이끈다.

소비자의 기대수준이 높기 때문에 최고의 품질과 감동이 발현되어야 한다. 기업은 소비자의 성선택 본능에 부합하는 제품/서비스를 만들어내기 위해 기능성, 관능성, 정체성을 담아야 한다. 따라서 예술화사회를 준비하는 기업이 지향하는 효율적 조직 경계Efficient organizational boundary는 조직 메커니즘과 시장 메커니즘이 균형을 이루는 하이브리드Hybrid 메커니즘일 것이다.

● 아트워커로 살아남는 법

프레이버거(Fraiberger, 2018) 외 연구진에 따르면, 아티스트의 평판과 네트워크는 성공 여부에 중요한 영향을 미친다. 1980년부터 2016년까지 50만 명 작가들의 전시 히스토리 데이터를 분석해보니, 작품활동의 초기 단계에 명성 있는 기관에서 전시할 기회를 얻은 경우 평생 동안 성공한 아티스트로 분류될 가능성이 높았다.

이와는 대조적으로, 네트워크 주변으로부터 출발하는 것은 높은 중퇴율을 초래하여 명성 있는 기관으로의 접근을 제한했다. 작품에 대한 가치는 전문가, 큐레이터, 수집가, 미술사학자로 구성된 네트워크에 의해 형성되며, 이들의 판단은 박물관, 갤러리, 경매장의 전시와 판매에 반영된다.

하지만 소수의 저명한 기관에 전시할 수 있는 기회는 제한되어 있기 때문에 이를 그래프화하면 살찐 꼬리Fat tail의 분포를 따른다. 소수의 유명한 예술가들은 예외적으로 많은 장소에서 전시되었지만, 52%의 예술가들은 일회성 전시에 그친다. 이처럼 예술 경력은 강한 경로의존성을 가진 것으로 드러났다. 예술가는 매우 이른 시기에 계층화되며, 이후에는 계층 간의 낮은 이동성을 가진다. 따라서 예술가들의 경력에 도움이 될 수 있는 기회를 평준화하는 정책이 수립되어야 한다.

그럼에도 기술중심 예술화사회 시대에는 전통적인 기관들의 힘이 약화된다. 온라인에서 연결된 다수의 개인들이 네트워크를 형성하고 있기 때문에 다양한 플랫폼만큼이나 많은 전시 기회가 존재한다. 꾸준한 작품활동과 활발한 네트워크 활동이 있다면 아티스트로서 성공할 확률이 높아진다.

통계물리학자 정하웅 교수에 따르면, 특히 네트워크의 중요성은 1977년 시작한 '흔해 빠진 개똥SAMe Old Shit' 같다는 뜻의 '세이모SAMO'로 널리 알려진 그래피티 예술가인 장 미셸 바스키아Jean Michel Basquiat, 1960~1988와 알 디아즈Al diaz의 사례로 증명된다. 물질만능주의와 권위적인 사회를 비판한 두 사람은 1978년 작품활동에 대한 입장 차이로 결별하게 되었다. 바스키아는 작품을 널리 알리기를 바랐고, 알 디아즈는 작품에만 충실하기를 원했기 때문이다.

이후 바스키아는 예술가들의 집결지였던 클럽57Club 57과 머드 클럽Mudd Club에서 활동하면서 영화, 음악, 미술계의 다양한 인물들과 어울리며 네트워크를 쌓았다. 활발한 네트워크 활동은 바스키아에게 권위 있는 기관들에 전시할 수 있는 기회를 주었으며, 앤디 워홀Andy Warhol, 1928~1987을 소개받아 각별한 관계를 맺으며 함께 작품활동을 하게 된다.

이화여대 경영예술연구센터는 한국콘텐츠진흥원의 지원으로 국내 최초의 예술종합플랫폼이자 맞춤형 아트라이프 플랫폼인 아트

시간과 예술가의 생존률 간 관계(프레이버거 외, 2018)

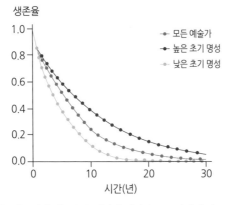

예술계 내에서 예술가로서의 생존율은 시간이 지날수록 급격하게 감소하며, 높은 초기 명성을 가진 예술가일 경우 비교적 완만하다. 바스키아는 활동 초기에 네트워킹을 통해 생존율을 높였다.

링커ArtsLinker.com를 론칭한 바 있다. 예술의 대중화를 위해 나만의 '아트하우스'를 만들어 아티스트와 예술 애호가를 연결하고 각 주체가 예술활동 성장기록과 서로의 관심에 맞는 다양한 연결을 통해 모두의 현존감을 최고로 만들어주는 것이 주목적이다. 이를 통해 맞춤형 예술교육과 레슨, 예술서비스 연결·관리, 맞춤형 전시·공연 홍보, 예약 접수와 예매처 연결 등 예술 관련 통합 서비스를 제공한다. 아트링커의 회원들은 긱 이코노미 방식으로 예술활동을 즐길 수 있다.

긱 이코노미에서 근로자는 예술가와 같은 아트워커로 변모할 필요가 있다. 예술가들이 전시나 출판의 기회를 얻는 방법을 살펴보면, 아트워커들이 앞으로 도래할 긱 이코노미에서 어떻게 일거리를 구할 수 있는지 힌트를 얻을 수 있다. 아트 컨설턴트이자 예술가인 폴 도렐Paul Dorrell의 저서 『미술가로 살아가기』에 제시된 가이드를 참고하여 예술화사회의 아트워커를 위한 다섯 가지 팁을 전한다.

① 브랜드 콘셉트를 가진 자기소개서 작성

간략하게 자기를 소개할 수 있는 글이 있는가? 아티스트의 자기소개서에는 교육적 배경, 창작 관련 경험, 수련 기회, 전시회 내용 등이 포함된다. 철학, 영감, 아이디어, 비전 등을 포함시키는 것도 좋다. 일반 근로자를 위한 링크드인linkedin 같은 구직 플랫폼에서도 간략한 자기소개를 기재할 수 있는 공간이 마련되어 있다.

② 브랜드 콘셉트를 증명하기 위한 증거로서의 포트폴리오

토머스 오퐁Thomas Oppong의 『긱 워커로 사는 법』에 따르면 근로자는 주도적으로 '포트폴리오식 경력'을 쌓아나갈 필요가 있다. 본인이 최종적으로 그리는 목표를 향해서 관련된 업무들을 경험한다는 관점으로 접근한다. 커리어는 회사에서 부여하는 것이 아니라, 아트워커로서 자신의 작품세계를 신중하게 설계해나가는 것이다. 긱 경제에서는 자기 브랜드를 구축하는 능력이 중요해진다.

③ 아티스트가 공급할 수 있는 작품의 가격설정

아티스트의 작품과 예술 서비스에도 '적정한' 가격이 있다. 아티스트와 컬렉터 모두에게 합리적으로 여겨지는 가격이다. 여기에는 유사한 아티스트의 작품 가격이 참고된다. 일반적인 회사에서는 직급이나 자격사항 등에 대해 연봉의 범위가 어느 정도 정해져 있지만, 아트워커는 온전히 본인이 임금을 설정한다. 처음에는 그리 높지 않은 수준이겠지만 경력과 신뢰가 쌓이고 나면 고용주는 높은 가격도 기꺼이 지불할 것이다.

④ 전시·공연 장소

아티스트는 기업 사무실, 도서관, 갤러리, 기타 공간 등에 자신의 작품을 전시한다. 아트워커는 근로계약에 앞서 자신의 근로형태나 근로장소 등을 명확하게 협의할 필요가 있다. 물론 대부분의 경우 아트워커는 자유롭게 자신의 시간과 장소를 선택한다. 하지만 일부 고용주는 사무실에 출근해서 일하기를 원할 수도 있다. 이를 협의할 때는 업무의 중요도와 성격이 고려되어야 한다.

⑤ 팬과의 인게이지먼트를 이끌어내는 양방향 소통

아티스트는 전시가 있는 경우 기사나 인터뷰 등을 통해 언론에 소개된다. 하지만 아트워커의 경우 스스로 자신의 소식을 홍보해야 한다. 따라서 새로운 프로젝트를 진행하는 경우 SNS, 블로그, 구직 플랫폼 등에 꾸준히 업데이트해두자. 이전 고용주와의 프로젝트가 만족스러운 결과를 냈다면, 추천 코멘트를 부탁하는 것도 좋다. 이러한 홍보활동은 다른 새로운 고용주로부터 일거리를 제안받는 계기가 될 수 있다. 아트워커는 트렌드나 정부 정책 등 커뮤니티 정보에 민감할 필요가 있다.

예술화사회에서 아트워커가 되기 위한 요령을 알아보았다. 앞서 언급한 아트링커 Artslinker.com는 예술화사회의 아트워커가 되기 위해 문화예술을 향유하고 창의적 활동을 기록, 공유할 수 있는 획기적인 플랫폼이다. 아트링커의 목표는 아티스트와 아트러버 모두, 즉 국민 전체가 예술에 대한 안목을 가지고 생활예술인으로서 문화를 향유할 수 있게 하는 것이다.

예술적 감동경험과 감동을 일으키는 예술작품과 예술활동에 대한 평가안목이 높아진 조직구성원이 많을수록, 조직은 기술중심 예술화사회로 이행하는 데 퍼실리테이터facilitator로서 작용할 것으로 기대된다.(지금 아트링커에 가입하여 기술중심 예술화사회로의 살아 있는 변화를 피부로 느껴보기 바란다.)

● **애자일 기업의 아트워커**

아직까지 긱 이코노미의 고용방식은 회사 밖에서 적용되는 경우가 많다. 하지만 프로젝트 단위로 업무를 진행하는 애자일Agile('기민한', '민첩한'이라는 뜻을 가진 단어로, 사무환경에서 부서 간 경계를 허물고, 직급체계를 없애 팀원 개인에게 의사권한을 부여하는 것. 특히 시장변화에 기민하게 대응하는 것을 추구함) 방식의 기업 내부에서도 이러한 트렌드를 관찰할 수 있다.

아마존Amazon에서는 직원들이 활발하게 부서를 이동하며 커리어를 통해 자기계발을 하도록 권장하고 있다. 만약 직원이 팀을 옮기거나 특정 프로젝트에 참여하고 싶어할 때는 내부용 '아마존 이력서'를 활용한다. 회사 내에서 쌓은 커리어도 중요하게 본다는 뜻이다. 프로젝트 매니저 입장에서는 당연히 우수한 인재들로 팀을 꾸리고 싶으니 개인 브랜딩이 잘되어 있고 평판이 좋은 직원을 선택하려고 한다. 앞으로 쌓을 경력이 이들이 추구하는 목표에 도움이 되는지도 고려한다.

스마트 워크의 일환으로 원격근무 문화도 잘 정착되어 있어서 커뮤니케이션만 잘된다면 어디서 근무하든지 크게 상관하지 않는다.

대신 과정보다 결과를 엄격하게 평가한다. 개인의 성과에 따라 연봉은 천차만별이다.

　이처럼 경쟁력을 중요시하는 회사에서 아트워커는 이미 익숙한 개념으로 자리 잡았음을 알 수 있다. 현시대는 자유로운 환경 아래서 자신만이 포지셔닝할 수 있는 경쟁력을 요구한다. 새로운 기술중심 예술화사회에서 아트워커는 창조성을 발휘하는 행복한 근로양식이 될 수 있다.

　중국의 가전업체 하이얼의 CEO 장 루이민Zhang Ruimin은 회사 내의 각 부서를 ME초소형 기업, Micro-enterprises라는 개별 팀으로 나누었다. 회사는 4천여 개의 ME로 이루어져 있으며, 한 팀은 10~15명으로 구성되어 있다. ME는 혁신, 인큐베이팅, 노드 등으로 분류할 수 있다. 가장 많은 수를 차지하는 3,800개의 노드는 디자인, 제조공정, 인적자원 등의 서비스를 판매하는 역할을 수행한다.

　각 ME는 본사 지시 없이 자체적으로 프로젝트를 진행하도록 자율성을 부여받는다. 하지만 타깃 설정이나 계약, 업무 조율 등을 위해 서로의 전략을 공유한다. 모든 사용자 접점 ME는 협업하고 싶은 다른 노드 ME의 서비스를 자유롭게 선택한다. 꼭 내부에서만 서비스를 고집하는 것이 아니라 훌륭한 외부 공급자가 있다면 해당 업체로 교체한다.

　사내벤처 같은 방식은 소기업을 뜻하는 중국어인 '샤오웨이小微' 전략이라 불린다. 경직된 조직구조를 바꾸어 수평적 기업문화를 만들겠다는 의지의 표명이다. 기존의 대기업 시스템은 기계와 같은 형태이기 때문에 정보화시대에 알맞게 오픈 플랫폼, '작은 조직들의 모임'의 형태로 바꿔야 한다고 주장한다.

장 루이민은 이러한 시도를 설명하기 위해 철학자 칸트를 인용한다. 사람은 수단이나 기업에 종속된 것이 아니라 목적이자 사회구성원으로서 존중받아야 한다는 것이다. 장 루이민은 새로운 방식에 적응하는 과정에서 직원들이 느끼는 불편함도 기꺼이 감수하고자 한다. 그는 불편함의 핵심이 이해관계, 즉 보상에 대한 경쟁 때문이라고 언급한다. 따라서 앞으로의 보상과 성과 측정은 엄격한 지침에 따른 것이 아니라, 자신들이 내는 결과물에 대한 것이 되어야 한다고 말한다.

그 결과 하이얼은 직원들의 기본급을 보상의 30% 수준으로 크게 낮추고 과감한 성과주의를 도입했다. 대신, 성과의 책임에 대하여 리더급이 80%를 부담하도록 했다. 하지만 혁신을 주도하는 장 루이민의 시도처럼 자율적인 조직이 제대로 운영될 수 있을지 알 수 없다. 미국 메릴랜드대 아닐 굽타 교수는 하이얼이 플랫폼 전략을 도입하는 것은 규모의 경제를 손상시키는 결정이 될 수도 있다고 평가한다.

하지만 올리버 윌리엄슨 교수의 거래비용 이론에 따르면, 이는 규모의 경제 손상보다는 고객감동을 위한 결정이다. 예술화사회의 경제원리는 규모의 경제를 해칠지 몰라도 감동의 경제가 성과를 결정짓는 방식이다. 기존의 과학적 경영이라는 사고를 미학경영의 사고로 변화시킬 필요가 있다.

하이얼이 시도한 ME 중심의 새로운 조직문화는 미학경영의 취지에 잘 맞는다. 이러한 역량을 바탕으로 하이얼의 미래는 자신의 정체성이 담겨 있으며, 소비자를 감동시킬 수 있는 독창적 마스터피스를 만들어낼 수 있는 방향으로 빠르게 진화하고 있다. (시장조사기업 유로모니터인터내셔널이 발표한 보고서에 따르면, 하이얼은 13년 연속 가전 브랜드 세계 1위를 달성했다.)

하이얼의 조직문화는 수평적 소통을 강조하며, 리더급에게 책임을 묻는다. 여기서 미학경영에서 유의해야 할 점이 있다. 그건 바로 섬세한 미학적 판단을 할 수 있는 리더가 드물다는 것이다. 제품/서비스의 완성도는 책임자의 심미안과 비례한다. 그러므로 책임자가 미학적 능력을 갖추었는지 신중하게 살펴볼 필요가 있다. 심미안을 가진 리더는 모든 직원의 주관적 평가나 느낌을 전체적인 성과로 만들어내기 때문이다. 하이얼은 직원을 '목적'으로서 대우하고 기업문화를 적극적으로 바꾸어 나가고 있다는 점에서 마스터피스 전략을 실천하기 원하는 많은 기업이 롤모델로 삼을 만하다.

Ⅰ 생산 시스템의 변화 Ⅰ

3-1

조직구성원의 행복과 현존감에
감동을 주는 기업문화와 조직관리

위대한 예술작품은 인간에게 감동을 준다.

기업이 생산하는 제품과 서비스도 감동을 준다면

그 기업은 소비자들에게 사랑을 받으면서 성공할 수 있을 것이다.

마스터피스 전략은 미학적 관점이 필수조건이고,

미학적 접근법을 통한 경영의 패러다임 전환이 필요하다.

앞에서 하이얼의 수평적 조직문화에 대해 살펴보았다. 미학경영이 추구하는 조직문화는 과연 어디를 지향해야 할까? 마스터피스 전략이 인간의 존재이유와 예술적 창의본능에 초점을 맞추고 있다면, 앞으로 기업문화와 조직관리는 어떠한 방향성을 가져야 할까?

저자는 오랫동안 조직구성원들이 꿈꾸는 '행복'에 관심을 가져왔다. 지난 10여 년 동안 이화여대에서 '행복'을 주제로 한 강의를 개설하기도 했다. 앞으로 기업의 목표는 조직구성원의 행복에 초점을 맞추어야 하지 않을까 하는 생각에서였다.

● 조직구성원의 행복이 기업의 목표

2020년 한 해 동안 '100회 행복토크'를 완주하며 기업문화 혁신을 실천한 SK 최태원 회장은 일하는 방식을 혁신하기 위해 구성원의 행복을 극대화하는 데 초점을 맞춘다. SK는 구성원의 행복이 회사의 궁극적 목표라고 명시하면서 그 이유를 다음과 같이 설명한다.

> "구성원이 행복해야 창의적인 아이디어가 나오고,
> 이 아이디어가 다시 기업 생존과
> 지속적인 성장의 기반이 되어
> 비즈니스 혁신으로 이어진다."

SK가 선택한 딥체인지Deep Change는 유연하고 수평적인 조직문화를 바탕으로 구성원 스스로 자신의 삶과 일을 만족할 만한 수준으로 끌어올리는 것이다. 그 일환으로 부서장, 전무, 상무라는 위계 대신 본부장, 실장 등의 직책으로 직급문화를 타파하고자 했다.

SK하이닉스는 2020년 '행복문화사무국'을 신설했다. 행복문화사무국은 행복데이터를 분석하고 행복전략을 디자인하는 조직이다. 행복 모바일앱 '콩'으로 구성원 스스로 일상의 행복을 기록하고 측정하여 행복을 느끼는 요소인 해피 포인트$^{Happy\ Point}$와 행복감을 저해하는 요소인 페인 포인트$^{Pain\ Point}$를 도출한다. 해피 포인트는 확산하고, 페인 포인트는 제거할 방법을 모색하기 위한 시도다.

SK하이닉스는 '행복 디자인 그룹'(프로그램명으로 2019년에 시즌1

SK하이닉스의 '하이지니어'
구성원의 행복을 디자인해주는 행복 레시피　　　　　　　출처: news.skhynix.co.kr

▲행복 Mobile App. 콩

행복 모바일 앱 '콩'
출처: news.skhynix.co.kr

SK하이닉스 청주캠퍼스
출처: news.skhynix.co.kr

행복과 현존감에 감동을 주는 기업문화

행복 모바일앱 '콩'으로 구성원 스스로 일상의 행복을 기록하고 측정한다. 조직구성원의 행복은 늘리고 고통은 줄이기 위한 시도다. SK하이닉스 청주캠퍼스는 브라이트 크리에이터들에 의한 웹 제작·운영, 리더 소통 콘텐츠 기획, 구성원 소통 콘텐츠 기획으로 아이디어들을 공유하면서 브라이트 채널을 SK하이닉스의 문화와 전통으로 남을 만한 플랫폼으로 성장시키고자 한다.

for 워킹맘, 2021년에 시즌2 for 워킹맘을 운영해서 호평을 받았음. 현재 공식 조직명은 행복문화사무국임)을 만들어 구성원 스스로 행복에 관한 이야기를 나누고, 새로운 아이디어들을 제안하도록 했다. 그룹의 리더가 구성원과 행복에 대해 진솔한 이야기를 나누는 전사적 행복토크가 2,300회 넘게 진행되었다. 구성원의 행복 데이터를 수집하여 유의미한 인사이트를 도출할 수 있도록 빅데이터화하고, 서로의 행복과 공통분모를 알아보고 공감할 수 있는 장을 열기 위해 행복지도를 기획하여 구성원의 행복 스토리 만들기를 시도했다.

SK하이닉스는 리더부터 존중과 인정을 받고 있다는 느낌을 받는 것이 중요하다고 본다. 특히 리더는 구성원의 행복 만들기 과정을 존중하고, VWBE(자발적Voluntarily이고 의욕적Willingly인 두뇌활용Brain Engagement)를 할 수 있는 환경을 만드는 것이 중요하다고 강조한다.

SK하이닉스 청주캠퍼스는 브라이트 크리에이터들에 의한 웹 제작·운영, 리더 소통 콘텐츠 기획, 구성원 소통 콘텐츠 기획으로 아이디어들을 공유하면서 브라이트 채널을 SK하이닉스의 문화와 전통으로 남을 만한 플랫폼으로 성장시키고자 한다.

채널명 '브라이트Bwrite'는 '밝다'를 뜻하는 'Bright'와 '쓰다'를 뜻하는 'Write'를 합친 말로, 브라이트 채널은 이름처럼 밝고 긍정적인 가치를 담은 트렌디한 영상 콘텐츠를 제작하여 구성원들에게 즐거움을 선사하고 구성원들과 활발한 양방향 소통을 이어가며 활기찬 기업문화를 만들어가고 있다.

그렇다면 브라이트 크리에이터들이 조직구성원으로서 자발적으로 참여하여 창의적인 아이디어를 자극하고 영상 콘텐츠를 제작했던 그 원동력은 어디에서 비롯된 것일까? 브라이트 크리에이터들의 생생한 소감을 들어보자.

- "누구도 채널을 만들라고 이야기하지 않았는데, 아홉 명 모두 자연스럽게 콘텐츠 제작에 대해 공부하고 있더라."
- "업무를 하면서도 MZ세대의 취향을 저격할 만한 레퍼런스를 틈틈이 찾아봤던 기억이 있다."
- "브라이트만의 색깔을 콘텐츠에 어떻게 녹일지 늘 고민하고 있다."
- "이제까지 없었던 새로운 브랜드라는 느낌을 주고 싶다."

이들의 이야기를 들어보면 예술작품을 만드는 창작자의 욕구와 열정이 느껴지지 않는가? 그 출발도 마찬가지다. 이들은 브라이트의 탄생 배경을 다음과 같이 밝혔다.

"누구나 솔직하게 소통할 수 있는 커뮤니티를 만들자는 의견에서 나왔다."

기업문화를 한 편의 공연예술을 기획하듯 만들어나가는 것이다. 리더와 구성원들이 함께 기획, 아이디어 구상, 콘텐츠 방향성 회의, 제작 과정을 거친다. 조직구성원 모두가 한 편의 예술작품을 창작하고 감상하듯 업무를 한다. 여러분의 조직을 두고 이러한 상상을 한 번 해보라. 과연 어떠한 일들이 벌어질까?

SK 사례를 보면 조직구성원이 행복하기 위한 자발적, 의욕적 두뇌활용을 강조했다. 그런데 본질적으로 생각해보자. 구성원의 행복에 영향을 미쳤던 것은 과연 무엇일까? 그것은 바로 창작자 또는 감상자로서의 생생한 경험에서 비롯된 것 아닐까?

● 현존감으로 감동을 주는 기업문화, 미학경영에서 출발하다

이화여대 경영예술연구센터 최승은(2014)은 "문화예술적 경험이 개인의 창의성과 업무성과에 미치는 영향에 관한 연구"에서 경영현장에서 조직구성원의 창의성을 일깨우는 노력 중 문화예술적 경험에 대해 조사했다. 여기서 문화예술적 경험이란 문학, 음악, 미술, 무용, 애니메이션(만화), 연극영화, 사진, 디자인, 공예, 건축활동 등 전통, 응용, 종합 예술분야에서의 창작과 감상활동을 포함한다. 연구 결과, 특히 동료에 대한 배려, 이해, 타인의 생각에 대한 개방적 태도가 중요했으며, 이것이 업무성과로서 발현됨을 알 수 있었다. 또한 구성원을 현명하게 조율하는 리더십을 확립하는 것이 조직의 창의성 관리에 중요한 요소로 나타났다.

결국 건강한 기업문화의 출발을 문화예술적 경험으로부터 해볼 수 있지 않을까? 기술중심 예술화사회에서 미학경영은 조직구성원의 행복을 넘어 현존감에 감동을 줄 수 있는 기업문화를 만드는 데 필수요건이다. 제품/서비스에 조직구성원의 행복이 담겼을 때 진정한 마스터피스가 탄생할 것이다.

그렇다면 기업은 문화예술적 경험으로 무슨 시도를 해볼 수 있을까? 저자는 임원 및 기업 고객을 대상으로 오페라 예술의 아름다움을 렉처 콘서트 형식으로 전하는 워크숍을 예술종합플랫폼 아트링커artslinker.com에 소개했다. 오페라를 이해하고 감상하는 것을 넘어 현존체험을 통해 창조본능을 느끼도록 한다. 그러면서 기업인들의 창의성을 일깨우고 CEO들이 정체성을 인식하게 한다.

궁극적으로는 소비자들이 어떠한 순간에 '와우!'를 느끼며 눈물을 흘리고 감동을 하는가 현존감을 경험해보도록 하기 위해서다. 《포춘Fortune》 선정 500대 기업에서는 임원교육을 위해 기존의 MBA 학위 대신 MFAMaster of Fine Art, 미술학석사를 장려하는 기업이 늘어나고 있다. 조직구성원들에게 창작을 전공하고 미술사를 배우게 해서 안목을 키워주는 시도를 해오고 있다. 이러한 맥락으로 대기업 임원들이 MFA, 오페라 혹은 뮤지컬 교육에 참여하게 하는 등 지금까지와는 다른 방향의 임원교육을 시도해야 할 것이다.

미적경험으로 현존감을 존중하는 조직관리로의 진화

수평적인 조직문화를 만들겠다고 직급을 폐지하고, 이름은 영어로 부르며, 직함은 매니저나 TLTechnical Leader로 바꾼다. 이런다고 기업문화가 한순간에 혁신이 될까?

실러Schiller, 1759~1805는 인류 발전을 위해서는 분업을 할 수밖에 없었음을 인정하지만, 개인은 전체의 한 부분으로 일하면서 행복을

아트링커의 '오페라 교육' 사례

출처: 아트링커 artslinker.com

잃었다고 말했다. 실러는 아름다움과 숭고함을 지닌 인성의 필수조건으로서 미학교육을 강조했다. 앞에서 저자는 이를 현존감과 연결한 바 있다.

분명 미적경험은 현존감을 극대화할 촉매제가 될 것이다. 기술 중심 예술화사회에서는 현존감을 존중하는 CEO가 조직을 관리할 수 있다. 저자는 많은 기업의 리더들이 이러한 새로운 미래기업의 모습을 위해 도전장을 던져보기를 기대한다.

아티스트의 기본 조건은 자율성이므로 업무 담당자의 자율성을 온전히 인정해주고, 그들이 하는 일을 아트워크Art Work로서 인정해준다. 그러면서도 기존 시스템과의 조화를 추구한다. 이것이 미학경영의 방향성이다. 이를 통해 조직구성원 모두 마스터피스를 창출할 주인공이 될 수 있을 것이다.

| 생산 시스템의 변화 |

3-4

디지털 트랜스포메이션 시대,
AI 기반 핀포인트 커스터마이징

핀포인트 커스터마이제이션의 효율성만큼

기업이 유념해야 할 것은 소비자의 현존감 극대화다.

소비자의 현존감에 발생 가능한 부정적 효과를

최소화하려는 적극적인 조치가 강조되어야 한다.

디지털 트랜스포메이션은 기업 운영 시 발생하는 모든 것을 양질의 데이터로 정보화하는 것에 그 본질이 있다. 그중 소비자에 대한 데이터는 AI기술과 더불어 기업 운영과 소비자 행동습관 모두를 변화시키고 있다. 기업은 제품/서비스의 구상부터 제작, 광고, 판매 등 소비자와 상호작용하는 모든 단계에 개별 소비자를 위한 핀포인트 커스터마이제이션Pinpoint Customization이 가능해졌다. 마치 예리한 핀으로 집듯이 소비자의 취향과 욕구를 정확히 집어 맞춘 제품/서비스 제공이 가능해진 것이다.

데이터는 기업과 개별 소비자 간에 긴밀한 연결고리가 되어준다. 이러한 핀포인트 커스터마이제이션은 기업의 제품개발과 마케팅, 홍보 등의 효율성을 높이는 실익을 가져온다. 그러나 핀포인트 커스터마이제이션이 갖는 가치를 효율성만으로 이해하는 데에 그친다면, 소비자의 만족과 행복을 보다 극대화할 더 큰 가치를 간과하는 것이다.

● 핀포인트 커스터마이제이션과 현존감

핀포인트 커스터마이제이션의 궁극적 가치는 소비자의 현존감을 극대화한다는 것이다. 이는 다음과 같이 정리해볼 수 있다.

첫째, 핀포인트 커스터마이제이션은 개별 소비자의 쾌락, 자아실현, 관계 등 모든 현존감 요소에 있어서 소비자가 원하고 소비자에게 적합한 맞춤형 경험을 제공할 수 있도록 한다.

둘째, 특히 이러한 다양한 현존감 요소를 충족하는 맞춤화는 일체성과 몰입감을 제공하며, 이는 그 자체로 소비자에게 쾌락의 현존감을 선사한다.

셋째, 주목할 만한 것은, 기업은 핀포인트 커스터마이제이션을 제공함으로써 개별 소비자와 긴밀한 관계를 형성할 수 있으며, 초월적 존재의 역할을 수행할 수 있다는 점이다.

그러나 소비자 데이터 활용과 핀포인트 커스터마이제이션에는 소비자의 현존감을 위협할 수 있는 위험요소가 자리하고 있음을 유의해야 한다. 핀포인트 커스터마이제이션이 현존감에 미치는 영향에 대한 이해를 돕고자 아래의 표로 정리해보았다.

핀포인트 커스터마이제이션과 현존감

| 대분류 | 중분류 | 현 상태 | 영향요소 | 핀포인트 커스터마이제이션 | |
				긍정적 효과	부정적 효과
부정 감정 해소	두려움	두려움의 대상으로부터의 해소	두려움의 원인: 생존 위협, 원치 않는 미래 상태 통제	개인별 인생 맥락에서 가장 큰 두려움 요소로부터의 해결	프라이버시 노출 두려움의 추가 발현
	분노	분노의 대상으로부터의 해소	분노의 원인: 피해, 불공정, 폭력	개인마다 다른 분노 해소 요소 제공	
	슬픔	슬픔의 대상으로부터의 해소	슬픔의 원인: 상실, 자존감, 오해, 불인정	개인별 슬픔 해소 요소 제공	
	수치	수치심의 대상으로부터의 해소	수치의 원인: 비교, 거짓말, 노출	개인마다 가장 큰 영향을 끼치는 수치심 유발요소 제거	
쾌락	자극	상반된 영역으로의 이동	재미, 자기보상	개인 감각의 역치를 파악한 효과적 자극	

쾌락	심미	수평적 영역으로의 이동	관심, 칭찬, 선도, 인정	개인의 심미적 취향에 맞춘 디자인	
	상상	모든 감정의 경험	경험, 몰입, 탈아, 탈일상성	개인이 상상하는 제품/서비스의 구현	
	안전	불만-활성화 Unpleasant-Activation 에서 쾌락-비활성화Pleasant-Deactivation 로의 급격한 이동	계획성, 안전감, 전문성, 상태 개선, 불안 해소	개인의 상황과 맥락에 적합한 최적의 제품/서비스 제공 ex) 개인의 신체 특성과 습관을 정확히 파악한 신발, 개인의 내외부적 상황을 정확히 파악한 의료서비스 등	익명성을 침해하여 개인이 노출되는 감정을 느끼게 하며, 위협으로부터의 회피, 방어본능을 침해하여 불안을 자극
자아 실현	성취	자아 (수직) 명예/권력/지식	인정, 과정, 결과, 확인	자신의 욕구에 정확히 부합하는 제품/서비스를 제공받은 데 대한 성취감	
	초월	자아 (확장)	통제성, 자기희생, 공감, 탈아, 전지전능	개인에게는 창조자와 같은 초월적 경험이자, 이를 제공한 기업으로서는 초월적 존재의 역할 수행	
	고결/ 정의	자아 (핵심가치)	신념, 변화 주도, 인정, 일체감, 자기희생	소비자가 외적인 기능성과 심미성뿐 아니라, 기업과 생산과정 전체를 아우르는 정체성을 확인할 수 있으며, 자신의 가치관과 부합하는 기업, 제품, 서비스의 큐레이팅으로 신념소비가 가능	
	자유	자아 (수평)	주체성, 주도성, 자율성, 예측불가능성, 모험, 탈일상성, 경험	자동화된 맞춤화로 시간과 에너지를 절약, 소모 없는 자유를 선사	· 일방적이거나 부정확한 맞춤화는 소비자의 자율성을 저해

					· 예측과 통제 범위를 벗어난 개인정보의 수집과 활용은 자유를 침해하고 위협
관계	사랑 (박애)	자아/타인/세계	인정, 안전감, 공감, 관심, 칭찬	맞춤화는 기업과 소비자 간의 1:1 관계로, 개인이 하나의 특별한 개체로 보살핌과 사랑을 받는 감정을 선사	
	소속	행동	주체성, 주도성, 안전감, 일체감	기업 차원에서 관심을 갖고 관리되는 한 사람이라는 소속감	개인적인 판단과 주도권을 박탈당했다는 불안
	신뢰	감정	전문성, 위험관리, 권한위임, 안전감	데이터를 기반으로 한 소비자에 대해 믿을 만하고 전문적인 분석과 맞춤형 서비스를 제공	고지 및 합의된 범위 이상의 개인정보 수집 및 활용 시의 치명적인 신뢰도 하락
	동의	생각	일체감, 불안감	정보의 수집과 활용에 대한 숙지와 허용으로 맞춤화와 이의 정교화 작업에 대한 양방의 동의와 협력	고지 및 합의된 범위 이상의 개인정보 수집 및 활용 시의 동의와 협력관계의 파기

개인의 일거수일투족을 추적하고 사생활을 비롯한 민감한 정보를 보관하는 것은 익명성의 본능을 위협한다. 잠재적인 외부의 위협으로부터 효과적으로 자신을 보호하고자 하는 욕구를 거슬러 안전의 현존감을 침해한다. 외부에 자신의 데이터가 노출되고 수집되는 것은 소비자의 불안을 자극한다.

특히 그 수집과 활용이 예측과 통제의 범위를 벗어난다면, 자유의 현존감에 치명적인 영향을 미친다. 그러므로 기업은 소비자의 미학적 감동을 상쇄시키지 않기 위해 필연적으로 데이터의 수집과 활용에 관한 소비자의 경계를 완화시키고 신뢰를 보장하는 데 심혈을 기울여야 한다. 또한 핀포인트 커스터마이제이션이 소비자의 현존감을 하락시키지 않도록 균형을 맞추어야 한다.

● 나이키, AI로 온오프라인을 연결하다

나이키Nike는 1964년 전통적인 소비재 산업으로 시작하여 기술 기반의 직판DTC, Direct-to-Customer 기업으로 성공적인 전환을 이루고 있다. 매년 직판 비중이 증가하고 있는데, 2010년 15%에서 2022년 실적발표에서 42%까지 급상승했다. 직판의 절반 이상은 앱을 포함한 공식 온라인몰에서 발생한다.

그뿐 아니라 나이키는 온라인과 오프라인을 넘나들며 AI를 활용한 개인화 서비스들을 시도하고 있다. 데이터를 통해 제품 검색·추천 시 개인화된 알고리즘을 제공한다. 또한 개별 소비자에게 적합한 제품을 빠르게 전달할 수 있는 직판 공급망을 구축하기 위해 애쓰고 있다.

이에 그치지 않고 나이키는 AI를 통해 오프라인 매장 내에서 개인화된 경험을 제공하는 실험을 하고 있다. 나이키 매장에서는 고객의 온라인 정보와 연동하여 맞춤형 제품을 추천해주고 바로 제공하는

나이키의 의료 종사자 맞춤형 신발
출처: 나이키

신발 색상도 맞춤 시대
출처: 나이키

나이키의 핀포인트 커스터마이제이션

나이키는 단순히 제품판매에 직접적으로 연관되는 소비자들의 소비경험을 이해하는 데서 그치지 않는다. 나이키의 제품/서비스 를 소비자들이 어떠한 생활의 '장면'에서 사용하는지 관심을 기울인다. 이를 통해 삶 속 현존감을 증진시킬 수 있는 서비스들을 제공한다.

서비스를 운영하고 있다. 고객이 나이키 매장에 입장하는 즉시, 나이키 어플은 매장모드로 전환되어 고객이 제품들을 스캔해 정보를 열람하고 배송을 예약할 수 있게 한다. 이 과정에서 축적되는 데이터로 고객의 쇼핑습관을 파악하여 나이키의 모든 플랫폼에서 개인화된 경험을 제공하는 데 활용한다. 이에 더해 나이키는 운동 및 트레이닝 어플을 운영하여 고객의 삶과 경험을 이해하기 위해 노력하고 있다.

　　나이키의 '개인화' 사례에서 주목해야 할 것은 무엇이겠는가? 소비자의 생활과 삶을 이해하기 위한 노력이다. 소비자가 제품의 색상과 디자인을 자신의 취향에 맞도록 고르도록 하고, 매장 내에서의 경험을 개인화하는 것이 핀포인트 커스터마이제이션의 본질은 아니다. 이는 특징 & 속성과 소비맥락에 치중한 요소들이다.

　　나이키는 단순히 제품판매에 직접적으로 연관되는 소비자들의 소비경험을 이해하는 데서 그치지 않는다. 나이키의 제품/서비스를 소비자들이 어떠한 생활의 '장면'에서 사용하는지 관심을 기울인다. 이를 통해 삶 속 현존감을 증진시킬 수 있는 서비스들을 제공한다. 같은 관심사와 취미를 가진 사람들을 연결해주는 구심점이 되어 제품 자체로는 기여할 수 없는 관계의 현존감까지 아우르고 있다. 이러한 나이키의 시도가 성공한다면, 나이키는 소비자에게 신발을 판매하는 것이 아닌, 생활과 문화를 제공하고 미학적 감동을 선사할 수 있을 것이다.

● 스티치 픽스, AI로 큐레이팅하다

2020년, 코로나19로 대형 패션브랜드들이 치명적인 타격을 입을 때 오히려 괄목할 만한 성장을 보인 기업이 있다. 바로 AI를 활용해 의상을 추천하고 발송해주는 온라인 구독서비스를 운영하는 스티치 픽스Stitch Fix이다.

스티치 픽스는 고객이 기입하는 신체치수, 취향, 예산, 생활방식을 바탕으로 인공지능과 휴먼 스타일리스트가 추천하는 다섯 벌의 의상과 액세서리를 배송한다. 고객은 배송된 아이템들을 집에서 입어보고 개별 상품들에 대한 구매 여부를 결정할 수 있다. 고객이 반품하는 이유 역시 데이터로 수집되어 맞춤형 추천 알고리즘을 개선하는 데에 활용된다.

스티치 픽스는 CAOChief Algorithms Officer, 최고 알고리즘 책임자를 둔 첫 번째 회사다. 효과적인 개인화를 위해 스티치 픽스는 넷플릭스의 추천 알고리즘 담당자인 에릭 콜슨Eric Colson을 영입했다. 고객 데이터를 기반으로 다양한 알고리즘을 개발하여 개별 고객이 원하는 상품을 예측할 수 있게 되었다. 그리하여 고객이 서비스를 활용하는 과정 자체가 다음 소비경험을 개선하는 데 기여하는 선순환 구조를 만들어냈다.

2019년에는 '숍 유어 룩스Shop Your Looks' 서비스를 추가했다. 이는 고객이 구매한 상품과 어울리는 제품들을 추천해주는 서비스다. AI를 통한 핀포인트 커스터마이제이션을 동력으로, 스티치 픽스는 지난 10년간 가장 빠르게 성장하고 있는 소매기업으로 꼽힌다.

스티치픽스의 숍 유어 룩스^{Shop your looks} 서비스
출처: www.stitchfix.com

스티치픽스의 숍 유어 룩스 서비스

스티치픽스는 AI기술을 활용하여 사용자가 만족할 만한 스타일링을 제안할
뿐 아니라, 고객의 평가를 다음 맞춤 스타일링에 참고할 데이터로 활용하여
선순환을 이루어낸다.

핀포인트 커스터마이제이션을 통해 미학적 감동을 이루기 위해서는 섬세한 균형 잡기가 필요하다. 앞서 살펴본 바와 같이 현존감의 종류 중 자유는 특히나 핀포인트 커스터마이제이션에 있어 복합적인 속성을 가진 요소다. 데이터 수집과 활용에 있어서 유의해야 하는 요소인 동시에, 개별 맞춤화 자체가 자칫 개인의 자유를 제한하고 개인의 행동과 선택을 조종하는 결과로 이어질 수 있기 때문이다. 이에 스티치 픽스의 모델은 맞춤화와 자유 간의 긴장을 적절히 융합해 소비자 현존감을 효과적으로 증진시킨다.

알고리즘 추천으로 맞춤형 서비스를 제공하여 고객의 현존감을 높이는 동시에, 제품의 최종 선택과 구매 결정을 소비자에게 전적으로 맡긴다. 그럼으로써 단점을 보완하고 소비자 현존감을 저해하는 리스크를 피했다.

일차적으로 배송되는 옷과 액세서리들은 스티치 픽스 측의 알고리즘에 의해 자동적으로 선택된다. 그러나 배송 후에 소비자들은 자유로운 판단과 선택이 보장된다. 소비자는 배송된 상품들을 자유롭게 착용하고 이미 보유한 옷장 속의 아이템들과도 조합해볼 수 있다. 어떠한 페널티 없이 손쉽게 마음에 들지 않는 상품들을 돌려보낼 수 있다.

이처럼 정교한 알고리즘으로 고민의 폭을 좁혀 소비자의 시간과 에너지를 절약해준다. 또한 추천결과를 소비자에게 강요하지 않음으로써 소비자의 자유를 보장해준다. 소비자의 최종 선택과 피드백 같은 데이터까지도 추후 알고리즘에 반영됨으로써 가치를 지니게 된다. 스티치 픽스와 소비자 모두 만족할 수 있는 선순환적 구조가 형성되는 것이다.

디지털화가 가속화됨에 따라 소비자의 모든 족적이 데이터화되고 있다. 이는 기업이 소비자를 보다 심도 있게 이해하고 분석하여 핀포인트 커스터마이제이션으로 생산과 판매의 효율성을 극대화시키는 단초가 될 것이다. 그러나 핀포인트 커스터마이제이션의 효율성만큼 기업이 유념해야 할 것은 소비자의 현존감 극대화다. 소비자의 현존감에 발생 가능한 부정적 효과를 최소화하려는 적극적인 조치가 강조되어야 한다.

마스터피스 전략에서는 핀포인트 커스터마이제이션으로 개인의 현존감에 부합하는 맞춤형 제품/서비스를 제공할 뿐만 아니라, 기업과 소비자 간의 지속가능한 협업관계 구축을 목표로 한다.

| 생산 시스템의 변화 |

3-5

스마트 팩토리, 밸류체인, 그리고 밸류 만다라

마스터피스 전략을 추구하는 CEO는

기계로 완전히 자동화할 수 있는 프로세스 영역과

인간이 개입하여 더 정교하게 감동을 발현하기 위한

가치창출 영역을 잘 구별하여 투자할 필요가 있다.

자동화에서 기능 보강으로

빠르게 변화하는 기술혁명, 인공지능의 급속한 발달은 생산방식과 제조혁신, 밸류체인의 변화를 가져왔다. 이러한 상황에서 미래산업을 대비하며 기업 CEO의 역할과 선택은 더 많은 도전에 직면해 있다. 주목할 점은 4차 산업혁명 이후의 기술혁신에 대해 초반에는 자동화Automation 차원에서 기계가 인간의 작업을 대신하고 인간을 대체한다는 관점이었는데, 기능보강Augmentation의 차원, 즉 인간이 기계와 긴밀하게 협력해 작업을 수행한다는 관점으로 진화하고 있다는 것이다.

기능 보강은 더 복잡하고 모호한 작업에 대해 인간과 기계의 상호보완적 방식으로 이루어져야 한다. 즉, 인간의 기본적인 상식에 기초한 추론능력을 발휘하도록 하고, 기계는 대량의 데이터 처리와 신속한 논리연산 등을 강화하게 된다.

따라서 마스터피스 전략을 추구하는 CEO는 기계로 완전히 자동화할 수 있는 프로세스 영역과 인간이 개입하여 더 정교하게 감동을 발현하기 위한 가치창출 영역을 잘 구별하여 투자할 필요가 있다.

이를 위해서는 기계가 갖고 있는 한계점을 명확히 인식해야 한다. 그러면서 인간의 감각, 지각, 감정, 사회적 소통 영역, 네트워크 기술들과 관련된 경영프로세스와 통합 비즈니스 모델을 준비해야 한다.

미래 조직에 있어서 AI가 차지하게 될 영역을 이해하고 그에 맞는 AI 특유의 작동방식을 탐구해야 한다. 또한 AI 기반 솔루션을 개발할 때도 CEO의 역할, 제도적 조치 및 변화관리 역량이 잘 준비되어 있어야 한다. 마스터피스를 창조하기 위해 미래를 내다볼 수 있는 미학경영 기반의 시각이 필요한 시점이다.

● 스마트 팩토리, 생산 방식 및 공정의 혁신과 변화

스마트 팩토리는 제품의 기획, 설계, 생산, 유통, 판매 등 전 공정을 정보통신기술로 통합하여 최소 비용과 시간으로 제품을 생산하는 미래형 공장이다. 즉, 제조의 모든 단계가 자동화, 최적화된 공장이다.

스마트 팩토리 운영을 위한 핵심기술로는 사물인터넷IoT, Internet of Things, 사이버물리시스템CPS, Cyber Physical System, 센서, 클라우드, 빅데이터, 정밀제어 등이 있다. 이러한 다양한 기술이 융합하여 자동화와 디지털 전환이 이루어진다. 이를 통해 밸류체인Value chain 체계가 실시간으로 연동되는 생산운영 방식을 지향하게 되는 것이다.

한마디로 스마트 팩토리는 제조혁신이다. 공정과 공급망의 지능화와 더불어 생산방식의 최적화를 구현한다. 생산현장에서는 AGVAutomated Guided Vehicle, 무인운반차, 드론, 자율주행 로봇이 운영된다. 로봇은 작업의 효율성을 향상시키고 불량제품의 발생률을 낮추는 등 효율적인 생산방식의 미래형 제조산업으로 주목받고 있다.

이러한 스마트 팩토리의 특징은 가상화, 유연화, 간소화, 동기화 네 가지로 설명된다. 그 내용은 다음과 같다.

① 가상화

전체 공정의 생산라인에서 시뮬레이션 방식을 통해 생산공정과

GE의 생각하는 공장Brilliant Factory 출처: www.ge.com (위) /
3D프린터를 이용해 자동차를 제조하는 업체 '다이버전트Divergent 3D' 출처: www.forbes.com (아래)

새로운 가치를 창출하고 있는 스마트팩토리

무엇보다 스마트 팩토리는 생산자 중심의 자동화 공장에서 소비자 수요에 맞춘 지능형 공장으로 진화하고 있는 것이 특징이다. 머신러닝을 통해 작업공정의 효율성이 증대된다.

생산량을 예측한다.

② 유연화

작업자는 원격으로 프로세스를 조정하고, 생산프로세스는 시스템 스스로 제어기능을 갖추고 있어서 유연하게 변경할 수 있다.

③ 간소화

사람의 노동력을 대신해 드론이나 자율주행 이송로봇이 가동되고, 생산공정은 불필요한 과정 없이 더욱 간소해진다.

④ 동기화

실시간으로 제품공급망이 추적 관리되어 고객의 주문상태, 재고수준이 공유될 수 있다.

무엇보다 스마트 팩토리는 생산자 중심의 자동화 공장에서 소비자 수요에 맞춘 지능형 공장으로 진화하고 있는 것이 특징이다. 머신러닝을 통해 작업공정의 효율성이 증대된다. 인간과 로봇이 협업 가능한 구조, 실시간 제어, 위험 사전예측 등으로 산업재해 발생률을 낮춘다. 이처럼 효율성뿐 아니라 안전성도 확보하게 된다.

예를 들면, GE의 생각하는 공장Brilliant Factory: Brilliant는 '반짝이는'이라는 의미이나 3D프린터를 이용해 자동차를 제조하는 업체 '다이버전트Divergent 3D'는 산업 및 기업 전반에 새로운 가치를 창출하고 있다.

이러한 상황에서 기업의 CEO와 생산자는 향후 무엇에 더 초점을 두어야 하겠는가? 로봇보다 창조적이고 인간만이 창출할 수 있는 새로운 비즈니스 모델 구축에 더욱 투자해야 할 것이다.

● 소비자 맞춤 서비스화

스마트 팩토리 운영 시 생산자의 이점은 무엇일까? 소비자의 주문과 소비패턴에 대해 빅데이터 및 AI 분석을 통해 생산규모를 예측하여 유연하게 대응할 수 있다는 것이다. 소비자 입장에서는 개인 맞춤형 제품을 합리적인 가격으로 구매하게 되어 제품/서비스 만족도가 높아짐은 물론이다. 개인의 취향에 부합하는 대량 맞춤형 생산이 기대되고 있는 것이다. 즉, 단순히 제품/서비스 생산이 지능화, 자동화되는 것을 넘어 이전에 존재하지 않았던 새로운 비즈니스 모델이 구축되는 단계에까지 이르렀다.

앞에서도 살펴보았던 필립스^{Philips}의 스마트 조명 '휴 스마트^{Hue Smart}' 사례를 보자. 필립스는 스마트폰으로 전구 작동과 밝기 및 색상 조절이 가능한 애플리케이션을 출시했다. 음악 플레이어와 연동해 음악에 맞춘 조명 연출도 가능하다. 소비자는 생산자가 제공하는 이러한 제품/서비스를 통해 '특별한 조명으로 집 안을 로맨틱한 분위기'로 만들 수 있다.

소비자는 지금 여기에서 특별한 나의 기분과 컨디션에 맞는 경험을 하게 된다. 즉, 소비자 현존감을 극대화하는 체험을 할 수 있다.

Philips Hue Bluetooth
**스마트 조명을
쉽게 시작하는 방법**

Philips Hue Bridge
**전체 기능을
확장하는 방법**

필립스의 스마트 조명 '휴 스마트'

향후 스마트 기술의 초점은 기능성뿐 아니라 제품의 관능성, 소비자가 느끼는 현존감까지
맞추어져야 한다.

출처: philips-hue.com

기능성, 관능성을 제공하면서 스마트 기술이라는 정체성까지 살린 것
이다. 이처럼 필립스는 소비자의 변화에 민감하게 대응하며 소비자
현존감을 높여주고 있다.

스마트 팩토리를 설계할 때 미학경영의 초점은 소비자의 취향
이 각기 다를 경우 이를 어떻게 분류하고 선택할 것인지에 맞추어져
야 한다. 소비자가 스스로 선택할 때에 아무리 '촌스럽게 선택'할지라
도 미학적 관능성을 제공할 수 있는 인공지능이 지원된다면 어떨까?
이제 미학경영기업은 스마트 팩토리와 융합하여 소비자 중심의 현존
감을 극대화하고, 관능성 면에서 고급화 전략을 구사해야 한다.

미국의 인공지능 패션스타일링 서비스 스티치 픽스^{Stich Fix}는 인

스티치 픽스 작동 방식

당신의 스타일에 대해 알려주세요

빠르고 쉬운 스타일 퀴즈에 참여하여 여러분이 좋아하는 것을 배울 수 있도록 도와주세요.

당신만을 위한 제품을 골라보세요

우리의 스타일리스트가 당신의 스타일, 핏, 가격대를 반영한 제품과 전문가의 안내를 보내드립니다.

나만의 매장에서 나만의 쇼핑하기

매일 새로운 아이템과 의상 제안을 발견하세요.

스티치 픽스의 인공지능
인공지능 큐레이션의 스타일링은 소비자의 현존감을 극대화한다.
출처: www.stitchfix.com

공지능으로 1,000개 이상 브랜드의 제품 데이터와 다양한 고객들의 데이터를 매칭시키는 알고리즘을 이용한다. 이러한 알고리즘으로 스타일링뿐 아니라 머천다이징, 재고관리, 마케팅, 수요예측, 회사 운영을 한다.

스티치 픽스의 특징은 데이터 분석과 인간의 판단을 결합한다는 것이다. 인공지능이 방대한 데이터를 수집, 분석, 추천하면 큐레이션은 반드시 휴먼 스타일리스트Human Stylists가 담당한다는 전략이다. 이 같은 전략은 고객들의 정서적 필요에 공감하여 감동을 선사했다.

스티치 픽스의 이러한 운영방식은 브랜드 로열티를 높이는 성과를 가져왔다. 한마디로 스티치 픽스의 강점은 무엇이겠는가? 인간의 감성과 감동에 주목한 것이다.

인공지능과 빅데이터 기술을 바탕으로 하는 스마트 팩토리. 거기에 인간만의 안목과 심미적 직관이 더해진다면? 이제 기업들은 이와 같이 현존감이 극대화되는 제품/서비스 전략을 고려해야 할 것이다.

● 인공지능 기술 시대 미학경영 CEO의 선택, 밸류 만다라

한 기업이 최종 고객에게 가치를 전달하는 과정에 관련된 협력회사나 물류회사 등과의 가치영향 요인을 입체적으로 살펴보아야 한다.

밸류 스트림Value Stream은 지난 20여 년 동안 경영학에서 중요하게 다루어져온 개념이다. 기업 내부 가치 흐름을 최적화하는 밸류 체인Value Chain이나 산업 내 수직적 가치 흐름을 최적화한다는 밸류 스트림 개념은, 이제 미학경영에서는 고객의 감동과 현존경험에 영향을 미치는 다양한 타 산업 내 기업과 전 방위적으로 연결되고 융합되는 밸류 만다라 최적화를 고민해야 한다.

밸류 만다라란 저자가 개발한 새로운 개념으로, 한 기업이 소비자에게 가치를 전달하는 과정에서 전통적인 기업 내부 가치사슬Value Chain과 산업 내부 가치흐름Value Stream을 넘어 다양한 타 산업들의 구성조직들과의 가치교환 활동이 일어나는 입체적인 가치망Value Network을 불교에서 모든 인과관계 현상을 지칭하는 용어인 만다라를 비유해서 설명하는 개념이다.

TV, 냉장고, 세탁기를 제조, 판매하는 삼성이나 LG전자가 커스터머 인테리어 사업을 해야 소비자가 행복하다. 이처럼 커스터마이제이션을 개별화하는 시스템이 최근 주목받고 있다. 즉, 제조업의 수직

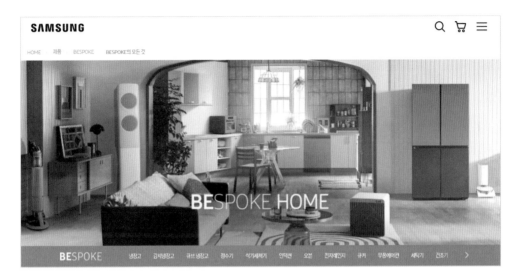

삼성 비스포크, 커스터마이제이션의 개별화

비스포크 개념을 도입해 제품선택의 주도권을 소비자에게 넘긴 것은 혁신적인 접근이다. 소비자는 기존에 기능성을 중시했던 냉장고를 인테리어의 일부로 삼아 품격을 더하면서 현존감을 높였다.

적(원자재 생산부터 납품, 제조, 시장출시, 판매, 서비스) 프로세스를 실행하면서 고객을 위한 인테리어 서비스 제공, 고객 방문 시 필요사항 제공 같은 수평적 밸류 체인을 융합하여 설계한다는 관점이다.

밸류 만다라 생산 시스템의 유연화, 융복합화가 관건이다. 초점은 소비자 현존감의 극대화이며, 당연히 기능성과 관능성이 고려되어야 한다.

삼성전자의 비스포크^{Bespoke} 냉장고는 소비자들의 가사노동을 덜어주는 것을 뛰어넘어 새로운 가치를 기대하게 했다. 라이프스타일을 중요시하는 MZ세대에 맞춰 디자인에도 신경을 쓰기 시작했다. 이는 삼성전자 생산자의 현존감 지향적 커스터마이제이션 사례라 할 수 있다.

삼성 비스포크 냉장고는 개인의 라이프스타일에 맞추고자 인공지능과 사물인터넷 기술을 접목했다. 소비자들의 제품 사용환경 및 패턴을 분석, 반영하여 '나다운 가전'을 경험하게 함으로써 기능성을 충족시킨다. 또한 색상조합 기능을 통해 감각적 심미성을 더했다.

비스포크 개념을 도입해 제품선택의 주도권을 소비자에게 넘긴 것은 혁신적인 접근이다. 소비자는 기존에 기능성을 중시했던 냉장고를 인테리어의 일부로 삼아 품격을 더하면서 현존감을 높였다.

그러나 여기서 질문을 던져보게 된다. 정말로 소비자가 원하는 것은 무엇일까? 소비자는 꼭 비스포크 가전 라인을 설치하고 싶어할까? 소비자 현존감 면에서 극대화되면 좋은 요소는 무엇인가?

소비자가 자기 집의 공간 사이즈와 내부 색상에 맞게 제품을 고른다? 어찌 보면 이건 소비자에게 책임을 전가하는 것 아닐까? 생산자가 직접 집에 방문하여 색상, 기능, 제품을 제안해줘야 믿고 살 수 있는 것 아닌가? 역으로 이러한 생각을 해볼 수 있지 않겠는가? 이것이 소비자 현존감에 초점을 두는 미학경영에서 하게 되는 질문이다.

이처럼 기업 CEO는 기존의 전통적인 수직적 생산시스템에서 단순히 AI를 활용하여 직원 수를 줄이고 비용절감을 추구하는 관점이 아니라, 고객에게 감동을 주는 데 필요한 다양한 욕망을 감지하고 해결방안을 상상할 수 있는 연구개발과 인력투자 관점을 고민해야 한다.

미학경영 CEO는 밸류 만다라의 생태환경을 이해하고 AI 기반 빅데이터 분석 결과에 대한 해석과 통찰력을 키우며, 나아가 소비자의 감동과 현존감을 높이기 위한 판단 안목을 갖추어 기업 전체의 마스터피스 전략을 체계적으로 수립, 실천해야 한다.

7

미학경영
CEO의
DNA

브랜드 정체성을

확립하라

도덕적 판단능력을

보유하라

"미술의 본질에 대해 얼마나

깊이 있는 질문을 던지는가"

1

미학경영 CEO의 특징

제품/서비스가 개인의 현존감에 대해

얼마나 심도 있는 질문을 던지느냐?

이것으로 소비자는 브랜드를 평가하게 될 것이다.

미학경영 CEO는 다른 회사와는 구별되는

우리 회사만의 제품/서비스의 차이점이 무엇인지 비교하며

해당 브랜드만의 본질을 탐구해나갈 필요가 있다.

심미안으로 고객의 취향을 설계하라

심미안審美眼은 '아름다움을 살피는 눈'이라는 뜻이다. 인간은 황금비율을 가장 아름답고 편안하게 받아들이는 자연적 본능을 가지고 있다. 윤광준사진 대표 윤광준의 저서 『심미안 수업』에 따르면, 심미안을 갖는다는 것은 삶에서 더 좋고 의미 있는 것을 발견하려는 습관을 형성하는 일이다.

기술중심 예술화사회의 소비자들은 까다로운 안목을 가지고 있다. 그만큼 제품/서비스에는 섬세하게 설계된 미학적 시선이 담겨야 한다. 물론 미에도 객관적인 아름다움이란 게 있지만, 미의 기준은 사람마다 다르다. 미의 가치는 다른 대상과의 상대적인 비교를 통해서 보다 분명하게 드러난다. 다양한 작품을 서로 비교해보면서 나에게 더 좋고 아름답게 느껴지는 것을 고르는 심미안을 기르며 자신의 미적기준을 정립해나가는 것이다.

미적감각이 좋은 사람은 작은 차이도 민감하게 받아들일 줄 안다. 누군가는 그저 빨강색이라고 하는데, 심미안이 뛰어난 사람은 인도에서 나던 붉은 안료의 이름인 인디언 레드Indian Red로 그 색상을 정의한다. 이렇게 '차이'를 알아보는 능력이 커지면, 역설적으로 작품의 '본질'을 이해할 수 있게 된다. 아름다움의 시대를 이끄는 미학경영 CEO는 심미안을 키우기 위해 꾸준히 경험하고, 발견하고, 훈련해야 한다. 그래야만 고객의 취향을 설계할 힘을 지니게 된다.

● 브랜드 정체성을 확립하라

미국 글로벌금융혁신연구원Global Institute of Financial Innovation 원장 김형태의 저서 『예술과 경제를 움직이는 다섯 가지 힘』에 따르면, 예술의 역사는 '재정의'의 역사다. 즉, 기존 정의를 파괴하며 생각해낸 새로운 개념과 아이디어가 창조적인 것으로 받아들여져왔다.

예를 들어, 마르셀 뒤샹Marcel Duchamp은 이미 만들어진 소변기를 샘으로 새롭게 정의하며 개념미술Conceptual art을 탄생시켰다. 개념미술에서는 무엇보다 아이디어가 중요하다.

미술의 본질에 대해 얼마나

깊이 있는 질문을 던지는가?

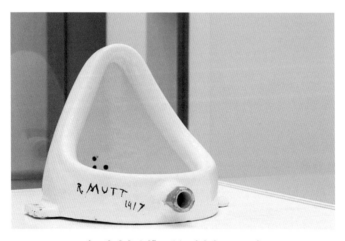

마르셀 뒤샹, 〈샘Fountain〉, 제작년도 1917년
일상적인 물건에 아이디어를 더함으로써 예술적 가치를 만들어낸 획기적인 현대미술 작품. 미술가가 '생각해낸' 아이디어 자체가 작품이 될 수 있다는 개념을 제시했다.

이를 아티스트의 핵심 능력으로 본다. 심도 있는 질문을 하려면 본질을 이해하고 있어야 한다. 이것이 기본 전제다.

아이웨어 브랜드 젠틀 몬스터Gentle Monster는 일상적인 제품인 안경과 선글라스를 오브제Objet로 재정의한다. 오브제와 같은 아이웨어를 일상에서 착용하는 소비자는 한 명의 콜렉터가 되는 것일까? 아니면 하나의 움직이는 전시물이 되는 것일까? 젠틀 몬스터의 제품을 판매하는 매장은 상점이라기보다는 거대 설치물이 있는 전시공간에 가깝다. 언뜻 수익창출과는 큰 관계가 없어 보이는 매장은 기능과 효율 대신 새로운 감정 전달과 자극에 초점을 맞춘다. 매 시즌 다양한 아티스트와 컬래버레이션하며 브랜드가 가지는 실험정신을 보여준다.

제품/서비스가 개인의 현존감에 대해
얼마나 심도 있는 질문을 던지는가?

이것으로 소비자는 브랜드를 평가하게 될 것이다. 미학경영 CEO는 다른 회사와는 구별되는 우리 회사만의 제품/서비스의 차이점이 무엇인지 비교하면서 해당 브랜드만의 본질을 탐구해나갈 필요가 있다. 작은 차이가 모이면 소비자에게 커다란 감각적 반향을 일으킬 수 있다. 감동적인 제품/서비스는 인상적으로 남아 오래도록 기억된다.

● 소비자의 현존감에 공감하고 실현하라

작품감상 시 가장 먼저 필요한 일은 마음을 여는 것이다. 단순히 작품을 감상하는 데 시간을 썼다고 해서 제대로 감상했다고 말하기는 어렵다. 감상자들이 한 그림 앞에 오랜 시간 머무르는 것은 작품을 시각적으로 인식하는 것이 아니라, 작품이 가지는 의미를 이해하려고 하기 때문이다.

이때 작품과 거리를 두고 관찰자적 입장에서 접근하는 것이 아니라, 가까운 거리에서 편견 없이 받아들이려는 노력을 해보자. 아티스트의 시대적 배경은 어땠는지, 이 작품을 만들어 전달하고자 했던 메시지는 무엇인지, 어떠한 소재들을 선택했는지 말이다. 붓 터치의 방향 등을 따라가다보면 나의 정체성, 감수성, 현존 공감력이 확장되는 경험을 할 수 있을 것이다.

소비자들은 각 개인의 수만큼이나 다양한 취향을 가지고 있다. 그러므로 미학경영 CEO는 공감할 수 있는 취향의 폭을 넓히는 것이 중요하다. 아는 만큼 보인다는 말처럼, 경험한 만큼 공감할 수 있다.

더현대 서울The Hyundai Seoul은 쇼핑공간을 여행지로 새롭게 정의했다. 여행자의 눈으로 보는 쇼핑공간은 어떠한 요소들을 갖추고 있을까? 건축가 리처드 로저스Richard Rogers는 한국의 전통 건축양식인 자적색 기둥과 단청을 초현대적으로 풀어냈다. 실내 디자인은 마치 뉴욕에 위치한 구겐하임 미술관을 연상케 한다.

더현대 서울에서는 포스트 코로나 시대에 표준이 될 수도 있는 테크놀로지를 적용한 모습을 볼 수 있다. 아마존 AWS아마존웹서비스와

건축가 리처드 로저스의 '더현대 서울'
쇼핑공간을 여행지로 새롭게 정의했다. (사진: 현대백화점)

협업한 무인매장은 점원과의 대면 접촉을 최대한 줄였고, 엘리베이터는 버튼에 손가락이 가까워지기만 해도 층이 선택되어 위생적이다. 자연채광을 받으며 거닐 수 있는 대규모 실내정원과 폭포는 기술과 자연의 조화를 선사한다.

푸드트럭이 늘어선 식당가는 여행의 큰 즐거움인 식문화를 체험하는 곳 같다. 다양한 예술작품이 전시되어 있고, 예술활동 체험을 할 수 있는 공간도 마련돼 있다. 이러한 '자연친화형 미래 백화점'처럼 남들보다 앞서 미래사회를 상상하고 이를 창조해내는 것은 기술중심 예술화사회 미학경영 CEO가 갖추어야 할 능력이다.

도덕적 판단능력을 보유하라

패션업계 사상 최악의 참사인 라나플라자 건물 붕괴사고는 새로운 움직임을 불러왔다. 2013년 방글라데시 수도 다카 인근 사바르Savar에서 지상 9층 복합건물인 의류공장에서 무리한 증축을 진행한 끝에 건물이 무너져 1,100명이 넘는 사망자가 발생했다. 이 공장은 노동자들이 낮은 임금을 받으며 세계적인 SPA 브랜드들의 물품을 납품하던 곳이었다.

이후 패션업계의 열악한 노동환경이 다시금 조명을 받았으며 이를 위한 개선작업이 진행되었다. 이를 이끄는 대표적인 단체가 패션 레볼루션Fashion Revolution이다. 패션 레볼루션은 패션 브랜드들을 대상으로 다섯 가지 항목을 평가해 패션투명성지수Fashion Transparency Index를 매겨 매년 발표한다. 투명성지수를 매기기 위한 다섯 가지 항목과 항목별 평가 비중은 다음과 같다.

① **공급망 투명성**Traceability **31.6%**

② **문제 개선도**Know, Show & FIX **25.2%**

③ **사회적 쟁점 관심도**Spotlight issues **19.6%**

④ **정책과 실현 노력**Policy and commitments **18.8%**

⑤ **거버넌스**Governance **4.8%**

2020년에는 스웨덴의 SPA 브랜드 H&M이 1위를 차지했다. H&M은 패스트패션에서 지속가능한 패션기업으로 변화하기 위해 애쓰고 있다. 가장 중점적으로 추진하고 있는 것은 자원순환 전략이다. 밸류체인Value chain에서 모든 자원을 최대한 활용하고, 탄소 배출을 줄이며, 폐기물을 새로운 자원으로 전환하는 선순환 모델이다.

H&M에는 수선/업사이클 서비스와 의류대여/중고판매 프로그램도 있다. 사용되는 원단의 64.5%는 재활용되거나 지속가능한 소재다. 그중 면화의 경우 100% 유기농, 재활용 또는 보다 지속가능한 방법으로 공급한다는 목표에 도달했다. 포장은 인증된 종이로 만들어진 가방을 활용한다.

타 기업도 H&M의 공급망에 접근할 수 있는 파트너 시스템을 구축했다. 6단계의 공급망을 통해 섬유 추적이 가능한 블록체인 기술을 시범운영하고 있다. Tier 1 공급업체 공장 중 32%는 노동조합 대표성을 갖고 있고 18%는 단체교섭 협정을 맺고 있다. 장기적으로 근로자가 목소리를 낼 수 있는 경영방식을 구축하기 위함이다. 블랙 커뮤니티를 위해 50만 달러를 기부하기도 했다.

하지만 패션 브랜드 중에서 53%의 기업만이 패션 레볼루션 조사에 응답했다. 절반에 해당하는 나머지 기업은 응답하지 않거나 응답을 거절했다. 도덕적 이슈에 대해 진보적인 패션업계에서도 결코 참여율이 높다고 보기는 어렵다.

그러나 까다로운 취향을 가지고 있는 패션업계의 소비자들은 소비를 통해 브랜드에 도덕성을 요구한다. 자신들의 구매권을 적극 행사하는 것이다.

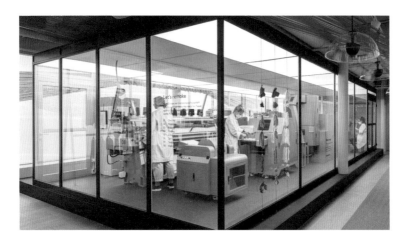

H&M 스톡홀름 매장에 설치된 리사이클링 시스템 루프[Looop]

오래된 의류를 새 옷으로 바꾸는 인스토어 리사이클링 시스템은 직물을 원단 섬유로 재활
용하거나 단열재 등을 만드는 데 이용된다.

기술중심 예술화사회에서는 패션업계뿐만 아니라 다양한 분야
의 산업에서 이러한 흐름이 확대될 것이 분명하다. 이에 대비하여 미
학경영 CEO에게는 도덕적 판단능력이 기본적으로 요구될 것이다.
그렇지 못할 경우 앞서 쇠퇴기로 접어든 브랜드들의 뒤를 따르게 될
수 있다.

2

브랜드 정체성을 확립하라

기업의 철학과 가치는 소비자로부터

감동을 이끌어내는 데 원동력이 된다.

기업의 CEO는 예술가와 마찬가지로

스스로 내면의 심미안을 가져야 한다.

이는 조직구성원에게도 해당하는 이야기다.

미학경영의 CEO는 가장 먼저 브랜드 정체성을 가져야 한다. CEO가 브랜드 정체성을 갖기 위해 던져야 할 질문은 무엇인가?

- CEO가 어떠한 철학이나 가치를 갖고 있는가?
- CEO는 업의 본질이나 제품의 본질을 꿰뚫어 보는 심미안과 안목을 가지고 있는가?
- 그 같은 철학과 가치, 안목을 제품과 서비스에 담아내고 있는가?
- 그러한 과정을 통해 소비자에게 전달하고자 하는 것이 무엇인가?

기업의 철학과 가치는 소비자로부터 감동을 이끌어내는 데 원동력이 된다. 아티스트와 비교해보라. 예술가는 어떠한 예술적 가치를 가지고 있는가? 기업의 CEO는 예술가와 마찬가지로 스스로 내면의 심미안을 가져야 한다. 이는 조직구성원에게도 해당하는 이야기다.

이제 기업도 브랜드 정체성을 확립할 필요가 있다. 이러한 인식은 이미 널리 퍼져 있고 일부 기업은 잘 수행하고 있다.

BTS를 글로벌 아티스트로 키워낸 빅히트엔터테인먼트 방시혁 의장은 2021년 사명을 하이브HYBE로 변경하면서 다음과 같이 포부를 밝혔다.

"빅히트는 기존의 공감대보다 훨씬 더 넓은 의미로 엔터테인먼트의 영역을 이해하고 다양한 사업을 펼치고 있다. 현재의 사업을 아우르고 이를 연결, 확장할 수 있는 구조의 상징으로 새로운 사명의 필요성을 느꼈다."

BTS는 음악으로 세상에 위안과 감동을 주었다. 빅히트는 출발부터 회사 업業의 본질로서 미션을 세웠고, 그것이 브랜드 정체성의 핵심이 되었다. 빅히트의 가치를 보면, 그 철학부터 기존 보이그룹과 달랐다. BTS 멤버들은 양성된 연습생이 아니다. 각자가 살아 있는 자율적인 뮤지션으로 성장해야 한다. 빅히트엔터테인먼트에서는 이러한 일종의 교육철학과 학습을 일관되게 유지했다. 그리고 이는 BTS의 정체성으로 그대로 투영되었다.

BTS는 팬들과 무경계 소통을 한다. 이는 아티스트와 팬이 양방향 애착을 형성하도록 한다. 이와 같은 소통방식은 다른 보이그룹에서는 보기 드물었던 BTS만의 고유한 특징이다.

역량 면에서도 마찬가지다. 다른 보이그룹들은 작곡가가 준 곡과 안무가가 준 춤으로 로봇처럼 연습해서 퍼포먼스를 한다. 자율성이 떨어지는 것이다. BTS는 스스로 작곡과 작사를 하고, 춤도 만들 수 있다. 진정한 아티스트로 커나갈 수 있도록 자주적 역량을 키워주는 것이다. 이러한 것들이 방시혁이라는, 심미안과 안목을 가진 CEO를 통해 브랜드 정체성으로 만들어져갔다.

그 결과, BTS는 전 세계 고객을 팬으로 확대할 수 있었고 그에 따라 BTS의 정체성 역시 더 공고히 되는 선순환이 가능했다. 즉, BTS는 그룹의 브랜드 정체성을 기반으로 글로벌 확대 성장 전략을 펼치고 있는 것이다.

하이브는 레이블, 솔루션, 플랫폼 세 축으로 이루어진 조직이다. 레이블은 창작에 집중한다. 솔루션 유닛들은 도전을 지속한다. 그리고 이를 플랫폼으로 연결한다.

하이브는 2021년 미국의 매니지먼트 회사 이타카홀딩스를 약 1조 원에 인수했다. 이에 저스틴 비버, 아리아나 그란데, 제이 발빈, 데미 로바토 등 글로벌 아티스트들이 하이브의 소속 아티스트로 합류하게 되었다. 이타카홀딩스는 유명 팝스타들의 매니지먼트사인 SB프로젝트 외에 뷰티 브랜드 등 60개 이상의 자회사와 투자회사를 보유하고 있다. 이타카홀딩스는 넷플릭스, 아마존 등과도 계약해 콘서트와 다큐멘터리 영상을 공급하고 있다.

이타카홀딩스 인수에 대한 방시혁 의장의 설명을 들어보자.

"하이브와 이타카홀딩스의 결합은 그 누구도 상상하지 못한 새로운 도전이다. 지금까지 두 기업이 쌓아온 성취와 노하우, 전문성을 바탕으로 긴밀한 협력을 통해 고도의 시너지를 발휘하고 국경과 문화의 경계를 허물어 음악산업의 새 패러다임을 열 것이다."

여기서 주목할 것은 기획사의 브랜드 정체성이다.

미국 대중문화 잡지 《버라이어티》는 매년 전 세계 미디어 산업에서 가장 영향력 있는 리더 500명을 발표하는데, 방시혁 의장은 2020년과 2021년 연속으로 이름을 올렸다. 《버라이어티》는 방시혁 의장에 대해 다음과 같이 평가했다.

"단순한 쇼맨이 아니다. 플레디스엔터테인먼트, 쏘스뮤직, 게임 회사 수퍼브를 인수하고, 팬 커뮤니티인 위버스 등을 통해 기술분야로 진출하면서 사업 다양화를 강하게 추진했다."

방시혁 의장은 2019년 서울대학교 전기 학위수여식에 초대받아 졸업식 축사를 맡아 다음과 같이 말한 바 있다.

"앞으로 졸업생들의 여정에는 부조리와 몰상식이 많이 놓여 있을 것이다. 여러분도 분노하고, 부조리에 맞서 싸워 사회를 변화시키길 바란다. 자신이 정의한 것이 아닌, 남이 만들어 놓은 목표와 꿈을 무작정 따르지 마라. 상식에 기초한 꿈을 키우고, 이를 좇아 사회에 기여하길 바란다."

이러한 가치관은 BTS의 음악세계에도 고스란히 담겨 있지 않은가? 이러한 하이브의 브랜드 정체성 확립 과정은 미학경영에도 중요한 시사점을 준다.

3

소비자 현존감에 공감하고 실현하라

소비자에게 사랑받는

지속가능한 기업이 되려면

무엇보다 소비자들의 현존경험에

공감할 수 있는 힘을 길러야 한다.

과거에는 단일 상품의 유형적 물질성이 중시되었다. 오늘날은 체험 경제의 시대다. 소비자들은 현존경험이라는 무형적 가치를 지향한다. 아우라가 요구되는 것이다. 어떠한 아우라인가?

- 제품/서비스 자체의 아우라
- 개별 제품/서비스들이 어우러져 만들어내는 맥락과 경험의 아우라
- 나아가 그 경험과 소비자 간의 교감에서 창출되는 아우라

이러한 아우라들이 모여 소비자의 현존경험을 풍요롭게 만든다. 그리고 그러한 현존의 순간들이 소비자가 그 제품, 그 서비스, 그 기업과 사랑에 빠지는 지점이다. 소비자에게 사랑받는 지속가능한 기업이 되려면 무엇보다 소비자들의 현존경험에 공감할 수 있는 힘을 길러야 한다.

공감의 힘으로 부활한 마이크로소프트

10여 년간 부진을 겪었던 마이크로소프트는 지금의 CEO 사티아 나델라Satya Nadella, 1967~가 취임한 이래 기사회생했다. 마이크로소프트는 한때 애플을 뛰어넘는 시가총액을 달성하며 미국 기술주技術株의 선두에 서는 데 성공했다.

2014년 CEO로 취임한 나델라는 PC운영체제에 대한 집착을

마이크로소프트 CEO **사티야 나델라**

사티야 나델라는 취임 이후 기존 PC운영체제 중심의 경영에서 사용자에 대한 공감을 키워드로 모바일과 클라우드 시장에 눈을 돌림으로써 마이크로소프트의 성공적인 재기를 이루어냈다.

버리고 클라우드와 모바일 산업에 총력을 기울였다. 클라우드 시장은 이미 아마존웹서비스AWS가 선점한 상황이었는데도 마이크로소프트는 클라우드 통합 분야에서 1위를 달성했다. 이러한 신화창조 속에 나델리의 뛰어난 안목과 리더십이 많은 관심을 받았다.

나델라는 기업의 가치로 '공감共感'을 내세웠다. 그는 자신이 가장 깊이 감사하고 높이 사는 것이 공감능력이라고 했다. 이는 조직구성원이나 경쟁사들과의 협력과 포용을 위한 공감능력만을 의미하지 않는다. 그는 마이크로소프트가 소비자의 현존에 대해 마이크로소프트만의 고유한 정체성과 가치를 갖기를 바랐다.

나델라는 기업이 고객과 교감하기 위해 깊은 수준의 공감능력을 갖추기를 원했고, 그 공감을 기반으로 소비자를 만족시키고자 했다. 그는 단순히 상품 단위의 경쟁을 지속하는 것을 넘어, 마이크로소프트의 존재론적 의미를 고민하고, 마이크로소프트만이 기여할 수 있는 가치를 정의하고자 했다. 그 같은 현존적 고민 끝에 얻은 답은 창작을 위한 툴과 플랫폼을 만들어주는 것이었다. 결과적으로 이는 마이크로소프트를 성공적으로 부활시키는 원동력이 되었다.

그는 소비자에게 톱-다운으로 상품을 주는 것이 아닌, 항상 배우는 자세로 새로운 혁신을 추구해야 한다고 강조한다. 그는 자신 역시 마이크로소프트에 입사할 당시만 해도 공감의 가치를 인식하지 못했다며, 공감능력 역시 근육과 같이 지속적인 연습을 통해 기를 수 있다고 독려한다.

마이크로소프트의 데이터센터 가상체험 프로그램
마이크로소프트는 소비자들에게 데이터센터를 개방함으로서 제품과 소비자, 기업 간의 교감을 강화하고 확장된 경험을 제공한다.

출처: news.microsoft.com

2021년 4월 마이크로소프트는 데이터센터 가상체험 프로그램을 론칭했다. 이는 현존재로서 소비자와 교감하고자 하는 마이크로소프트의 의지를 보여준다. 데이터센터 가상체험 프로그램은 기존에는 극비시설이었던 데이터센터를 누구나 웹사이트 접속만으로 방문하여 경험할 수 있도록 한 것이다.

가상 데이터센터는 서버실, 네트워크실 등 데이터센터 시설의 내부와 외부는 물론, 데이터센터 구축을 위한 인프라와 데이터 보관 시스템까지도 방문할 수 있게 했다. 물리적인 데이터센터를 확인하는 것은 사실 마이크로소프트의 제품/서비스와는 무관해 보인다. 클라우드나 운영체제는 소비자에게는 컴퓨터나 모바일의 스크린에서 작동하는 것으로 충분하기 때문이다.

그러나 마이크로소프트는 일견 무관해 보이는 가상체험 프로그램을 통해 기업과 제품, 소비자 간의 연결과 교감을 강화하고 있다. 소비자를 데이터센터로 초대함으로써 소비자가 사용하는 제품의 내부에서 일어나는 일들을 보여주며 확장된 경험을 선사하는 것이다.

마이크로소프트는 또한 데이터센터에 2025년까지 100% 재생 가능한 에너지원을 기반으로 한 전력을 공급하겠다는 목표를 세웠는데, 이를 위해 실제로 어떠한 기술과 노력이 투입되고 있는지를 소비자들이 직접 확인할 수 있도록 했다. 이러한 가상 데이터센터로 인해 단일 상품을 넘어 사람과 기술, 소비자와 세상을 잇는 현존경험이 만들어진다.

"공감이 당신을 더 나은 혁신가로 만든다. 마이크로소프트에서 만든 제품들 중 가장 성공적인 제품을 보면 고객의 충족되지 않고 명확하지 않은 요구사항을 충족할 수 있는 능력이 함께 제공된다."

– 사티아 나델라

4

도덕적 판단능력을 보유하라

소비자에게 예술적 가치와 표현의 자유에 대한

깨달음을 주는 선은 어디까지일까?

'도덕적으로 옳은가'는

예술적인 제품/서비스를 생산하면서

끊임없이 되물어야 할 질문일 것이다.

기술중심 예술화사회의 제품/서비스는 욕망과 도덕이 충돌하는 지점과도 같다. 기업은 누구보다 앞서 소비자의 욕망을 담아내고 이를 충족시킬 수 있어야 하지만, 동시에 도덕적인 의무를 잊지 말아야 한다.

칸트에 따르면, 도덕적 행위는 타율에 의한 것이 아니라, 도덕법칙에 대한 자발적 존중으로부터 나온다. 즉, 자율적인 것이다. 칸트는 근본적으로 인간의 도덕적 자율성, 즉 자유의 주체가 되는 인격을 존중한다. 동물과 달리 인간은 도덕법칙에 따라서 행위할 수 있는 자율의지가 있다는 것이다. 칸트에게 이성은 지성, 판단력을 포괄하는 인간의 최상의 인식능력 전체를 일컫는 말이다. 이성이 내리는 명령에는 목적에 기대지 않는 정언명령定言命令과 목적을 위해 행동하는 가언명령假言命令이 있다.

기업의 ESG에도 이를 적용해볼 수 있다. 기업의 비전에 자율적으로 ESG를 적용하여 실천해나가는 기업이 있는가 하면, 투자 유치와 소비자 요구를 의식하여 타율적으로 실천하는 기업이 있다. 순수한 가치를 지닌 ESG를 정언명령으로서 실천하는 기업이 있는가 하면, 제품/서비스를 보다 잘 팔기 위한 목적을 가지고 가언명령으로서 ESG를 실천하는 기업이 있다. 후자와 같이 거짓 위장을 위한 ESG 활동을 'ESG 워싱Washing'이라 일컫는다.

● 다농, ESG와 이윤창출 사이에서 균형 잡기

프랑스의 음식료 업체인 다농Danone의 전 CEO 에마뉘엘 파베르Emmanuel Faber는 ESG경영을 이끈 대표적인 인물이다. 그는 주요 상품 생산에 순삼림 벌채율을 제로로 한다는 목표를 설정했다. 또한 회사가 사용하는 전력의 100%를 재생에너지만으로 조달한다는 RE100에도 가입했다. 그가 새롭게 제시한 탄소조정 주당순이익EPS은 회사이익 중에서 탄소배출로 인해 상쇄된 원가를 제외한 뒤 수익성을 다시 산출하는 개념이다. 2019년 다농의 EPS는 3.85유로였으나, 탄소조정 EPS는 38% 낮은 2.38유로였다. 높은 수익성을 발표하려는 일반적인 회사와 다르게 자발적으로 낮은 EPS 수치를 내놓은 것이다.

하지만 결국 에마뉘엘은 부진한 성장률과 악화된 수익성 때문에 CEO직에서 물러나게 되었다. 주주들은 그가 ESG를 경영실패의 방어논리로 사용했다고 지적한다. 경쟁사의 경우 ESG에 높은 관심을 가지고 있으면서도 우수한 재무성과를 냈기 때문이다.

그렇지만 경쟁사에서 과연 다농만큼 ESG 활동에 노력을 기울였는지는 면밀한 비교가 필요하다. 이 사례는 ESG와 이윤창출이 대척점에 있는 것으로 인식될 수 있음을 보여준다. 그러나 ESG와 이윤창출은 결코 제로섬Zerosum을 만드는 관계가 아니다. 초기 투자단계에서는 ESG가 비록 수익성을 악화시키는 것처럼 보일 수 있으나, 중장기적으로는 수익성과 비례할 가능성이 높다.

그럼에도 현재 ESG 도입 초기에 불과한 점을 고려할 때, 다농의 사례는 ESG와 이윤창출 간의 균형이 중요함을 시사한다. 이윤극대화에 집중한 기존의 실적 평가방식에서 벗어나 ESG를 포함한 새로운 실적평가 방법이 마련되어야 한다.

● 넷플릭스가 환경을 파괴한다고?

'넷플릭스가 환경을 파괴한다.' 이런 말을 듣는다면 대부분의 사람들이 고개를 갸우뚱할 것이다. 넷플릭스는 거대한 생산시설에서 유형의 상품을 생산하는 회사가 아니기 때문이다.

하지만 넷플릭스는 2020년 약 110만 톤의 이산화탄소를 배출한 것으로 알려졌다. 50%는 콘텐츠 제작과정에서, 45%는 기업운영 시에, 5%는 제품구매 시에 발생했다. 하지만 넷플릭스 회원이 콘텐츠 시청에 사용하는 인터넷 전송이나 전자기기에서 발생하는 탄소배출은 계산에 포함하지 않았다.

일부는 넷플릭스가 인터넷 전송 및 전자기기 탄소배출에 대한 책임까지 함께 져야 한다고 주장한다. 영국 브리스톨Bristol 대학에 따르면, 2020년 넷플릭스 영상 스트리밍의 시간당 탄소배출은 휘발유 자동차를 400미터 운전한 것과 유사한 수준이라고 한다. 시장조사업체 샌드바인Sandvine에 따르면, 넷플릭스는 전 세계 스트리밍 데이터 사용량의 15%를 차지한다.

넷플릭스는 이러한 연구결과에 대해 자사 홈페이지에 명시하고 있지만, 구체적인 대응책은 언급하고 있지 않다. 하지만 넷플릭스는 지속가능성 책임자Sustainability Officer를 두고 2022년 말까지 온실가스 순배출 영점화Net zero greenhouse gas emissions를 약속하고 있다. '1단계 넷플릭스 배출량 저감'에서는 콘텐츠 제작과 기업운영 시 발생하는 탄소를 줄인다. '2단계 기존 탄소 저장능력 보존'에서는 열대우림 등 위험에 처한 자연지역을 보존한다. '3단계 대기 중 탄소 제거'에서는 자연생태계 재생에 투자한다. 이에 더해 콘텐츠 회사만이 할 수 있는 것으로, 환경문제에 관한 영화나 다큐멘터리 시리즈를 꾸준히 제작하고 있다. 넷플릭스가 이러한 지속가능성 전략과 더불어 스트리밍의 온실가스 배출 문제에 대해서도 적극적인 대응을 하기를 기대해본다.

● 나이키가 만들지 않은 나이키 사탄 운동화

2021년 3월 미국의 래퍼 릴 나스 엑스^{Lil Nas X}는 예술가 집단 미스치프^{MSCHF}와 컬래버레이션하여 사탄 운동화를 출시했다. 릴 나스는 뮤직비디오에서 사탄과 함께 춤을 추며 운동화를 처음 공개했다. 에어쿠션 부분에는 실제 사람의 혈액이 한 방울 섞인 잉크가 들어갔으며, 악마의 숫자로 여겨지는 666켤레가 제작됐다. "사탄이 하늘로부터 번개같이 떨어지는 것을 내가 보았노라"라는 누가복음 10장 18절에서 따온 1,018달러(115만 원)의 가격이 책정되었는데, 출시 1분 만에 매진을 기록했다.

문제는 논란이 된 이 운동화가 나이키 에어맥스 97을 개조하여 만들어졌다는 것이다. 나이키는 제품을 직접 만들었다는 억울한 누명을 쓰게 되었다. 소비자의 항의전화가 빗발치고 불매운동이 이어지자 나이키는 미스치프를 상대로 상표권침해 금지소송을 제기했다. 미스치프는 "예술적 가치와 표현의 자유를 인정해야 한다"고 주장했으나 판매금지 처분을 받았다. 하지만 "이미 예술적인 목적을 달성했다"고 밝힌 것으로 알려졌다.

릴 나스 엑스의 사탄 운동화
수세기 동안 예술가들은 표현의 자유와 도덕적 판단 사이에서 줄타기를 해왔다.
출처: MSCHF

예술적 가치와 표현의 자유는 예술계에서는 오래된 질문이지만 항상 논란이 되어왔다. 이러한 이슈가 소비자의 이목을 끄는 것은 분명하고, 이는 사탄 운동화 사례와 같이 매진으로 증명되었다. 하지만 나이키의 브랜드 가치에는 측정할 수 없는 손실을 남겼다. 브랜드에 예술적인 가치가 개입되기 시작하면 자칫 도덕적인 선을 넘을 수 있는 시도들이 생겨날 수 있다.

소비자에게 예술적 가치와 표현의 자유에 대한 깨달음을 주는 선은 어디까지일까? '도덕적으로 옳은가'는 예술적인 제품/서비스를 생산하면서 끊임없이 되물어야 할 질문일 것이다.

8

미학경영 파워

기업-소비자의

애착관계

뇌과학과 미학 인지,

그 균형에서

"아폴론과 디오니소스의 상호작용은

현대의 기업경영에도 적용할 수 있다"

1

미학경영의 파워는 어디서 나오나
헤겔의 충돌하는 두 가지 힘과 새로운 변혁

헤겔의 변증법은 만물이 본질적으로

끊임없는 변화의 과정에 있다고 본다.

그 변화의 원인은 내부적인 자기부정, 즉 모순이다.

원래의 상태가 있으면 이를 해결하려는 반대의 운동방향이 있다.

그 결과 새로운 합(合)의 상태로 변화하는 것이다.

● 경영 패러다임 : 아폴론과 디오니소스의 대립

프리드리히 니체Friedrich Nietzsche, 1844~1900는 예술생산의 필연적인 힘이자 자연의 원리를 크게 아폴론적 요소와 디오니소스적 요소로 구분했다. 아폴론은 태양의 신으로 손에는 리라를 든 채 궁술, 음악, 시를 주관한다. 아폴론은 합리성과 질서를 중시하는 이성적인 면모를 대표한다. 반면에 디오니소스는 포도주와 풍요, 광기, 황홀경의 신이다. 그는 속박과 경계를 허물며, 환희에 찬 만족에 이르는 예술적인 힘을 숭배한다. 아폴론과 디오니소스의 상반된 특징은 예술작품에서 긴장상태의 상호작용을 이끌어낼 수 있다.

아폴론과 디오니소스의 상호작용은 현대의 기업경영에도 적용할 수 있다. 아폴론적 경영은 인과관계와 시스템을 기반으로 하는 과학적 경영을 의미한다. 반면에 디오니소스적 경영은 열정적이며 예술을 가미한 미학경영을 뜻한다. 기업의 규모 측면으로 적용한다면, 아폴론적 요소는 합리성과 질서가 요구되는 대기업에서 선호될 가능성이 높다. 반면, 열정적인 디오니소스적 요소는 스타트업에서 발현되기 쉽다.

하지만 아폴론과 디오니소스의 경영 패러다임은 평행선을 그리며 영원히 대립하는 것이 아니다. 아폴론적 과학경영의 한계를 인정하고 디오니소스적 미학경영을 더할 때, 종래의 규범과 가치를 극복하고 보다 나은 미래경영 패러다임에 도달할 수 있다.

빌보드 신화를 새롭게 쓴 BTS는 동방의 신神으로 추정되기도 하는 디오니소스에 비유되곤 한다. BTS는 서양인 위주로 흘러갔던 전

아폴론 조각상

카라바조, 〈병든 바쿠스 Sick Bacchus〉,
제작년도 1593년

아폴론과 디오니소스의 경영 패러다임

아폴론은 합리성과 이성을 중시한 반면, 디오니소스(바쿠스)는 예술적인 힘을 숭배한다. 아폴론과 디오니소스의 경영 패러다임은 평행선을 그리며 영원히 대립하는 것이 아니다. 아폴론적 과학경영의 한계를 인정하고 디오니소스적 미학경영을 더할 때, 종래의 규범과 가치를 극복하고 보다 나은 미래경영 패러다임에 도달할 수 있다.

세계 음악시장에서 이례적으로 동양인 보이그룹으로 주목받았다. 기존의 공식을 깨는 파괴적인 면모를 보여주었지만, 이들이 꼭 디오니소스의 측면만 가지고 있다고 보기는 어렵다.

BTS의 성공 뒤에는 오랜 시간에 걸쳐서 형성된 K-POP 기획사의 시스템이 있다. 스토리텔링의 기획부터 소셜미디어 활용, 멤버별 트레이닝까지 합리적이고 질서 있는 아폴론적 요소가 큰 역할을 했다. 《하버드 비즈니스 리뷰》에서는 "K-POP이 슈퍼스타를 만드는 방식"에 대한 케이스 스터디를 게재하기도 했는데, "자율성 존중과 시스템의 효율성이라는 균형 사이에서 최적의 방식을 찾기 위해 노력하고 있다"고 소개했다. 아폴론적 요소와 디오니소스적 요소 사이의 우열은 없기에, 두 영역의 요소가 대립하고 경쟁하면서 조화롭게 발전할 때 성공적인 균형에 이를 수 있다.

JYP엔터테인먼트의 박진영 대표는 SBS 프로그램 〈아카이브K〉에서 "이제는 K-POP이 새롭게 정의되어야 할 시점"이라고 말했다. 더 이상 가수의 국적이나 가사에 사용되는 언어로 K-POP을 바라보기는 어렵다는 것이다. 실제로 BTS의 〈다이너마이트Dynamite〉와 〈버터Butter〉는 전곡이 영어 가사로 되어 있고, 〈필름 아웃Film out〉은 일본어로 쓰였다.

EXP에디션이라는 미국인 네 명으로 구성된 프로젝트성 그룹은 2017년 한국에서도 데뷔했다. 런던을 중심으로 활동하는 유럽 최초의 K-POP 걸그룹 '가치'는 한국어와 영어를 섞어 노래한다.

결과적으로 K-POP은 국적과 언어에서 벗어나 기획사 시스템,

여러 장르의 혼종, 칼군무, 비주얼, 패션, 팬문화 모두를 아우르는 하나의 문화가 되었다. 한국 콘텐츠를 수출했던 K-POP 1세대, 해외 인재를 영입했던 2세대, K-POP 현지화를 본격화하는 3세대는 아폴론적 요소와 디오니소스적 요소가 어우러지며 새로운 패러다임을 제시했기에 가능했던 문화적 성취다.

독일의 철학자 프리드리히 셸링Friedrich Schelling, 1775~1854은 저서 『예술철학』에서 신화학神話學 속 예술의 소재들이 작품구성에서의 새로운 대립을 준다고 했다. 예술작품에서 중요한 것은 대립되는 두 가지를 새롭게 종합해내는 것이다. 이를 신성한 하나로 만드는 결합Ineinsbildung의 원리라고 부른다. 셸링은 숭고함과 미의 대립, 소박함Naiv과 감상적임Sentimental의 대립, 스타일Stil과 작풍Manier의 대립을 일반적인 것으로 논했다.

구체적으로 기업이 새로운 제품/서비스를 개발할 때 아래와 같은 대립을 브랜드 정체성에 맞게 결합하려는 노력이 필요하다.

● 숭고함과 미의 대립

숭고함은 무한자가 유한자의 시각에서 구상할 때 나타난다. 예술작품의 아름다움은 유한자가 무한자의 시각에서 구상할 때 표현된다. 숭고함의 대표적인 예시인 '자연'은 신이 자신의 무한성을 유한성으로 표현한 것이다. 반면에 천재는 유한한 존재이지만 신의 절대성과 결합될 때 참된 예술작품을 생산해낼 수 있다.

인간은 자신의 인식수준을 넘어선 엄청난 규모와 아름다움을 보여주는 자연을 마주할 때 숭고함을 느낀다. 이때는 형식이 부정됨으로써 가장 직접적인 숭고함 자체가 된다. 만약 거대하기만 하고 아름답지 않다면, 그것은 숭고하다고 부를 수 없다. 하지만 대부분의 경우 숭고함과 아름다움은 명확히 구분하기 어려운 상태로 융합되어 나타난다. 이들 사이에는 본질적인 대립이 아니라 양적인 대립만이 존재한다.

그럼에도 미학경영에서 예술작품과 같은 제품/서비스를 생산해내려면 숭고함과 아름다움 사이의 양적인 대립을 예민하게 구별해낼 수 있는 능력이 필요하다. 인간의 생산물은 아름다움을 기반으로 그 안에 숭고함을 담고 있다. 그런데 아름답기만 하고 숭고함을 느끼지 못하는 제품/서비스를 과연 미학적이라고 평가할 수 있을까?

모든 제품/서비스에는 하나 이상의 숭고한 요소가 있겠지만, 숭고함을 불러일으키는 요소가 많을수록 소비자가 더욱 현존감을 느낀다. 따라서 생산자는 숭고함을 결정하는 요소들을 면밀히 구분하고 이를 작품 속에 배치하려 노력해야 한다.

● 소박한 것Naiv과 감상적인 것Sentimental의 대립

셸링에 따르면, 시적인 것과 천재적인 것은 항상 소박하다. 반면, 불완전할 때는 감상적이다. 소박한 시인은 자신의 객관에 대해 무의식적으로 서술한다. 하지만 감상적인 시인은 의식을 가지고 이를 인식할 것을 요구한다. 따라서 감상자는 소박한 시인의 작품에 더욱

미스 반 데어 로에의 건축물
그의 간결한 소박함은 애플의 디자인 철학에 영감을 주었다.

친숙함을 느낄 수 있다.

"간결한 것이 아름답다."

(Less is More.)

현대 건축의 거장 미스 반 데어 로에Mies van der Rohe, 1886~1969가
남긴 말이다. 애플의 디자인 철학도 이를 계승하고 있다. 예술작품에
서는 표현을 위해 꼭 필요한 만큼의 장치만 사용한다. 이만큼 천재적
인 것은 없다. 천재는 소박함만으로도 감상자가 완전하게 객관을 인
식하게 할 수 있다.

하지만 감상적인 것이 결코 소박한 것보다 열등하다고 보기는

베르사체의 디자인

베르사체는 특유의 화려한 디자인으로 유명하다. 베르사체는 심플한 디자인 일색이던 1990년대 패션계에 새로운 바람을 몰고 왔다.

어렵다. 베르사체Versace, 모스키노MOSCHINO, 돌체앤가바나Dolce & Gabbana와 같은 디자이너 패션브랜드들은 특유의 화려한 디자인으로 유명하다. 이들은 심플한 디자인 일색이던 1990년대 패션계에 새로운 바람을 몰고 왔다. 자신들만의 공격적이며 과감한 방식으로 브랜드 정체성을 표현한 것이다.

이처럼 예술작품을 통해 정체성을 표현할 때에 정해진 방식은 없다. 따라서 미학경영에서는 브랜드의 정체성에 맞는 방식이 소박함인지 감상적인 것인지 되물어볼 필요가 있다. 그렇게 정립한 표현방식을 아폴론과 같이 꾸준히 유지해도 좋고, 혁신이 필요한 시점에는 디오니소스와 같이 변화를 꾀해도 좋을 것이다. 궁극적인 목표는 브랜드의 정체성이 소비자에게 잘 전달되도록 하는 데 있다.

● 스타일Stil과 작풍Manier의 대립

스타일은 절대적이고, 작풍은 비절대적이다. 스타일은 보편적이고 절대적인 예술형식이 예술가의 특수한 형식과 합일된 것을 의미한다. 반면에 작풍은 앞선 예술형식과 예술가의 형식이 통일되지 못하여 비절대적이고 성취되지 못한 스타일로 볼 수 있다. 따라서 셸링은 작풍을 배척해야 할 것이라고 주장한다. 천재는 이념의 보편과 개체의 특수를 하나로 동일하게 정립하는 자다.

미학경영에서 브랜드는 모두를 위해 생산된 제품/서비스를 제공하지만, 소비자 개인에게 특별한 의미를 줄 수 있어야 한다. 제품/서비스가 개인적인 영역으로 이동하는 과정에서 발생하는 감성적인 변화가 어떻게 일어나는지 기업은 타깃을 면밀히 관찰함으로써 파악해내야 한다.

헤겔Hegel, 1770~1831은 이원론을 극복하고 일원화를 통해 자기발전의 체계를 정리했다. 헤겔의 변증법은 만물이 본질적으로 끊임없는 변화의 과정에 있다고 본다. 그 변화의 원인은 내부적인 자기부정, 즉 모순이다. 원래의 상태가 있으면 이를 해결하려는 반대의 운동방향이 있다. 그 결과 새로운 합슴의 상태로 변화하는 것이다.

미학경영의 파워 역시 이와 마찬가지다. 두 가지 힘이 충돌할 때 새로운 변혁을 만들어낼 수 있는 힘이 생겨난다. 모든 변화의 결과물은 또 다른 변화의 출발점이 될 수 있기에 마스터피스 전략에서 우리는 최고의 미학적 상태에 도달하기 위해 변화를 계속해나가야 할 것이다.

2

기업-소비자의 애착관계

기업은 어머니의 입장에서 소비자가 건강하고

행복한 라이프스타일을 형성하도록 도우며,

반대로 아기의 입장에서는 소비자를 의존의 대상으로 여기고

최선을 다해 소비자라는 어머니의 기대를

충족하기 위해 노력해야 한다.

테오도어 아도르노Theodor Adorno, 1903~1969는 문화를 이성에 바탕을 둔 인간 고유의 활동으로 바라본다. 본래 문화는 현대 사회의 순응성에 도전하며 생각이나 욕망을 자극하는 변화의 수단이어야 한다. 하지만 아도르노의 문화산업론에 따르면, 문화는 상업화되어 기계적으로 생산됨으로써 본질을 잃어버린다. 이를테면 아도르노는 거대한 할리우드의 영화산업을 대중의 의식을 조작하는 지배의 수단으로 여긴다. 대중음악 역시 사회에 관심을 가지기보다 내면의 도피처로서 수동적인 음악감상만을 조장한다고 보았다.

하지만 아도르노가 활동했던 시기는 전기에너지 기반의 대량생산 혁명이 일었던 2차 산업혁명(19~20세기 초)을 배경으로 한다. 당시는 영화, 라디오, 축음기 등이 개발되어 대중문화가 막 부흥하기 시작했던 때다. 아직 문화산업의 초기단계에 있었기 때문에 예술의 본질보다는 상업화에 초점이 맞추어졌던 경향이 있다.

이전과는 다르게 발전한 미학시대의 제품/서비스는 비록 대량생산 방식을 택할지라도 소비자 개인의 정체성에 특별한 의미를 부여하고자 한다.

● 어머니이자 아기로서의 예술

아도르노는 예술이 다정한 보호관계를 맺는 대상에 대한 일종의 껴안기로서 밀착성을 가진다고 했다. 예술작품의 목적은 잘못된 현실을 넘어서 타자Das Andre를 향해 가도록 지시하는 것이다. 그 타자는 인류의 모든 역사, 사회현실, 유토피아적 세계와 관련된다. 즉, 예술작품은 예술가 또는 감상자가 세상과 밀착할 수 있는 경험을 제공하는 것이다.

정신분석학자 도널드 위니컷Donald Winnicott, 1896~1971은 대상관계이론Object relations theory으로 아기가 어머니, 나아가 세상과 어떻게 애착관계를 형성하는지 설명했다. 생후의 아기에게 어머니는 보호자Care-giver이자 마법과도 같은 전지전능함Magical omnipotence을 가진 존재다.

충분히 좋은 어머니Good enough mother는 아기에게 안전기지Secure base와도 같은 역할을 한다. 이러한 환경이 잘 조성되었을 때 아기는 진정한 자아True self를 정립하며, 타인을 공감하고 이해Cross-identification할 수 있는 능력을 기를 수 있다.

전지전능하게 다양한 세계를 그려내는 예술작품은 감상자에게 새로운 시각을 제공하여 본인 스스로에게 질문을 던지거나 타인을 이해할 수 있는 기회를 제공한다.

하지만 아도르노가 제시한 예술은 어머니의 역할에 한정되어 있다. 현대예술에서는 감상자가 적극적인 참여자로 변모하여 작품에 의미를 부여하기도 한다. 이때는 감상자가 새롭게 작품을 탄생시키는 어머니와 같은 존재이며, 예술작품은 아기의 역할로 전환된다.

● **기업-소비자의 양방향 애착감**

대상관계이론은 기업-소비자 관계에도 적용 가능하다. 다만 심

기업-소비자 양방향 애착감

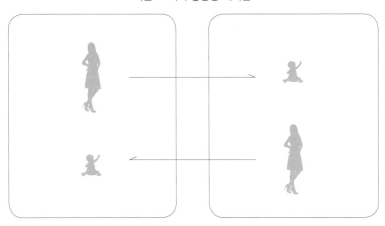

기업과 소비자 관계

예술작품-감상자처럼 기업-소비자 모두 어머니 또는 아기의 역할을 맡는다. 이를 기업-소비자의 양방향 애착감이라고 명명한다.

기업-소비자 관계 세 가지

구분	어머니(보호자)	아기(진정한 자아)	타인을 공감하고 이해 (Cross-identification)
기업	기업-개인의 자아정체성을 연계하는 팬 집단 환경 제공	높은 수준의 미적/윤리적 정체성을 갖추도록 성장	파트너사, 시민사회 등 확대된 이해당사자를 고려하는 경영활동
소비자	높은 수준의 안목을 제시하는 소비환경 조성	개인적, 인간적 측면에서 공감하고 싶은 욕구(고유성)	비슷한 특성과 목표를 공유하는 더 큰 집단의 일원이 되는 기분(소속감)

리학에서처럼 어머니-아기의 역할이 정해져 있는 것이 아니라, 예술작품-감상자처럼 기업-소비자 모두 어머니 또는 아기의 역할을 맡는다. 이를 기업-소비자의 양방향 애착감이라고 명명한다.

먼저 기업이 어머니 역할을 하는 경우, 기업은 브랜드와 소비자의 자아정체성을 연계한 팬 집단을 형성할 수 있는 환경을 제공한다. 이때 소비자는 고유성을 지닌 한 명의 진정한 팬으로서 개인적, 인간적 측면에서 공감하고 싶은 욕구를 충족할 수 있게 된다. 팬 활동은 비슷한 특성과 목표를 공유하는 더 큰 집단의 일원으로서 소속감을 느낄 수 있는 기회를 부여한다.

반대로 소비자가 어머니의 역할을 하는 경우, 높은 수준의 안목을 제시하는 소비환경을 조성한다. 기업은 이에 맞추어 높은 수준의 미학적, 윤리적 정체성을 갖추게 된다. 나아가 파트너사, 시민사회 등 확대된 이해당사자를 고려하는 경영활동을 펼치게 된다.

스웨덴의 가구 제조기업 이케아IKEA는 브랜드와 어린이가 양방향 애착감을 형성할 수 있도록 매년 '소프트 토이 그리기 대회'를 개최한다. 인형 그리기를 좋아하는 만 12세 미만의 어린이를 대상으로 상상하는 인형 디자인을 공모받는 것이다. 선정된 디자인은 실제 인형으로 만들어져 전 세계 이케아 매장에서 판매된다.

아이들에게 이케아는 자신이 그린 인형을 현실에 데려오는 마법과도 같은 전지전능한 어머니가 되는 것이다. 이렇게 판매된 인형 수익금은 충분히 놀 기회를 갖지 못하는 어린이들을 지원하는 데 쓰인다. 반대로 소비자는 사회적 역할을 고려하는 경영활동을 펼치도록 기업을 지원하는 어머니 역할을 하게 된다.

루트켄하우스Lutkenhaus 외 연구진(1985)은 세 살짜리 아기의 소

사고스카트^{SAGOSKATT} **봉제인형**

이케아는 아이들이 직접 디자인한 인형을 생산함으로써 상상을 현실화하며 어린이 소비자와 양방향 애착감을 형성한다.

통능력이 12개월 시점에서 어머니와의 애착관계와 어떠한 관련이 있는지 실험해보았다. 낯선 이가 집을 방문했을 때 애착관계가 잘 형성된 아이는 더 빠르고 수월하게 방문자와 의사소통하는 것으로 나타났다. 또한 경쟁적인 게임에서 실패한 경우 애착관계가 잘 형성되지 못한 아이보다 공개적으로 슬픔을 드러내는 모습을 보였다.

이러한 연구결과를 소비자에게 적용해보면 브랜드와 애착관계가 잘 형성된 소비자는 더 빠르고 수월하게 다른 팬과 의사소통할 수 있다. 다른 팬과의 소통은 팬덤 형성의 출발점이 된다. 또한 시장에 출시된 제품/서비스에 실망한 경우, 브랜드의 결과물에 대해 감정적으로 슬퍼하며 적극적인 피드백을 줄 수 있다. 기업은 소비자와 의사소통하며 더 높은 수준의 제품/서비스를 제공할 수 있는 개선점을 빠르게 적용할 수 있다.

선의의 거짓말White lies은 애착관계에 대한 보상의 결과로 나타난다. 상대방을 기쁘게 함으로써 관계를 더 지속할 수 있도록 만드는 행동이기 때문이다. 텔와르Talwar 외 연구진(2007)은 어린이가 원하던 선물과 원하지 않은 선물을 받았을 때 각각 보이는 감정표현에 있어서 후자의 경우 사회적 관계를 깨드리지 않으려고 실망감이나 싫은 표정을 통제, 관리하게 된다는 '바람직하지 않은 선물 패러다임 Undesirable gift paradigm'을 이용하여 3세에서 11세 사이 아동의 친사회적 거짓말 행동을 조사했다. 모든 조건에서 대다수의 아이들이 선의의 거짓말을 했고 이러한 경향은 나이가 들수록 증가했다.

바르네켄과 올린스Warneken & Orlins(2015)는 아이들이 단순히 예의상 선의의 거짓말을 하는 것인지, 아니면 다른 사람의 기분을 좋게 하기 위한 수단으로 하는 것인지 조사했다. 그 결과 아이들은 자신의 예술작품에 대해 중립적인 사람보다 결과물에 실망하여 슬퍼하는 사람들에게 선의의 거짓말을 하는 것으로 나타났다. 5세 아이들은 그러한 경향을 보인 데 그친 반면, 7세 이상의 아이들은 선의의 거짓말을 할 가능성이 더 높았다.

종합해보면 상대방에 대한 선의의 거짓말은 상대방의 감정상태에 영향을 받는다. 이러한 연구결과는 아동의 사회적 인식 발달과 친사회적 행동의 정교화를 뒷받침한다. 보살핌만을 받아왔던 아이가 어느새 기대를 충족시키기 위해 노력하는 모습을 보여주는 것이다.

이는 예술가-감상자뿐 아니라 기업-소비자 사이에서도 관찰되는 현상이다. 처음에는 일방적인 관계에서 시작하지만 애착관계가 형성되고 나면 서로의 역할을 바꾸어 도움을 주는 관계가 된다. 쌍방향의 애착관계가 형성되지 않으면 관계는 오래 지속될 수 없고 브랜드와 팬덤 모두 영향력을 잃어버린다. 따라서 마스터피스 전략에서는 일정 시점이 지나고 나면 역할을 바꾸어 애착에 대해 보상을 하고 이를 지속적으로 유지할 수 있도록 노력해야 한다.

심리학자 멜라니 클라인Melanie Klein, 1882~1960은 특히 생후 6개월의 경험이 아기의 자아형성에 결정적이라고 했다. 이와 마찬가지로 소비자의 초기 팬 활동 경험은 브랜드로 인해 느끼는 현존감에 중요한 영향을 미친다. 팬 활동 역시 커뮤니티에 소속되기 이전에는 혼자 고립되는 시기가 존재한다. 따라서 소비자를 브랜드의 팬덤 영역으로 빠르고 안전하게 정착시키려면 기업 차원에서 이러한 고립 시기를 최대한 줄일 수 있는 방법이 필요하다. 적극적인 SNS 가입 권유 등을 통해 팬덤으로 편입시키거나, 고립감을 느끼지 않도록 혼자서도 쉽게 즐길 수 있는 활동을 고안해보는 것이 좋다.

기업-소비자의 양방향 애착감은 각 경제주체를 어머니 또는 아기로 바라보며 존재론적으로 새로운 시각을 제공한다. 어머니-아기의 관계는 효용을 만끽하는 일회적 관계가 아니라, 서로의 존재를 욕망하며 끊임없이 애착을 느끼는 관계다. 기업은 어머니의 입장에서 소비자가 건강하고 행복한 라이프스타일을 형성하도록 도우며, 반대로 아기의 입장에서는 소비자를 의존의 대상으로 여기고 최선을 다해 소비자라는 어머니의 기대를 충족하기 위해 노력해야 한다.

소비자는 어머니의 입장에서 기업에 높은 미학적, 윤리적 정체성을 요구하며, 아기의 입장에서는 팬으로서 브랜드에 정서적인 지지와 적극적인 피드백을 줄 필요가 있다. 이와 같은 성숙한 시장에서 사회구성원 모두가 아름답고 선한 제품/서비스를 통해 최대의 만족과 이익을 누릴 수 있게 될 것이다.

● 고객 인게이지먼트 : 이성Rationality과 감성Emotion의 대립

이성적인 고객은 금전적 이득, 자존감 등 외부적인 이익을 기반으로 한다(Chen, Dahlgaard-Park, & Wen, 2019). 반면에 감성적인 고객은 브랜드에 대한 심리적 애착을 기반으로 한다. 대부분의 '가짜' 팬들은 이성적인 고객인 경우가 많다.

하지만 이성적인 고객들을 무작정 나쁜 고객으로 치부해서는 안 된다. 이성적인 고객들은 적정한 보상이 주어질 때, 감성적인 고객들보다 인게이지먼트 활동에 더욱 적극적으로 참여하며 다른 고객들과의 소통을 주저하지 않기 때문이다. 이처럼 브랜드를 위해 적극적으로 행동하지만 심리적인 애착이 없는 '가짜' 팬들은 얕은 인게이지먼트Shallow Engagement 영역에 있다고 본다.

반면에 브랜드에 대해 심리적으로 강한 애착을 가지고 있지만,

고객 참여 수준 매트릭스

	낮음	높음
심리적 투자 높음	잠재적 참여	전면적 참여
낮음	비참여	얕은 참여

행동적
투자

시간이나 지식 등의 한계로 인게이지먼트 활동에 소극적인 고객들은 잠재적 인게이지먼트Potential Engagement 영역에 해당한다.

기업이 지향해야 할 곳은 고객의 심리적 애착과 행동력이 모두 높은 토털 인게이지먼트Total Engagement, 전면적 참여의 영역으로, 진정한 팬덤이 형성되는 단계다. 모든 고객은 토털 인게이지먼트로 향해 가는 길에 반드시 얕은 인게이지먼트Shallow Engagement 또는 잠재적 인게이지먼트Potential Engagement 단계를 거친다. 따라서 이성적 고객에게는 심리적 애착을 가질 수 있도록 내부적인 동기를 촉진해줄 필요가 있다. 브랜드에 대한 개인적 관심이나 관련성, 순수한 즐거움과 재미, 지식과 경험을 활용하여 다른 고객을 돕는 등의 이타적 활동은 내부적인 동기를 이끈다.

감성적 고객에게는 외부적인 이익을 제공할 필요가 있다. 금전적 이득은 가장 강한 동기유발 요소이며, 다른 이들에게 보여지는 자신의 이미지를 강화할 수 있도록 한다. 제품/서비스와 관련된 정보나

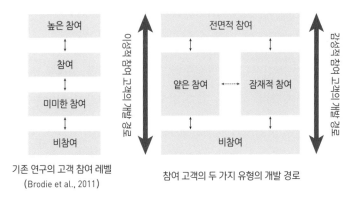

참여 고객의 발달 과정

기존 연구의 고객 참여 레벨
(Brodie et al., 2011)

참여 고객의 두 가지 유형의 개발 경로

출처: Chen, Dahlgaard-Park, & Wen, 2019

조언, 도움 등을 제공하고, 다른 고객들과의 소통의 장을 마련하여 사회적 관계를 형성할 수 있도록 한다.

하지만 일반적인 마케팅 이론의 한계점은, 기존의 패러다임 시각에서 이미 만들어진 팬을 관리하려고 한다는 것이다. 이러한 방식으로는 소비자가 어떻게, 왜 팬이 되었는지를 설명할 수가 없다.

그래서 마스터피스 전략에서는 감동적인 제품/서비스를 만드는 데 초점을 둔다. 소비자가 현존감을 통해 누리는 기쁨과 미학적 경험을 극대화하고 이를 통합해나가는 것을 목표로 한다. 이를 위해서는 제품계획의 방향성이 중요하다. 예를 들어 애플의 경우, 아이맥-아이팟-아이폰-아이패드-아이워치 순으로 제품라인을 확대해갔다. 만약 이것이 다른 순서로 짜였다면 지금과 같은 팬덤을 유지하지 못했을 것이다. 소비자에게 점진적으로 제품을 어필하며 그들의 습관과 사고방식에 스며들었기 때문에 현재의 팬덤 형성이 가능했다.

20세기의 대표적인 큐비즘 작가 파블로 피카소$^{Pablo\ Picasso,\ 1881\sim}$ ^{1973}는 초기작품 시대-청색 시대-장미 시대-아프리카 시대-입체파 시대-신고전주의 시대-초현실주의 시대-후기작품 시대로 스타일을 꾸준히 진화시켰다. 우리는 그가 인생의 각 시점마다 어떠한 감정을 느끼고 무엇을 경험했는지 작품을 통해 알 수 있다. 감상자가 새로운 관점에서 미술작품을 볼 수 있도록 피카소는 전 생애에 걸쳐 새로운 양식을 제시하며 사람들을 열광시키는 예술가의 행보를 보여주었다.

마스터피스 전략에서는 팬덤 라이프사이클을 참고하여 브랜드가 어느 시점에 위치해 있으며 고객감동을 위해 어떠한 전략을 펼쳐야 하는지 6장에서 제안한 바 있다.

3

뇌과학과 미학 인지, 그 균형에서

궁극적으로 경영에서의 뇌과학은

소비자의 모든 생활영역을

보다 높은 차원의 정신적 가치로

승화시키려는 과학적 방법을 도출해내야 한다.

그것이야말로 진정한 마스터피스 전략의 본질일 것이다.

● 감동의 생리학적 이해

독일의 철학자 마르틴 하이데거Martin Heidegger, 1889~1976는 철학과 예술의 관계를 6단계로 구분했다. 단계별 내용은 다음과 같다.

① 1단계: 위대한 예술의 시대인 고대 그리스 시대다.

② 2단계: 질료와 형상의 구분이라는 도구 생산의 개념이 예술 생산의 영역으로 확대되었다.

③ 3단계: 근대의 시작으로서 예술은 절대자를 재현하는 기능을 상실하고, 개인주의적인 관계로 규정된 취미가 모든 존재자의 척도가 되었다.

④ 4단계: 철학적 미학의 정점인 독일 고전철학의 시대다. 예술의 종말을 충분히 사유할 수 있는 능력이 중시되었다.

⑤ 5단계: 19세기 리하르트 바그너Richard Wagner, 1813~1883는 예술을 필연성으로 돌려놓으려 했으나 결국 무無의 상태로 해체되었다.

⑥ 6단계: 생리-전기적 반응 및 신경현상으로서의 정서적 도취 개념을 통해 미학이 생리학으로 변화했다. 이로 인해 미학적인 전개과정은 종료된다.

미학시대에 기업은 감동을 판매한다. 그동안 감동이 인문학적 관점에서 주로 설명되어왔다면, 현재 급속하게 발달하고 있는 인지신경과학은 감동경영을 위한 새로운 실마리를 제시한다. 인지신경과학은 미학적 경험과 관련된 인지과정과 기능적 네트워크를 연구한다. 미적감상의 신경적 토대는 무엇인가, 더 자세하게는 어떠한 신경과정에 의해서 미적특징이 사람들의 태도와 결정, 행동에 영향을 미치는가 등을 탐구한다.

이처럼 인문학과 인지신경과학은 상호보완적인 관계로 발전하고 있다. 인간이 감동을 느낄 때 뇌의 일부 영역이 활성화된다. 만약 특정 자극으로 뇌의 어느 부분이 활성화되는지 알 수 있다면, 오래도록 유지되는 높은 수준의 감동을 만들어낼 수 있지 않을까?

감동은 인간의 소비행위에 대한 일종의 보상Reward으로 주어진다. 전뇌 다발로 구성된 '보상경로'는 특히 횡과 후뇌 시상하부, 복부 세포 수준, 신경전달물질인 도파민을 포함하는 부분들이 쾌락과 연결되어 있다(Leknes & Tracey, 2008). 한동안 도파민은 쾌락과 관련된 주된 신경전달물질로 여겨졌다. 그러나 현재 '보상경로' 혹은 도파민만으로 쾌락, 취향, 선호의 본질을 설명할 수 없다는 데 의견이 일치하고 있다(Berridge, 2003).

피질 이하의 다른 뇌 영역은 전면 피질 영역(Rolls & Grabenhorst, 2008) 및 변연계와 마찬가지로 쾌락 관련 경험(Panksepp, 2005; Burgdorf & Panksepp, 2006)과 매우 관련이 있다. 도파민 외에도 아편, GABA(대뇌에 있는 GABA는 중추신경계의 중요한 억제성 신경전달물질로 우울증에 대한 억제 효과를 냄) 및 다양한 신경 펩타이드들은 현재 쾌락과 관련된 경험에서 중요한 것으로 여겨지고 있다(Burgdorf & Panksepp, 2006; Leknes & Tracey, 2008).

분명히, 예술에 대한 미적반응의 신경적 기초에 대한 우리의 이해를 개선하는 것은 여전히 과제로 남아 있다(Zaidel, 2010). 예술적 감동을 단순히 생리학적 쾌락으로 볼 수는 없다. 예를 들어, 마약 향정신성의약품에 의한 환각 또는 환청은 감동보다는 쾌감 자극으로 설명하는 것이 맞다. 감동은 쾌감 자극뿐만 아니라 정서적인 움직임이 모두 충족될 때 발생한다고 볼 수 있다.

● 감동에는 개인차가 있다

미학적 경험을 뇌과학으로 설명하려는 연구분야를 신경미학Neuroesthetics이라고 부른다. 미적반응은 단순히 감각, 인식 작용에 그치는 것이 아니다. 미적반응은 감정, 자기성찰에 이르기까지 다양한 유형의 경험으로 구성된다.

시각적 작품에 대한 미적반응 연구가 있다. 피험자들에게 각 예술작품의 평가를 1~4등급으로 제시하도록 했다(Vessel, Gabrielle, & Rubin, 2012). fMRI기능적 자기공명영상 촬영을 해보니 감각을 담당하는 후두-측두occipito-temporal 영역과 선조체striatum 영역은 관찰자의 평가 등급과 비례해 활성화되었다.

흥미롭게도 전두엽은 가장 감동적인 4등급의 예술작품에 대해서만 반응을 보였다. 전두엽은 기억력, 사고력, 추리, 계획, 운동, 감동, 문제해결 등 인간다운 고등정신작용과 관련된 영역이다. 따라서 전두엽의 활성화는 가장 감동적인 작품들이 단순히 아름답기 때문이 아니

잉크웰(왼쪽)과 발렌시아(오른쪽) 필터로 본 세상
미학적 인식은 경험하는 이의 심리상태에 영향을 많이 받는다.
출처:《허핑턴포스트 코리아》

라, 감상자의 개인적이고 주관적인 기억이나 경험에 영향을 받는다는 것을 암시한다. 이러한 현상을 '자기참조Self-reference'라고 부른다.

미적경험은 특정 시점의 긍정적이거나 부정적인 정서적 측면과도 밀접한 관계를 맺는다. 하버드대와 버몬트대의 연구에 따르면, 인스타그램에서 자주 사용하는 필터를 통해 우울증을 앓고 있는 사람을 감별할 수 있다. 우울증이 있는 사람들의 사진을 보면 파랗고 회색빛이며 어두운 '잉크웰'과 같은 흑백 필터를 가장 선호한다. 반면에 우울증 지수가 가장 낮은 사람들은 분위기 있는 '발렌시아' 필터를 자주 사용하는 것으로 나타났다(Wheaton, 2017). 정서적인 상태에 따라 해당 필터가 자신의 눈에 아름답게 보이기 때문이다.

● 소비자의 뇌를 탐구하는 뉴로 마케팅

경영에서 인지신경과학이 가장 선도적으로 도입된 분야는 마케팅이다. 이를 뉴로 마케팅Neuro Marketing이라고 부른다. 뇌의 변화를 측정해 소비자 심리와 행동을 이해하고 마케팅 활동에 활용하고자 한다. 소비자의 잠재의식에 대한 과학적 탐구는 '소비자가 무의식적으로 느끼는 감성'을 측정하려는 것이다. 소비자의 오감을 자극하여 뇌세포의 활성 정도나 자율신경계의 변화 상태를 연구한다.

뉴로 마케팅은 마케터들에게 크게 두 가지 가능성을 제공한다. 첫째, 기존 마케팅 툴보다 저렴하고 빠르다. 둘째, 소비자 경험과 관련해 아직까지 밝혀지지 않았던 정보를 얻을 수 있다.

특히 뉴로 마케팅은 제품개발 단계에서 가장 활용도가 높다. 뇌이미지를 촬영하는 fMRI는 디자인 프로세스 단계의 일부가 될 수 있다. 실험 대상자의 신경반응은 제품/서비스가 출시되기 이전에 정제나 정교화 등의 제품 개선을 위해 이용될 수 있다. 또한 판매를 늘리기 위해 광고 캠페인을 시행할 때의 반응으로서 참고될 수 있다(Ariely & Berns, 2010).

예를 들어, 실험 대상자들에게 블라인드 테스트로 콜라를 마시게 했을 때, 과반수의 참가자들이 펩시콜라의 손을 들어주었다. 그런

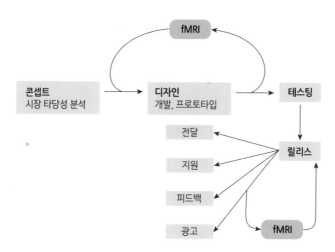

제품개발 주기

fMRI를 활용하는 뉴로 마케팅은 잠재적으로 두 가지 측면에서 제품개발 주기에 포함될 수 있다. 첫째, fMRI는 디자인 프로세스 자체의 일부로 사용될 수 있다. 여기에서 신경반응은 출시되기 전 제품 개선에 사용될 수 있다. 둘째, fMRI는 제품이 완전히 설계된 후에 사용할 수 있다. 일반적으로 판매를 늘리기 위한 광고 캠페인의 일부로 신경반응을 측정한다.

데 브랜드를 언급하면서 콜라를 주자 응답자의 75%가 코카콜라를 선택했다.

　　코카콜라의 팬이 해당 브랜드의 콜라를 마실 때는 보상과 관련된 전두엽과, 정서와 기억을 담당하는 전전두엽과 해마가 활성화됐다. 하지만 펩시를 마실 때는 이와 같은 반응이 일어나지 않았다. 이 실험은 코카콜라나 펩시에 대한 선택이 그들의 후각적, 미각적 취향뿐 아니라 브랜드에 달려 있음을 보여준다.

　　브랜드에 관한 정보는 문화적 영향과 관련된 뇌 영역을 활성화한다. 결과적으로 브랜드는 문화적 성찰을 할 때 행동 선호에 신경학적으로 영향을 미칠 수 있다. 그 이유는 음료를 소비하는 인간의 신경계에 자신을 암시하는 시각적 이미지와 마케팅 메시지가 있기 때문이다(McClure et al., 2004).

마틴 린스트롬Martin Lindstrom의 저서 『쇼핑학Buyology』에 따르면, 우리가 '쿨하다'고 여기는 제품을 보았을 때 자기인식, 사회적 감성과 관련이 있는 뇌 전두엽의 '브로드만 영역Broadmann area 10'(앞쪽 전전두피질)이 활성화된다. 제품을 선택할 때 나의 사회적 지위를 향상시켜줄 수 있는지가 평가요소로 중요하게 작용한다. 높은 지위는 종족번식을 유리하게 만든다. 즉, 쿨한 브랜드를 판단하는 과정은 잠재적인 배우자를 유혹하기 위한 성선택의 과정인 것이다.

한편 뉴로 마케팅에서도 윤리적인 이슈가 고려되어야 한다. 엄연히 인간의 뇌 활동을 대상으로 하는 실험이기 때문이다. 기업이 뉴로 마케팅을 통해 소비자의 마음을 읽게 될 때에 소비자의 선호도에 대한 정보공개 여부가 고려되어야 한다. 해당 정보는 개인을 차별하거나 신경학적 특성을 이용하는 데 쓰일 수 있기 때문이다.

또한 소규모 그룹에게서 얻어진 뇌 반응 결과가 대중으로 일반화되는 것은 옳지 않을 수도 있다. 하지만 아직까지 이러한 뉴로 마케팅에 대한 규제는 부족하다. 기업이 소비자의 이익을 우선시하지 않을 수 있기 때문에 뉴로 마케팅과 같은 새로운 마케팅 방식에 대한 정책이 필요하다.

마스터피스 전략에서는 마케팅 광고에 대한 소비자 반응보다 팬덤 활동을 예측하는 것이 중요하다. 팬덤 활동 예측에도 fMRI가 활용될 수 있다. 브랜드의 팬이 일으킨 입소문Word of mouth이 기업의 마케팅 광고 대비 소비자의 뇌에 어떠한 변화를 일으키는지 연구해볼 가치가 있다. 또한 얼리어답터가 초기단계에 브랜드에 애착을 형성하며 팬덤을 만들어내기 시작하는 시점의 뇌 활동을 촬영해볼 수 있을 것이다.

● VR, AR, MR, XR이 만드는 가상의 세계와 미학 인지

"메타버스Metaverse의 시대가 오고 있다."

2020년 10월 엔비디아 CEO인 젠슨 황Jensen Huang이 메타버스 시대의 도래를 예고하며 한 말이다. 그는 "미래에는 메타버스가 인터넷의 뒤를 잇는 가상현실 공간의 주류가 될 것"이라고 덧붙였다. 마크 저커버그 페이스북(현 메타) CEO는 2021년 7월 실적 발표 중 다음과 같이 밝혔다.

"메타버스가 회사의 다음 장Next chapter이 될 것이다. 수년 내 사람들이 페이스북을 소셜미디어 기업이 아니라 메타버스 기업으로 알길 바란다."

글로벌 회계컨설팅업체 프라이스워터하우스쿠퍼스PwC는 메타버스의 핵심인 VR가상현실, AR증강현실 시장이 2019년 52조 원에서 2025년에는 540조 원, 2030년에는 1,700조 원으로 33배 이상 증가할 것으로 내다봤다.

최근 미학 인지와 관련된 뇌과학은 VR, AR, MR ^{Mixed Reality, 혼합}현실 등의 기술이 발달하며 새로운 탐구영역으로 주목받고 있다.

인텔^{Intel}에 따르면 VR, AR, MR의 차이는 다음과 같다.

- VR: 실제와는 동떨어져 상상의 세계에 있다고 생각하도록 감각을 속이는 것
- AR: 실제 현실을 바탕으로 가상의 콘텐츠를 더한다. 닌텐도의 포켓몬 고^{Pokémon GO}가 대표적이다.
- MR: 현실과 가상의 경계를 무너뜨리며 상호작용한다. 현실에 있는 물병으로 가상 비디오 게임의 캐릭터를 물리칠 수 있다.

앞서 소개된 모든 기술을 아우르는 개념이 XR^{eXtended Reality, 확장현실}이다. 성공적으로 구현된다면 진정한 체감형 콘텐츠가 만들어진다. 2021년 3월 미국 증시에 상장한 메타버스 플랫폼 로블록스는 참여자가 플레이어 겸 개발자가 되어 아바타가 착용할 아이템이나 게임을 만들 수 있도록 구현돼 '게임판 유튜브'로 불린다. 손쉽게 게임을 만들 수 있는 툴(로블록스 스튜디오)과 이를 전 세계 이용자에게 공유해 즐길 수 있는 플랫폼(로블록스 플레이어)을 동시에 제공하고 있기 때문이다. 사용자가 직접 게임을 만들 수 있다는 특성으로 인해 플랫폼 이용자는 수천만 가지의 게임을 즐길 수 있다. 이처럼 메타버스와 관련된 가상현실 기술과 비즈니스 애플리케이션은 폭발적으로 증가하고 있다.

마스터피스 **전략**

테츠야 미즈구치Tetsuya Mizuguchi가 이끄는 공감각 엔터테인먼트 회사 인핸스Enhance는 VR게임을 제작하는 페이스북의 파트너사다. 테츠야 미즈구치는 페이스북 커넥트 2020 개발자 세션에서 공감각Synesthesia의 중요성에 대해 이야기했다. 공감각은 색깔을 듣거나Colour-hearing 소리를 보는Visual music 등 다른 영역의 자극을 불러일으키는 것을 의미한다.

러시아의 화가 바실리 칸딘스키Wassily Kandinsky, 1866~1944는 공감각 능력을 가진 것으로 유명하다. 그는 쇤베르크 연주회를 감상하고 〈인상 III(콘서트)Impression III(Konzert)〉에 그렸다. 인핸스는 여기에서 착안해 공감각을 VR에서 구현하고자 한다. 정서적 인게이지먼트, 스트레스 해소, 행복감, 존/플로우Zone/Flow를 얻으며 사용자의 '와우!' 경험

칸딘스키, 〈인상 III(콘서트)Impression III(Konzert)〉, 제작년도 1911년
쇤베르크 연주회를 감상하고 그린 작품. 칸딘스키는 공감각 능력을 가진 것으로 유명하다.

을 이끌어내는 것이 목표다.

존/플로우Zone/Flow는 편안함과 집중 사이에 있는 12~15Hz의 감각운동 리듬Sensorimotor Rhythm을 뜻한다. 쉽게 말해, 무언가에 즐겁게 몰두하고 있는 상태다.

인핸스는 2016년 출시한 게임 〈레즈 인피니트Rez Infinite〉에서 비주얼, 음향효과, 음악, 스토리텔링 등의 요소를 활용해 사용자 경험을 설계했다. 게임과 음악이 더욱 밀접하게 연계되어 있으며, 게임에서의 액션에 의해 음악을 만들어내고자 했다. 게임의 주인공이 바이러스를 물리칠 때, 진동을 통해 신체적 자극이 전해지는 동시에 리듬이 생성된다.

인핸스가 집중했던 것은 사용자가 입력하는 무작위의 입력 값을 기분 좋은 리듬으로 출력해내는 양자화Quantization 기법이었다. 이 기법은 〈젠 테트리스Zen Tetris〉 게임에도 사용되었는데, 사용자가 블록을 깰 때마다 작은 음들이 쌓이고 후반부로 갈수록 아름다운 음악이 연주된다.

인핸스는 다양한 게임 비주얼 환경을 조성했는데, 심해로 설정된 게임에서는 깨진 블록이 플랑크톤과 같은 작은 입자로 쪼개지며 물고기부터 거대한 고래까지 바다의 생명체를 키워낸다. 게임 내에서 주어진 미션에 성공하는 경우, 사용자는 초월적인 존재가 되어 새로운 세팅과 비주얼 환경으로 이동하게 된다. 이처럼 인핸스는 사용자가 적극적으로 참여해서 창작해나가는 경험을 생산해냈다.

이때 인핸스가 목표로 하는 미학적인 각성Aesthetic arousal이 실제

테츠야 미즈구치의 공감각 엔터테인먼트 회사 인핸스

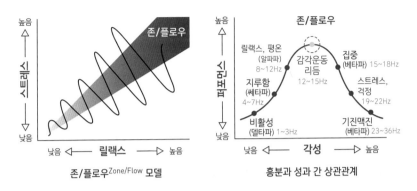

인핸스는 공감각 VR 게임에서 존/플로우Zone/Flow를 얻으며 사용자의 '와우!' 경험을 이끌어내는 것이 목표다.

출처: Facebook Connect 2020

로 일어났는지는 뇌 연구를 통해 확인해볼 수 있다. 물리적 자극으로 인해 변화하는 뇌의 상태가 게임에서의 요소들과 연결되어 있는지 매칭해보는 것이다. 이는 소비자의 정체성 및 현존감을 이끌어낼 수 있는 근거로 활용될 수 있으므로 추가적인 연구가 진행되어야 한다.

게임에 많은 예술적 요소들을 차용하고 있지만 결과적인 증명이 필요하다. 팬덤이 형성되어 있는 제품/서비스를 사용할 때의 뇌 상태와 예술 명작을 접했을 때 뇌 상태를 비교한다면, 향후 마스터피스 전략에 많은 시사점을 줄 것이다. 이는 이제 막 떠오르기 시작한 메타버스의 발달과도 밀접하게 연계되어 있다.

조르주 피에르 쇠라, 〈그랑드 자트 섬의 일요일 오후 Un dimanche après-midi à l'Île de la Grande Jatte〉,
제작년도 1884~1886년

색깔이론과 광학이론을 철저히 연구하여 원색을 색깔별로 분리해 찍어낸 점들은 '점묘법'
이라는 새로운 화법으로 탄생했다.

● 오감의 한계를 예술적으로 승화시켜라

창조활동의 시작으로 예술가는 감상자의 시각에서 작품을 구상
하게 된다. 점묘법이나 큐비즘, 초현실주의 작품들은 사물을 인식할
때 인간의 오감이 가진 한계를 슬기롭게 활용하는 모습을 보여준다.

점묘법의 경우 가까이서 보면 작은 점의 집합에 지나지 않는다.
하지만 작품에서 멀리 떨어져서 보면 수많은 점으로 구성된 하나의
아름다운 작품을 마주할 수 있다.

큐비즘은 한 사람이 바라보는 특정한 각도 외에도 대상의 본질

파블로 피카소, 〈우는 여인〉^{Weeping woman}**, 제작년도 1937년**

르네상스 이래 서양미술사의 가장 획기적인 미술혁명이라 할 수 있는 입체주의는 전통회화의 형식을 파괴하며 표현의 혁명을 일으켰다. 복합적인 화면 분할과 조합을 통해 인간 내면세계를 넘어 영혼세계까지 표현해냈다. ⓒ 2022 ‑ Succession Pablo Picasso ‑ SACK (Korea)

을 면, 선, 구체 등으로 분해 또는 조립한 형태로 바라본다. 실체보다 더 본모습에 다가갈 수 있다는 생각을 2차원에 구현해낸 것이다. 인간은 원천적으로 한 면밖에 볼 수 없는 인지의 한계를 가지고 있다. 하지만 큐비즘은 여러 차원의 이미지를 합성함으로써 인간 인지의 한계를 극복하는 혁신적 시도를 보여주었다.

초현실주의는 현실의 이미지를 가상의 이미지와 자연스레 연결시키며 메시지와 시각적 자극을 만들어낸다. 감상자는 현실 같은 가상을 마주하며 사실적인 묘사에 신비감을 느낀다.

인식의 불완전함은 실재와의 사이에서 발생하는 차이를 메우도록 프로그래밍되었다. 이러한 차이를 메우는 원칙은 동일하지만, 그 과정에서 개인별로 다른 인식을 동반하게 된다. 따라서 감동적인 제품/서비스는 개인화되어야 한다. 앞서 언급된 실험에서도 아름다움의 인식에는 개인적인 기억과 경험이 미치는 영향이 상당했다. 현재는 뉴로 비즈니스의 초기단계에 머무르고 있지만, 궁극적으로 경영에서의 뇌과학은 소비자의 모든 생활영역을 보다 높은 차원의 정신적 가치로 승화시키려는 과학적 방법을 도출해내야 한다. 그것이야말로 진정한 마스터피스 전략의 본질일 것이다.

미학경영의 긴 여정을 함께해보았다. 다음 장은 마스터피스 전략 방법론으로 미학경영을 기업현장에서 어떻게 적용하고 실천할 수 있는지 개략적으로 소개한다.

9

마스터피스
전략
방법론

"현존감으로 만들어지고 현존감으로 느껴지는
그 '와우!'의 감동, 감탄, 감격의 명작 탄생!"

1

T.A.M. Tech-Aesthetic Management 창조혁신 방법론

마스터피스를 창조하기 위한 첫걸음으로서

미학경영 CEO는 미학적 경험을 통해 새로운 도전을 받고,

거장이 마스터피스를 창작하듯 아름다움과

도덕적 선미를 담은 제품/서비스를 창출해내며

비즈니스 영역에서 미학경영인으로 사유하게 된다.

미학경영 방법론의 본질은 '미학적 요소를 기업현장에서 어떠한 논리적 기반을 가지고 무엇을, 어떻게 실행할 것인가' 하는 것이다. 이로써 기업이 마스터피스 전략을 실천하는 것을 돕고자 한다. 미학적 요소를 알고리즘화하여 논리적 방식을 단계별Step by step로 제시함으로써 구성원들이 미학적 요소를 발견, 체험, 개발하도록 한다. 그 목적은 기업이 추구하는 최고의 마스터피스를 창출하도록 싸이아트씽킹으로 발전시키는 것이다.

저자는 기술중심 예술화사회 미학경영 방법론을 T.A.M.Tech-Aesthetic Management이라고 명명해본다. 탐T.A.M.은 '탐貪내다', 즉 '가지거나 차지하고 싶어하다'의 의미를 표현하는 동시에, 기업경영이 추구하는 탐미주의耽美主義를 표방하기도 한다.

탐미주의는 19세기 중반 합리주의나 기계주의에 반대하는 세계관으로서, 칸트는 저서 『판단력 비판』에서 "미학적 기준은 도덕성, 실용성, 쾌락 등에 얽매이지 않는 자율성을 지녀야 한다"고 하면서 탐미주의의 토대를 마련하기도 했다.

최고의 아름다운 예술작품이 탄생하듯, 기업은 T.A.M.을 통해 마스터피스를 창조하고 혁신을 이루어나갈 수 있을 것이다. T.A.M.은 제품/서비스의 창조혁신 방법론과 조직혁신 방법론 두 가지로 접근해볼 수 있다.

다음 도표는 기업에서 새로운 제품/서비스를 창조하는 혁신 방법론인 T.A.M. 창조혁신 방법론T.A.M. Creative Innovation Model을 보여준다.

이는 기존 사고 틀을 깨고 본질을 꿰뚫어 현상 너머 숨겨진 소비

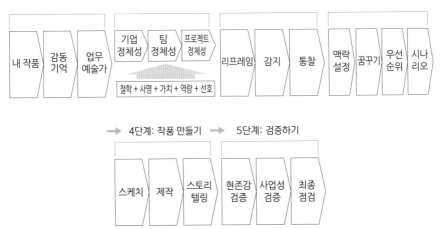

T.A.M. 창조혁신 모델

준비단계: T.A.M. 마인드셋 → 1단계: 정체성 정립 → 2단계: 감지하기 → 3단계: 상상하기

| 내 작품 | 감동 기억 | 업무 예술가 |

| 기업 정체성 | 팀 정체성 | 프로젝트 정체성 |
| 철학 + 사명 + 가치 + 역량 + 선호 |

| 리프레임 | 감지 | 통찰 |

| 맥락 설정 | 꿈꾸기 | 우선 순위 | 시나 리오 |

→ 4단계: 작품 만들기 → 5단계: 검증하기

| 스케치 | 제작 | 스토리 텔링 |

| 현존감 검증 | 사업성 검증 | 최종 점검 |

자의 욕망을 발견하고 새로운 사고방법을 통해 창조를 해나가는 과정 이다. 저자는 이미 『경영예술』에서 창조적 혁신을 위한 경영예술 방법 론을 5단계로 제시한 바 있다. (자세한 내용은 『경영예술』을 참고)

● **준비 단계**Pre-Stage**. T.A.M. 마인드셋**

T.A.M. 마인드셋 단계로, 미학경영 CEO가 마스터피스를 창조 하는 거장으로서의 마인드를 갖는 3단계로 구성된다.

① 1단계: My Art(예술창작경험)

실제 예술가처럼 사유해서 새로운 것을 창조하는 예술적 경험

을 수행해보는 단계다. 마스터피스를 창조하기 위한 첫걸음으로서 미학경영 CEO는 미학적 경험을 통해 새로운 도전을 받고, 거장이 마스터피스를 창작하듯 아름다움과 도덕적 선미를 담은 제품/서비스를 창출해내며 비즈니스 영역에서 미학경영인으로 사유하는 T.A.M.을 수행하게 된다.

② 2단계: Wow point(감동기억)

미학적 감동과 도덕적 감동을 받았던 순간과 느낌을 떠올리면서 감동 위계 피라미드 모델과 함께 생생하게 감동을 받았던 상황을 나열해본다. 어떠한 요소들이 감동을 주는가 생각해봄으로써 마스터피스를 창출하는 방법에 익숙해지는 단계다.

2017년 방법론 1.0을 통해 적용되어왔으며, 그 후 많은 기업 워크숍에 참여하면서 마스터피스를 생산해내는 기업의 원리를 좀 더 쉽게 체감하기 위해 귀납적 성공사례 분석을 준비 단계^Pre-stage의 2단계에서 실시하고 있다.

과학적 경영 방식에 익숙한 기업인들을 대상으로 사례연구를 통한 귀납적 사유연습과 감동 피라미드 이론 같은 미학원리를 이해하는 연역적 사유연습을 동시에 경험하게 한다. 즉, 연역적으로 개념과 논리를 제시하고, 현장에서 경험한 사례를 함께 분석하면서 귀납적으로도 마스터피스의 본질을 체험하도록 하는 것이다.

③ 3단계: Job Artist(업무예술가: 내 자신을 근로자에서 예술가로 변화시키기)

마스터피스를 추구하는 미학경영 CEO로 스스로의 존재를 자연스럽게 바꾸어가는 단계다. 미학적 경영인으로서의 존재론을 구축해갈 때 기술중심 예술화사회에서 미학경영인이 갖추어야 할 특징인 미학적 판단 능력을 보유할 수 있을 것이다.

- 내가 하고 있는 일은 무엇인가?(What)
- 내가 현재 하고 있는 일은 누구에게(Who) 어떠한 가치(Value)를 주는가?

내가 현재 하고 있는 일과 이와 관련된 대상에 대해 전존재적으로 감지해보자. 내가 지금까지 살면서 누군가를 감동시킨 일에 대해 적어보자.

- 나와 관련 있는 업무 상대방이 무엇을 필요로 하는지 내가 알아채고 나서, 내가 무엇을 어떻게 해주면 상대방이 감동할 수 있을까?
- 그러한 감동을 가능하게 하는 나는 어떠한 미학경영인이 될 수 있는가?

이러한 질문에 답을 하면서 길을 찾아나갈 수 있을 것이다.

마스터피스 **전략**

1단계. 정체성^{Stage 1. Identity}

마스터피스 작품을 꿈꾸는 예술가로서의 마인드와 기업현장의 성공사례를 학습한 후, Stage I. 정체성Identity 단계는 마스터피스를 창조하고자 하는 기업 주체가 철학, 사명, 가치, 역량을 파악하며 정체성을 정립하는 단계다. T.A.M. 마인드셋을 가지는 것이 마스터피스 탄생의 핵심이다.

미학경영 주체가 정체성 요소를 정립하여 제품/서비스에 반영할 때, 소비자는 소비자 현존감을 높이는 마스터피스로부터 디자인적 정체성, 철학적 정체성, 가치, 사명을 느끼고 궁극적으로 카타르시스를 경험하게 될 것이다. 여기에는 기업 정체성, 프로젝트 팀 정체성, 프로젝트 정체성 형성의 단계가 있다. 그 내용은 다음과 같다.

- **기업 정체성**Corporate Identity

조직구성원들이 조직의 일원으로서 기업의 정체성 요소를 찾는 단계다. 기업 정체성은 철학, 사명, 가치, 역량으로 구분된다.

- **프로젝트 팀 정체성**Team Identity

프로젝트 팀이 주체가 되어 팀의 정체성 요소를 찾는 단계다.

- **프로젝트 정체성**Project Identity

수행 중인 프로젝트가 어떠한 프로젝트인가를 기술해 보이는 단계다. 프로젝트 목표, 프로젝트 투입요소, 프로젝트 초점 세

가지로 구성된다.

미학경영기업은 이렇게 정체성을 공고히 해야 한다. 미학경영
기업의 정체성은 소비자 현존감을 높이고 감동을 줄 수 있는 마스터
피스 제품/서비스, PSS Product Service System (제품서비스시스템: 제품을 생
산, 판매 한 후 소비자가 사용하는 전 과정에 관련된 제품/서비스를 총체적으
로 관리하는 시스템)를 만드는 데 토대가 된다.

● **2단계. 감지 & 통찰** Stage II. Sense & Insight

통찰을 향한 전존재적 감지 단계다. 마스터피스를 창조하는 거
장의 감각은 자신을 둘러싼 세계, 즉 대상과 환경에 대한 전존재적 감
지를 하며, 새로운 PSS Product Service System 를 만들어내기 위한 통찰을
찾아낸다. 세상을 감동시킬 통찰 Insight 을 발견하는 것이 중요하다. 관
점 바꾸기 Reframe 는 스스로 다음과 같은 질문을 하면서 접근해볼 수 있
을 것이다.

- 어떠한 관점에서 현존재를 감지할까?
- 현재 보편적으로 받아들여지고 있는 고정관념은 무엇인가?
- 과연 이 해결책이 최선일까?
- 사안의 본질은 무엇인가?

감지 Sense 를 위한 질문은 다음과 같다.

마스터피스 **전략**

- 숨겨진 욕망은 무엇인가?
- 우리가 활용할 수 있는 기술로 무엇이 있을까?
- 직간접적인 경쟁자는 누구인가?

통찰Insight은 '감지해보니 새로운 해결책의 실마리를 찾은 것 같다. 사람들은 이렇게 해주면 정말 감동하겠구나!'라며 초점을 찾아보는 과정이다.

● 3단계. 상상하기Stage III. Imagine

마스터피스 창조를 위한 극한의 상상을 현실로 만들어가는 단계다. 본격적으로 상상력을 발휘해 소비자들이 카타르시스를 경험할 만한 마스터피스를 탄생시키는 단계다. Stage II. 감지 & 통찰Sense & Insight 단계에서 도출된 통찰의 솔루션을 극한의 상상력Imagination을 동원해 찾아내는 단계다.

생각의 발산과 수렴 과정을 거쳐 아이디어 착상의 순간을 거치게 된다. 맥락을 설정하고Context setting, 꿈꾸고Dreaming, 우선순위Priority를 정하고, 상세 시나리오Scenario를 만들고 검증한다.

● 4단계. 아트워크Stage IV. Artwork

마스터피스가 탄생하는 단계다. 고객(현존재자)이 실제 경험하는 것과 유사한 형태의 비즈니스 예술작품, 마스터피스를 만들어보기 위한 단계다. 이 과정에서는 앞에서 만들어낸 탁월한 아이디어를 구체화하기 위하여 기존 소비자의 욕구수준과, 기존 제품의 수준, 그리고 사용 가능한 기술의 수준에 대한 정확한 진단을 바탕으로 창작 작품을 구현해야 한다. 작품 시나리오를 토대로 스케치하고 직접 제작하여 PSS-α(알파시제품: 생산용어로, 최초로 완성된 시제품을 일컬음)를 구현한다. 이러한 과정을 통해 앞으로 창조할 마스터피스에 대한 피드백을 받고, 현존재자인 고객에게 마스터피스의 진가를 만날 수 있는 기회를 제공한다.

아트워크의 또 다른 중요 단계인 '스토리텔링'은 이 마스터피스 후보작품을 가지고 고객과 어떻게 소통할 것이며, 기업의 정체성을 어떻게 반영할 것인지, 또 이 작품의 핵심 특징은 무엇인지, 그리고 이 작품이 추구하는 비전과 창의성의 특징이 고객에게 어떻게 쉽게 이해되게 할 것인지를 구상하는 단계다.

● 5단계. 검증하기 Stage V. Rehearsal

아트워크에 대해 모든 부분에서 적합성을 점검한다. 무대공연에서 예술작품이 리허설을 거치듯, 마스터피스의 PSS-β를 만들어내는 단계다. 다음과 같은 사항을 점검한다.

- 아트워크Artwork 단계에서 창조해본 마스터피스가 실제 고객

에게 얼마나 감동을 줄 수 있는가?

- 마스터피스 전략이 실현 가능한가?
- 고객이 재구매와 지인추천을 할 만큼 팬덤 형성이 가능한가?
- 마스터 기업의 이윤 극대화를 이끌어갈 수 있는가?

기존의 과학적 경영 방식을 넘어 싸이아트씽킹의 사고를 통해 균형 잡힌 미학경영의 활동 단계가 되도록 구성된다.

2

T.A.M. Tech-Aesthetic Management 조직혁신 방법론

미학경영의 변화관리의 원리는 무엇인가?

근본적인 세계관을 바꾸는 일이다. 존재론적 접근이다.

사유 방법 자체를 변화시켜야 하는 본질적이고도 어려운 작업이다.

예술적 안목 또한 키워야 하므로 최고경영층의 학습과 준비가 필요하다.

이와 같이 마스터피스 탄생의 여정을 거쳐 가야 한다.

다음은 T.A.M. 조직혁신 방법론T.A.M. Organizational Innovation Model이다.
아래 도표에서 제시하는 T.A.M. 조직혁신 모델은 크게 3단계로 진행
된다.

- 1단계: 마스터피스의 핵심 성공요소를 찾는다.
- 2단계: To-Be 설계를 한다.
- 3단계: 구체적인 실행 로드맵을 작성한다.

이러한 과정은 조직으로서는 큰 변화관리의 여정이 된다. 그동안
조직들은 어떻게 변화관리를 해왔는가? 과학적 경영 방식 안에서 새로
운 혁신 방법론만 학습해서 받아들여 목표설정과 변화관리를 했다.

T.A.M. 조직혁신 모델

T.A.M. 현황 진단과 분석			T.A.M. To-Be 설계			T.A.M. 실행로드맵		
T.A.M. 추진준비	T.A.M. 체질진단	T.A.M. 분석	T.A.M. Critical Factor 도출	T.A.M. Blue Print 확정	T.A.M. Work Plan 설계	T.A.M. 로드맵 설계	T.A.M. 자원예산 배정	T.A.M. 로드맵 실행 모니터링
추진준비	체질 및 환경진단	분석	차원별 혁신안 도출	우선순위 선정	Critical Initiative 도출	조직 및 전략설계	자원예산 및 배정	모니터링 : 지표정의
마스터피스 CEO 주도 공감대 형성	체질 현황 자료 수집	기업 정체성 기반 체질 정의	제도구조 혁신안	평가기준 도출	제도구조 이니셔티브	로드맵 설계	자원예산	전략 실행
추진 전담인력 확보	프레임워크에 의한 진단	체질 Gap 분석	프로세스 혁신안	혁신안별 기여도 평가	프로세스 이니셔티브	실행조직 설계	필요자원 보충	변화관리 실행
	현황분석 보고서	Work Plan	조직문화 혁신안	파급효과 분석	조직문화 이니셔티브	필요자원 산출	자원할당	모니터링 지표정의 및 개발
		조직문화 및 구성원의 인식변화	도구 혁신안	최종 혁신안 확정	도구 이니셔티브	리스크 시나리오		Feedback

미학경영의 변화관리의 원리는 무엇인가? 근본적인 세계관을 바꾸는 일이다. 존재론적 접근이다. 사유 방법 자체를 변화시켜야 하는 본질적이고도 어려운 작업이다. 예술적 안목 또한 키워야 하므로 최고경영층의 학습과 준비가 필요하다. 이와 같이 마스터피스 탄생의 여정을 거쳐 가야 한다.

● T.A.M. 현황 진단과 분석

3단계(T.A.M. 추진 준비-체질 및 환경 진단-분석)로 진행된다. 단계별 진행 사항은 다음과 같다.

① 1단계: T.A.M. 추진 준비

마스터피스 전략을 준비하기 위해서 CEO가 주도적으로 조직의 전 구성원들과 공감대 형성을 해야 한다. 마스터피스 전략을 추진할 전담인력 확보가 우선적으로 고려되어야 한다.

TFT^{Task Force Team}가 먼저 작은 성공을 경험해보고 성과를 내보는 것은 매우 중요한 일이다. 조직 내에서 구성원의 자발적인 인력이 확보되고 추진동력을 발휘할 구심점이 모아지면 이들은 혁신모델의 중심축이 된다.

② 2단계: 체질 및 환경 진단

마스터피스 전략을 조직이 추진할 수 있는지 체질에 대해 조직 전반에 걸쳐 현황과 자료를 수집한다. 수집한 자료를 토대로 구성한 마스터피스 전략 프레임워크를 기반으로 진단을 진행한다. 그동안 이화여대 경영예술연구센터에서는 기업을 대상으로 하는 진단 프레임워크를 체계화시켜왔다. 세부적으로는 비전, 비즈니스 모델, 현재 진행 중인 전략, 회사 운영현황, 방침 및 제도, 문화, 구성원(경영층, 비경영층)의 인식과 성향, 특성 등을 파악한다(자세한 내용은 현재 경영예술연구센터의 기반이 되었던 2014년 이화여대 지식혁신연구센터에서 발간한 『창의성과 창의경영』을 참고). 다음으로는, 진단결과를 분석하여 현황분석보고서를 작성, 보고한다. 일반현황보고서의 주요 내용으로는 비즈니스 모델, 전략, 비전, 운영현황, 마스터피스 전략 관리도구가 포함된다. 조직체질보고서는 제도구조분석보고서, 문화특성보고서, 구성원 특성 및 인식보고서 등이 포함된다.

③ 3단계: 분석

기업의 정체성을 중심으로 체질을 정의하는 것이 핵심이다. 마스터피스를 창출할 수 있는 조직으로서의 체질을 갖추고 있는가? 향후 마스터피스를 창조하고 생산해낼 조직으로서의 체질로 변화될 수 있도록 현재 상황에서 체질의 갭Gap을 분석하는 일은 중요하다. 이러한 갭이 분석되면 다음은 활동 계획Work plan을 수립해야 한다.

조직혁신을 할 수 있는 조직문화가 형성되어 있는가, 조직구성원들은 기꺼이 동참하고 실천할 의지가 있는가 살펴본다. 구성원의 인식 변화는 실제 조직혁신의 흐름을 이끌 정신적 동력이 된다. 조직구성원 먼저 정체성이 확립되고 그것을 생생하게 인식할 때 비로소 기업의 정체성이 발현될 수 있다.

● T.A.M. To-Be 설계

T.A.M. To-Be 설계는 앞 단계에서 제시된 방향에 맞춰 제도 및 구조, 조직문화, 도구 등 각 차원에서 필요한 혁신안을 도출하고 실천할 수 있도록 체계화하는 단계다. 크게 T.A.M. 핵심 요인Critical Factor 도출, T.A.M. 청사진Blue Print 확정, T.A.M. 핵심 이니셔티브Critical Initiative 도출 3단계로 진행된다. 단계별 진행 사항은 다음과 같다.

① T.A.M. 핵심 요인Critical Factor 도출
마스터피스 전략을 실천할 조직혁신을 하기 위해서는 제도 및 구조, 프로세스, 조직문화, 도구에 대한 혁신안이 도출되어야 한다.

② T.A.M. 청사진Blue Print 확정
우선순위를 선정한다. 조직혁신을 위해 기업운영이 적합하게 이루어지도록 평가기준을 도출하고, 혁신안별 기여도를 평가하고 파급효과를 분석하며, 최종 혁신안을 확정하는 일련의 과정으로 진행된다.

③ T.A.M. 핵심 이니셔티브Critical Initiative 도출

마스터피스 전략을 수행하기 위한 조직혁신의 이니셔티브를 도출하는 과정이다. 제도 및 구조, 프로세스, 조직문화, 도구에 있어서 이니셔티브를 제시하는 것이 이 과정의 핵심이다. 마스터피스 전략의 지향점이 단순히 현재 운영되고 있는 기업전략의 변화, 생산시스템의 점진적 변화에 그치는 것이 아니라, 조직의 근본적이고 가치원천적인 혁명적이고도 근원적인 혁신Radical Innovation이기 때문이다. T.A.M. 조직혁신은 미학경영을 통해 기존에 없던 새롭고 창의적인 도전과 변화를 목표로 한다. 따라서 이는 미래경영 방법론의 이니셔티브를 창출한다.

● T.A.M. 실행로드맵

T.A.M. 실행로드맵은 T.A.M. 조직 및 전략 설계, T.A.M. 자원예산 및 배정, T.A.M. 로드맵 실행 모니터링 3단계로 진행된다. 실질적인 마스터피스 전략 차원에서의 T.A.M. 조직혁신 운영방안이 각 차원별로 우선순위를 고려해 확정되었다. 그럼 이제 그것들을 어떻게 이행할 것인가? 효과적으로 어떻게 계획할 것인가? 자원예산은 어떻게 추정하여 배정할 것인가? 이를 어떻게 실행할 것인가? 잘 실행되고 있는지 어떻게 모니터링할 것인가? 다양한 차원에서의 로드맵이 설계되어야 하는 단계다. 단계별 진행 사항은 다음과 같다.

① T.A.M. 조직 및 전략 설계

조직혁신을 위한 실행조직을 설계, 편성한다. 혁신방안을 토대로 전략 실행 순서를 결정한다. 필요한 자원을 산출한다. 장단기 계획을 수립, 실행한다. 위험관리 차원에서 리스크 시나리오를 작성한다.

② T.A.M. 자원예산 및 배정

체계적인 조직혁신 실행 로드맵이 설계되었다. 이것이 실행되려면 중요한 과제가 있다. 필요한 자원을 분석하고 정확한 예산을 할당하는 것이다. 이를 위해 다음 사항을 고려한다.

- 자원예산은 적정하게 배정되었는가?
- 보충해야 할 자원은 없는가?
- 보충해야 할 자원이 있다면 어떻게 보충할 것인가?
- 대체할 자원은 없는가?

③ T.A.M. 로드맵 실행 모니터링

모니터링을 하고 지표를 정의한다. 조직구성원과 조직의 혁신을 위한 협력, 참여, 실행에 있어 지속적인 모니터링은 필수다. 다음 사항을 체크한다.

- 전략은 잘 실행되고 있는가?

- 설계된 대로 운영되고 있는가?
- 이행 상황이 적절하게 확인되고 있는가?
- 변화관리 차원에서 실행이 잘되고 있는가?

T.A.M. 조직혁신 실행 상황을 모니터링할 수 있는 지표가 정의, 개발되어야 한다. 마스터피스 전략을 위한 T.A.M. 조직혁신의 경우, 단기간의 성과보다는 1년 이상의 장기적 기간을 고려해서 점진적이고 지속적인 변화를 평가할 수 있어야 한다. 기대했던 결과가 바로 나타나지 않는다고 조급해하지 말라. 충분한 인내가 요구된다는 점을 먼저 이해할 필요가 있다.

마스터피스를 창출하기 위해 예술가들이 인고의 시간을 견뎌내듯, 진정한 마스터피스 기업으로 재탄생하기 위한 혁신의 과정을 조직구성원 모두 마스터피스를 기다리듯 즐길 수 있길 바란다.

'마스터피스로의 길Road to Masterpiece.'

현존감으로 만들어지고 현존감으로 느껴지는 그 '와우!'의 감동, 감탄, 감격의 명작 탄생. 이전에 없던 그 새로운 창조의 순간들을 위해 미학과 철학과 경영의 세계를 넘나들었다. 기술중심 예술화사회 미학경영 시대, 마스터피스 전략의 배경과 목적을 이해하고자 한 낯설지만 흥분되는 여정이었다.

이제 그 여정을 완성할 액션 단계만이 남았다. 마스터피스 전략을 수행하기 위해서는 CEO의 미학경영에 대한 철학, 조직구성원 모두의 인식 변화와 마인드셋 수립이 긴요하다. 이를 토대로 조직 전체에 기술중심 예술화사회의 문화가 굳건히 뿌리내린다면 그야말로 진정한 T.A.M. 조직혁신을 이룰 수 있을 것이다. 이러한 돌이킬 수 없으며, 끊임없이 고민과 도전과 성장을 멈추지 않는 T.A.M. 조직혁신은 기업의 지속가능성을 담보하면서 "이거 없었으면 어쩔 뻔?!"이라는 탄성을 자아내는 궁극의 마스터피스들을 탄생시킬 든든한 토양이 되어줄 것이다.

잠재된 예술본능을 깨워 감동을 창조하라

●   기술중심 예술화사회로의 이행. 이는 기업에 변화관리 Change Management를 요구한다. 이 책에서는 그 변화의 방향성으로 소비자 현존감을 극대화하는 마스터피스 전략과 미학경영을 제시했다. 다행스럽게도 이제는 마스터피스 전략과 미학경영이 현실과는 동떨어진 배부른 소리로 여겨지지는 않는 것 같다. 2021년 삼성리서치에서는 E&I Experience & Insight 랩을 신설했다. 뛰어난 기술보다는 소비자가 원하는 경험에 초점을 맞추고자 한 것이다. E&I 랩에서는 물리적, 사회적, 감정적 영역을 모두 포괄하는 경험을 '정서적 여정 Emotional journey'이라 정의했다. 이러한 정서적 여정에서 기업은 '사람에 대한 통찰력 Insight'이라는 시작점이 필요하다. 부디 이 책을 통해 마스터피스 창조의 미학경영을 위한 통찰력을 얻을 수 있기 바란다.

       물론 마스터피스 전략과 미학경영이 기업에 쉬운 과제는 아니다. 지난 30년을 돌아보면 기업은 식스시그마 six sigma, 정보화 경영, 지식경영 등 다양한 경영 이슈를 마주해왔다. 경영은 늘 시대에 맞는 변화를 요구받아온 것이다.

       하지만 시행착오 끝에 많은 기업이 성공적으로 변화관리를 이루어낸 경험을 갖고 있다. 마스터피스 전략 추진과 미학경영 역시 마찬가지이기 때문에 두려워할 필요는 없다. 하지만 염두에 두어야 할 것은 마스터피스 전략과 미학경영이 그동안의 경영 이슈와는 다른 사고방식을 가지고 있다는 점이다. 기존의 경영 이슈들은 과학적이고 논리적인 사고의 틀 안에서 벗어나지 않았다. 따라서 기업이 앞으로 한 걸음만 나아가는 것은 비교적 쉬웠다고 볼 수 있다. 반면에 마스터피스 전략과 미학경영에서는 과학적 경영의 한계를 인정하고 감성적이고 창의적인 예술을 가미한다. 이러한 인식의 전환은 변화의 강도와 방향성을 고려할 때 쉽지 않은 것이 사실이다.

피터 센게Peter Senge는 『학습하는 조직The Fifth Disciplines』(2006)이라는 책에서 조직의 창의적인 역량을 강화할 수 있는 원칙을 제시했다. 다섯 가지 원칙은 개인적 숙련Personal mastery, 정신 모델Mental models, 공유 비전Building a shared vision, 팀 학습Team learning, 시스템사고Systems thinking이다. 이처럼 마스터피스 전략은 구성원 개인, 팀, 조직 전체가 미학경영의 필요성과 비전을 공유, 공감하고 함께 변화의 여정을 시작하는 것이 중요하다.

이 책에서는 기술중심 예술화사회는 사람-제품-기술 사이의 갭GAP을 없애면서 공진화Co-evolution한다고 제시했다. 이와 유사하게 성공적으로 변화하는 기업은 비전-사람-일하는 방식의 갭GAP을 없애며 공진화한다. 변화관리는 비전(가치관), 사람(리더와 인재), 일하는 방식(조직 운영)의 세 영역이 같은 방향으로 나아갈 때 성공적으로 이루어질 수 있다. 기업에서는 마스터피스 전략과 미학경영의 성공적인 사례를 개발하여 심층적인 케이스 스터디를 진행하고, 전 직원을 대상으로 변화관리 교육을 적극 시행할 필요가 있다.

기업에 있어서 변화는 생존을 위한 본능과도 같다. 자연 세계에서 구애를 위한 아름다움은 대부분 역으로 생존에 위험이 된다. 정글과도 같은 사업환경에서 기업 역시 생존을 위한 선택을 할 수밖에 없었다. 아름다움보다 기능의 우수함에 집중해온 이유다. 하지만 기술중심 예술화사회라는 새로운 사업환경에서는 소비자를 향한 구애가 곧 기업의 생존이다. 소비자의 마음을 얻는 것이 구애의 성공을 결정한다.

구애의 중심에는 감동Movement이 있다. 기업에는 일방적인 리더십이 아니라 소비자와의 상호적인 소통을 강조하는 무버십Movership이 필요하다. 여기에는 고객을 진정으로 감동시키고, 고객이 스스로 움직이게 한다는 두 가지 의미가 있다.

기업은 '미학경영'으로 변화의 여정을 시작해야 한다. 잠재된 예술 본능을 깨우고 감동을 창조하는 시대로 나아갈 때다. 마스터피스 전략이 그 시작이다.

참고자료

국내 발행 자료

정임 (2011). 기획특집 문학과 교육: 숭고 이미지의 예술철학적 의미. 인문학연구, 41(0), 67-111.

김난도 외. 『트렌드 코리아 2021』. 미래의창. 2020.

김태선, 안혜신. "발터 벤야민의 아우라 정의를 통해 본 상품아우라에 관하여", 한국디자인문화학회지 17.4 (2011): 128-137.

김효근 외. 『경영예술: 혁신성장의 뉴 노멀 패러다임』. 독서광. 2017.

김효근, 서현주, 방현정, 이경은, 탁희주 (2019). 경영은 예술인가?: 경영예술, 경영에 대한 과학-예술 관점, 한국경영정보학회 학술대회, pp.95-101

도널드 노먼 저. 김진우 감수. 박경욱, 이영수, 최동성 공역. 『감성 디자인』. 학지사. 2006.

롱기누스. 김명복 역. 『숭고미 이론』. 연세대학교 출판부. 2002. (원서 출판 BC 87년)

마르틴 하이데거. 전양범 역. 『존재와 시간』. 동서문화사. 1992.

박영숙, 제롬 글렌. 『세계미래보고서 2021(포스트 코로나 특별판)』. 비즈니스북스. 2020.

발터 벤야민. 심철민 역. 『기술적 복제시대의 예술작품』. 도서출판비. 2017. (원서 출판 1939년)

백영제 (2014). 진화예술학적 관점에서 살펴본 예술의 발생 계기. 현대미술학 논문집, 18(2), 49-93.

백영제 (2017) 성선택과 미적(美的) 진화의 상관성. 대동철학, 79, 353-380.

서유진 기자. (2020, June 21). "아들아, 넥타이 이렇게 맨단다" 230만 울린 미국 랜선 아빠. 중앙일보. https://www.joongang.co.kr/article/23806951#home

소스타인 베블런, 유승호. 양소연 역. 『장인본능』. 지식을만드는지식. 2020.

알렉산더 고틀리프 바움가르텐. 김동훈 역. 『미학 원전시리즈: 미학』. 마티. 2019.

앨프리드 노스 화이트헤드. 오영환 역. 『과정과 실재』. 민음사. 1991.

에그먼드 버크. 김동훈 역. 『숭고와 아름다움의 관념의 기원에 대한 철학적 탐구』. 마티. 2019.

에른스트 H. 곰브리치. 이종승 역. 『서양미술사』. 예경. 2003

에이미 휘태커. 정지현 역. 『아트씽킹: 창조적 습관을 만드는 예술적 생각법』. 예문아카이브. 2017.

오병남 (2008). 칸트의 미학이론에 있어서 숭고의 개념. 學術院論文集: 人文社會科學篇, 47(1), 1-48

위르겐 하버마스. 장춘익 역. 『의사소통행위이론 1,2』. 나남. 2006.

정하웅. 사피엔스 스튜디오 〔물리읽어드립니다 EP.02〕 https://www.youtube.com/watch?v=dJYM5fqZKkM&list=FLSoJwi-I0aGzWnKBkHtgd0Q&index=2

최성만 (1995). 발터 벤야민의 미메시스론, 서울대 독일학연구소 발표 강연 원고.

켄 윌버. 조옥경 역. 『켄 윌버의 통합심리학: 의식, 영, 심리학, 심리치료 통합』. 학지사. 2008.

프리드리히 폰 실러. 안인회 역. 『미학 편지: 인간의 미적 교육에 관한 실러의 미학 이론』. 휴머아트. 2012.

필립 코틀러, 주셉페 스틸리아노. 이소영 역.『필립 코틀러 리테일 4.0』. 더퀘스트. 2020.

해외 자료

Aldrich, H. E., & Pfeffer, J. (1976). Environments of organizations. Annual review of sociology, 79-105.

Amy Whitaker (2016). Art Thinking: How to Carve Out Creative Space in a World of Schedules, Budgets, and Bosses. HarperBusiness.

Ariely, D., & Berns, G. S. (2010). Neuromarketing: the hope and hype of neuroimaging in business. Nature Reviews Neuroscience, 11(4), 284.

Berridge, K. C. (2003). Pleasures of the brain. Brain and cognition, 52(1), 106-128.

Boldosova, V. (2020). Telling stories that sell: The role of storytelling and big data analytics in smart service sales. Industrial Marketing Management, 86, 122-134.

Buckingham, D. (2008). Introducing identity. MacArthur Foundation Digital Media and Learning Initiative.

Burgdorf J, Panksepp J (2006) The neurobiology of positive emotions. Neurosci Biobehav Rev 30, 173-187.

Campbell, M. (1999). The Third System Employment and Local Development. Policy Research Institute. Leeds Metropolitan University.

CB Insights. (2020, June 26). Stop saying 'back to normal': Covid-19 crisis. CB Insights Research.

Charles Owen (2007). Design Thinking: Notes on its Nature and Use. Design Research Quarterly Vol. 2, N0. 1, pp. 16-27.

Chen, X., Dahlgaard-Park, S. M., & Wen, D. (2019). Emotional and rational customer engagement : exploring the development route and the motivation. Total Quality Management and Business Excellence, 30(sup1), 141-157.

Chow, A. R. (2021, March 22). What are NFTs and why they are shaking up the Art world? Time.

D. W. Zaidel. The Evolution of Aesthetics and Beauty.

David Dowall. (2008) Transaction-cost economic analysis of institutional change toward design-build contracts for public transportation, Jan. Whittington.

Dobbs D. Survival of the Prettiest. The New York Times. https://www.nytimes.com/2017/09/18/books/review/evolution-of-beauty-richard-prum-charles-darwin.html. Published September 18, 2017. Accessed March 1, 2021.

Foutty, J. (2021, May 10). How digital transformation–and a challenging environment–are building agility and resilience. Deloitte Insights.

Fraiberger, S. P., Sinatra, R., Resch, M., Riedl, C., & Barabási, A.-L. (2018). Quantifying reputation and success in art. Science (New York, N.Y.), 362(6416), 825–829.

Frank, R. (2021, March 11). Beeple NFT becomes most expensive ever sold at auction after fetching over $60 million. CNBC.

Gaete, Miguel. (2020). From Caspar David Friedrich's Wanderer above the Sea of Fog to the iCloud: A Comparative Analysis between the Romantic Concept of the Sublime and Cyberspace.

Grabenhorst, F., Rolls, E. T., & Bilderbeck, A. (2008). How cognition modulates affective responses to taste and flavor: top-down influences on the orbitofrontal and pregenual cingulate cortices. Cerebral Cortex, 18(7), 1549–1559.

Grotevant, H. (1987). Toward a Process Model of Identity Formation. Journal of Adolescent Research, 2(3), 203–222.

Hannan, M. T., & Freeman, J. (1989). Organizational Ecology. Harvard University Press. Cambridge, MA.

Helena Cronin. The Ant and the Peacock: Altruism and Sexual Selection from Darwin to Today.

Jabr F. How Beauty Is Making Scientists Rethink Evolution. The New York Times.

Jim Stengel, Grow – How ideals power growth and profit at the world's greatest companies.

Ken Wilber (2000). Integral Psychology: Consciousness, Spirit, Psychology, Therapy. Shambhala.

Ladhari, R. (2009), "A review of twenty years of SERVQUAL research", International Journal of Quality and Service Sciences, Vol. 1 No. 2, pp. 172–198.

Leknes, S., & Tracey, I. (2008). A common neurobiology for pain and pleasure. Nature Reviews Neuroscience, 9(4), 314–320.

Lindstrom, M. (2008). Buy ology: Truth and lies about why we buy. New York: Doubleday.

LUTKENHAUS, P., GROSSMANN, K. E., & GROSSMANN, K. (1985). Infant–mother attachment at twelve months and style of interaction with a stranger at the age of three years. Child Development, 56(6), 1538–1542.

McClure, S.M., Li, J., Tomlin, D., Cypert, K.S., Montague, L.M., & Montague, P.R. (2004). Neural correlates of behavioral preference for culturally familiar drinks. Neuron, 44, 379–387.

McKinsey & Company. (2021, February 18). How COVID–19 has pushed companies over the technology tipping point—and transformed business forever. McKinsey & Company.

Norman DA. Emotional Design: Why We Love (or Hate) Everyday Things. New York, NY: Basic Books.

Panksepp J (2005) Affective consciousness: Core emotional feelings in animals and humans. Conscious Cogn 14, 30–80.

Parasuraman, A., Zeithaml, V.A. and Berry, L.L. (1991), "Refinement and reassessment of the SERVQUAL scale", Journal of Retailing, Vol. 67 No. 4, pp. 420–450.

Peter G. Rowe (1987). Design Thinking. MIT Press.

Reece, K. (2021, March 11). Three new ways anyone can update Google Maps. Google.

Rim Razzouk, Valerie Shute (2012). What Is Design Thinking and Why Is It Important? Review of educational research. Volume: 82 issue: 3, page(s): 330–348.

Rolls ET, Grabenhorst F (2008) The orbitofrontal cortex and beyond: From affect to decision-making. Prog Neurobio 86, 216–244.

Russell, James A., 1980, "A Circumplex Model of Affect", Journal of Personality and Social Psychology, 39(6): 1161–1178.

Senge, P. M. (2006). The fifth discipline : the art and practice of the learning organization (Rev. and updated). Random House Business.

Shiva Nandan. (2005). An exploration of the brand identity–brand image linkage: A communications perspective. Journal of Brand Management, 12(4), 264–278.

Singh, J. V., & Lumsden, C. J. (1990). Theory and research in organizational ecology. Annual review of sociology, 161–195.

TEDtalksDirector. The three ways that good design makes you happy | Don Norman. YouTube.

Tetsuya Mizuguchi (2020), Facebook Connect 2020: Come to Your Senses: Synesthesia in VR.

Tetsuya Mizuguchi, Come to Your Senses: Synesthesia in VR, Developer Session, Facebook Connect (2020)

Turning disabilities into superpowers. Open Bionics.

Vessel, E., Gabrielle Starr, G., & Rubin, N. (2012). The brain on art: Intense aesthetic experience activates the default mode network. Frontiers in Human Neuroscience, 6(2012), 66.

Wade, N. (2009, February 9). Darwin's evolving genius. The New York Times.

Wheaton, D. (2017). Know a friend who only uses the "inkwell" filter on Instagram? They might be depressed. TCA Regional News, p. TCA Regional News, Aug 16, 2017.

Zaidel, D. W. (2010). Art and brain: insights from neuropsychology, biology and evolution. Journal of Anatomy, 216(2), 177–183.

https://blog.google/products/maps/three-new-ways-anyone-can-update-google-maps/
https://developers.facebook.com/videos/2020/synesthisa-in-vr/?locale=ko_KR

https://doi-org.ludwig.lub.lu.se/10.1016/j.indmarman.2019.12.004.

https://doi-org.ludwig.lub.lu.se/10.1108/17566690910971445

https://doi-org.ludwig.lub.lu.se/10.1126/science.aau7224

https://doi.org/10.1038/nrn2333

https://doi.org/10.1080/14783363.2019.1665834

https://doi.org/10.1111/j.1469-7580.2009.01099.x

https://fb.watch/61g0dMtrni/

https://newsroom.stitchfix.com/blog/shop-your-looks-another-way-to-shop-with-stitch-fix/

https://openbionics.com/. Accessed April 17, 2021.

https://time.com/5947720/nft-art/

https://www.cbinsights.com/research/stop-saying-back-to-normal/

https://www.cnbc.com/2021/03/11/most-expensive-nft-ever-sold-auctions-for-over-60-million.html.

https://www.forbes.com/sites/blakemorgan/2019/01/24/the-7-best-examples-of-artificial-intelligence-to-improve-personalization/?sh=9004ef53c4ed

https://www.forbes.com/sites/retailwire/2021/04/02/nike-now-has-what-it-needs-to-get-truly-personal/?sh=5c94df0453bf

https://www.forbes.com/sites/tomdavenport/2021/03/12/the-future-of-work-now-ai-assisted-clothing-stylists-at-stitch-fix/?sh=683dacb93590

https://www.mckinsey.com/business-functions/marketing-and-sales/our-insights/personalizing-at-scale

https://www.mckinsey.com/business-functions/strategy-and-corporate-finance/our-insights/how-covid-19-has-pushed-companies-over-the-technology-tipping-point-and-transformed-business-forever

https://www.nytimes.com/2009/02/09/world/europe/09iht-darwin.4.20058973.html?smid=url-share

https://www.nytimes.com/2019/01/09/magazine/beauty-evolution-animal.html. Published January 9, 2019. Accessed March 1, 2021.

https://www.retaildive.com/news/algorithms-vs-humans-whos-better-at-predicting-fashion-trends/599050/

https://www.wsj.com/articles/starbucks-ceo-kevin-johnson-reins-in-predecessors-ambitions-im-not-howard-11546857001

https://www.youtube.com/watch?v=RlQEoJaLQRA. Published March 9, 2009. Accessed April 17, 2021.

https://www2.deloitte.com/us/en/insights/industry/technology/focus-areas-to-accelerate-digital-transformation.html

마스터피스 전략

경영을 예술하라

초판 1쇄 발행	2022년 6월 15일
지은이	김효근, 박정화, 전희재, 오은가람 (이화여자대학교 경영예술연구센터)
펴낸이	신민식
펴낸곳	가디언
출판등록	제2010-000113호
주 소	서울시 마포구 토정로 222 한국출판콘텐츠센터 306호
전 화	02-332-4103
팩 스	02-332-4111
이메일	gadian@gadianbooks.com
홈페이지	www.sirubooks.com
출판기획실 실장	최은정
편집	김혜수
디자인	이세영
경영기획실 팀장	이수정
온라인 마케팅	권예주
종이	월드페이퍼(주) **인쇄·제본** (주)상지사 P&B
ISBN	979-11-6778-045-4 03320